암벽등반과
스포츠클라이밍

암벽등반과 스포츠클라이밍

초판 1쇄 발행 | 2013년 5월 10일

지은이 | 정갑수
펴낸이 | 김용구
펴낸곳 | 열린세상(열린과학)
편집인 | 정하선
사   진 | 손재식, 주민욱
삽   화 | 손은혜
디자인 | 디자인포름

등록 | 제300-2005-83호
주소 | 서울시 관악구 남현동 1061-18 르메이에르 409호
전화 | 02-876-5789 팩스 | 02-876-5795
이메일 | openscience@hanmail.net
ISBN | 978-89-92985-25-3 13690

암벽등반과 스포츠클라이밍

Rock climbing and Sport climbing

정갑수 지음

열린
세상

들어가는 말

　우리는 왜 산에 오르는가. 지성과 감성의 한계, 이성과 본능의 한계, 죽음과 삶의 한계, 존재와 비존재의 한계에 도전하고 존재의 차원을 넓히기 위해 우리는 산에 오른다. 정복을 위한 등반이 아니라 존재를 위한 등반, 삶의 한계에 부딪쳐 본 자만이 진정한 자신의 모습을 볼 수 있기 때문이다. 산은 자연과 인간의 만남이자 물질과 이상, 육체와 정신을 이어주는 가교 역할을 한다. 등반은 다음과 같은 세 단어로 정의할 수 있다. 등반은 '예술'이다. 삶과 세계에 대한 자신만의 관점을 표출할 수 있기 때문이다. 자신의 능력과 생각들을 현실화시키고 정신을 행위로 표현할 수 있는 가능성이 바로 산을 오르는 행위 속에 들어있기 때문이다. 등반은 '스포츠'다. 스포츠는 규칙과 심판, 관중이라는 제한된 조건과 구역에서 벌어지는 경쟁이다. 이에 반해 등반의 무대는 자연이며, 여기에는 어떠한 조건도 없는 자기 자신과의 경쟁만 있을 뿐이다. 등반을 통해 우리는 새롭고 어려운 루트를 개척하고 남들보다 더 잘 오르려는 노력을 쏟는다. 등반은 '모험'이다. 등반의 본질은 탐험에 있으며 삶의 한 형태이다. 등산에서 중요한 것은 산에 오르는 과정과 정신에 있다. 미지의 세계로 가는 모험과 도전은 편리함을 벗어던지고 불확실성에 따를 것을 요구한다. 우리가 산에서 마주치는 두려움은 미지의 땅에 들어서고 있다는 것을 의미한다.

우리는 왜 바위를 하는가. 어린 아이가 맨발로 나무를 기어 올라가고 있다. 아이는 즐거움을 느끼기 시작한다. 오를수록 가슴에 차오르는 흥분, 이것은 장난감을 가지고 노는 재미와는 많이 다르다. 아주 새로운 차원의 놀이다. 조금 높이 올라서자 두려움이 몰려온다. 처음으로 높은 곳에 올랐다는 모험심에 긴장감과 떨림이 아이를 감싼다. 정상에 올라서자 아이는 자기가 안 떨어지고 그곳까지 올라선 것이 너무나 신기하고 기뻤다. 아이는 성취감과 만족감에 온몸을 떨었다. 아이는 틈만 나면 나무나 산 같은 경사지고 높은 곳이라면 닥치는 대로 올라갔다. 암벽등반은 이처럼 본능에 따른 오름 짓이고 재미있는 놀이기도 하다. 암벽등반은 어린 시절을 못 잊는 개구쟁이가 어른이 되어서 즐기는 놀이라고 할 수 있다.

암벽등반은 도전과 모험의 세계다. 바위를 오르다가 어려운 곳을 만나면 본능적으로 추락에 대한 두려움이 전신을 감싼다. 그 순간 다른 생각을 할 겨를도 없이 오직 손과 발의 홀드에만 온 신경을 모은다. 이때 우리 몸에서는 아드레날린이라는 호르몬이 분비되어 생각지도 못한 가장 큰 능력을 드러낼 수 있게 해준다. 침착하게 냉정함을 잃지 않고 자신이 가지고 있는 기술과 능력으로 어려운 곳을 오르면 기쁨과 만족감 그리고 안도감이 뒤섞인 감정이 솟아나게 된다. 이때 우리 몸에서는 엔도르핀이라는 행복 호르몬이 온몸을 감싼다. 암벽등반은 이렇듯 아드레날린과 엔도르핀이라는 호르몬이 번갈아가며 생기는 특별한 즐거움이라고 할 수 있다. 이런 것이 바로 암벽등반의 매력이다.

암벽등반을 안전하게 즐기기 위해서는 산악회나 등산학교를 통해 이론적인 지식뿐만 아니라 바위에서 실전을 통한 많은 경험과 노력이 필요하다. 하지만 새로 암벽등반을 시작하려는 사람들이나 이미 암벽

등반에 숙달된 사람들이 마땅히 읽을 수 있고, 참고할만한 체계적인 등반기술에 관한 책이 없다는 것은 불행한 일이다. 그리고 현재 우리나라의 각 시도에는 인공외벽이 많이 세워져 있어 뜻만 있다면 쉽게 스포츠클라이밍을 접할 수 있다. 하지만 재미있고 안전하게 등반할 수 있는 스포츠클라이밍 훈련서는 없는 실정이다.

이 책의 내용은 제1부에서 암벽등반을 하기 위해 꼭 알아야 할 기본 장비와 매듭법, 안전한 등반을 위한 확보와 하강, 실제 바위를 오르기 위한 등반 기술 그리고 확보물 설치와 선등에 관한 등반 지식들을 정리했다. 또한 제2부에서 스포츠클라이밍을 즐기는 사람들을 위해 정신 훈련, 기술 훈련, 신체 훈련을 비롯하여 각 개인의 수준에 맞는 훈련 방법을 체계적으로 설명했다. 그리고 휴식과 영양, 회복 촉진, 부상의 치료와 예방 등 스포츠클라이밍을 처음 시작하는 사람들부터 오랫동안 경험을 쌓은 사람들도 도움이 될 수 있도록 기초부터 단계별로 훈련 외적인 것들을 자세하게 설명했다.

마지막으로 실제 등반에서 간과하기 쉬운 정신적, 기술적 문제들을 해결하기 위한 팁과 외국의 등반용어를 우리말로 바꿔놓은 우리말 보기를 정리했다. 등반기술을 설명하는 것 못지않게 이해하기 쉬운 우리말로 바꾸는 것 또한 중요한데, 최소한 암벽등반이나 스포츠클라이밍을 시작하려는 사람들만이라도 우리말로 익혀서 쓰기를 간절히 바라기 때문이다. 그리고 이 책이 산을 배우려는 사람들에게 든든한 길잡이가 되어 산악문화 발전에 조금이나마 보탬이 되었으면 한다.

정갑수

■ 차례

제1장
암벽등반 장비

바위를 오르기 위해서는 여러 가지 등반 장비가 필요하다. 암벽등반 장비는 우리 몸이 갖고 있는 능력을 더 효과적으로 사용할 수 있도록 도와주고 자신을 안전하게 보호해준다. 따라서 암벽등반 장비는 안전하고 즐거운 등반을 하는 데 반드시 필요하기 때문에 장비에 대한 기본 원리를 이해하는 것이 중요하다.

바위를 안전하게 오르기 위해서는 여러 가지 장비를 써야 하고 그 종류 또한 수십 가지도 넘는다. 이번 장에서는 암벽등반에서 사용하는 많은 장비들 중에서 기본이 되는 장비 즉, 로프, 암벽화, 안전벨트, 카라비너, 헬멧, 러너 등을 자세하게 소개한다.

로프

많은 등반장비 중에서도 로프(영 : rope, 독 : seil)는 등반자에게 믿음을 주고 의지할 수 있는 등반의 상징처럼 여겨진다. 많은 사람들은 처음 해보는 암벽등반에서 자신과 동료를 연결해 주었던 로프에서 느낀 신뢰감을 기억할 것이다. 로프는 추락으로부터 등반자를 더 이상 떨어지지 않도록 잡아 준다. 또한 로프를 사용하여 올라가거나 내려올 수 있기 때문에 등반에서 꼭 필요한 장비다.

암벽등반을 처음 시작할 무렵에는 마닐라 삼이나 사이잘 삼 같은 천연 섬유로 만든 로프를 썼지만 강한 충격에는 약했다. 2차 세계대전 중에 개발한 나일론 로프는 등반에 근본적인 변화를 가져왔다. 무겁고 강도가 약한 마닐라 로프 대신 2톤이 넘는 인장력을 가진 가벼운 나일론 로프는 등반에 획기적인 변화를 가져왔다.

처음 나온 나일론 로프는 새끼줄을 꼬아 놓은 것처럼 나일론 섬유 다발 3~4개를 꼬아서 만들었다. 나일론 로프는 천연섬유 로프에 비해 많이 앞선 것이지만, 마찰열에 약한 단점을 갖고 있었다. 또한 너무 잘 늘어나서 직접 로프에 매달리는 인공등반에는 아주 불편했다. 그래서

나일론 로프의 구조

꼬아서 만든 나일론 로프

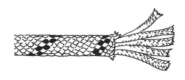

속심과 껍질을 짜서 만든 것

속심은 여러 다발로 만들고 껍질만 짠 것

속심 모두를 한 다발로 만들고 껍질만 짠 것

1950년대 유럽에서 나일론 섬유 속심에다 외피를 감싼 형태로 만들면 서 기존 로프의 단점을 보완했다.

등반용으로 만든 나일론 로프를 동적(dynamic) 로프라고 하는데, 추 락할 때 발생하는 힘에 의해 로프가 늘어나면서 충격을 줄여준다. 로 프 설명서에서 가장 중요하게 살펴야 할 것은 충격량인데, 일반적으로 낮을수록 좋다. 충격량 수치가 낮은 로프는 추락할 때 등반자와 확보 자, 확보장치에 더 작은 힘이 전달된다는 것을 의미한다. 그러나 충격량 이 낮은 로프는 신장력이 커서 추락 거리가 많이 늘어난다. 동적 로프 의 신장률은 약 6~7퍼센트로 주로 암벽용으로 사용한다. 정적(static) 로프의 신장률은 약 2~3퍼센트로 잘 늘어나지 않으며, 주로 구조용과 동굴 탐사용 등 고정 로프로 사용한다. 보통 동적 로프는 부드러우며

화려한 색상이고 정적 로프는 뻣뻣하면서 단일 색상으로 만들어져 쉽게 구분할 수 있다. 로프가 젖으면 다루기 불편하며 무겁고 기온이 떨어지면 얼 수도 있다. 또한 젖은 로프는 마른 로프보다 강도가 30퍼센트나 떨어진다. 이런 단점을 보완하기 위해 실리콘이나 불소로 코팅 처리한 방수 로프를 사용하기도 한다.

현재 사용하는 로프를 케른만틀 자일(Kernmantle seil)이라 하는데, 속심(kern)과 껍질(mantle)의 이중구조로 되어 있다. 껍질은 로프 단면 굵기의 25~30퍼센트를 차지하며 자외선이나 불순물로부터 속심을 보호하고 로프의 감촉을 결정한다. 껍질을 부드럽게 짠 로프는 매듭을 하거나 사용하기에 편하지만, 하강을 하거나 매달려 오를 때 로프가 많이 늘어나서 불안하다. 반대로 뻣뻣한 로프는 매듭이 쉽게 풀릴 수 있으며, 잘 늘어나지 않아 충격 흡수력이 약해지는 단점이 있다. 이런 로프는 큰 벽 등반이나 동굴 탐사용으로 많이 사용된다.

속심은 로프의 강도를 결정하는 중요한 요인으로 전체 강도의 70퍼센트 이상을 차지한다. 로프의 껍질이나 속심을 자세히 살펴보면 섬유의 절반은 시계 방향으로, 나머지 절반은 반 시계 방향으로 짠 것을 볼 수 있다. 이것은 등반 중에 로프가 꼬이는 것을 막고 하늘벽에 매달릴 때 몸이 돌아가지 않도록 해준다.

로프는 등반자의 생명을 보호하는 중요한 장비이므로 관리도 철저하게 신경을 써야 한다. 로프를 밟으면 흙과 먼지 같은 입자들이 들어가 속에서 마찰을 일으킨다. 시간이 흐를수록 입자들은 아주 작은 칼처럼 작용하여 나일론 섬유가닥을 자르는 역할을 한다. 이렇게 조금씩 상한 로프가 날카로운 모서리에서 발에 밟히면 피해는 더욱 커진다. 특히 크램폰(아이젠)을 신고 있을 때는 로프 관리에 더 신경을 써야 한다. 날카로운 쇠붙이로 인해 로프에 상처가 나면 껍질은 눈에 뛰지 않지만 속심에 큰 상처를 줄 수 있다.

　로프의 가장 큰 단점은 열에 약하다는 것이다. 나일론은 약한 열에도 녹아버리는 특성을 갖고 있다. 또한 로프에 무게가 실리면 열에 더 약해진다. 나일론 로프는 충격을 줄여주는 장점도 있지만, 강한 충격을 받을 때는 다시 원상태로 회복되지 않는 단점도 있다. 햇빛에 포함된 자외선에 약한 것도 큰 단점이다. 자외선은 나일론을 삭게 해서 강도를 떨어뜨린다. 어둡고 서늘한 곳에 보관한 새 로프는 8년이 지나도 상하지 않는다는 실험결과가 있다. 하지만 장비점의 진열장에서 오랫동안 햇빛을 받은 로프는 아주 약해져 있으므로 구입할 때 주의해야 한다.

　로프에서 가장 많이 상하는 곳은 로프의 매듭 부분으로 충격의 30퍼센트가 전달된다. 따라서 등반자는 충격을 가장 적게 받을 수 있는 매듭(8자 매듭)을 써서 로프가 상하는 것을 줄여야 한다. 한편 등반자가 긴 거리를 떨어졌다면 로프가 원래의 길이로 돌아갈 수 있는 여유 시간을 주어야 하는데, 적어도 10분 정도는 등반을 하지 말아야 한다. 만일 이런 여유 없이 로프에 다시 충격을 준다면 그만큼 끊어질 가능성이 높아질 것이다.

　로프가 눈에 거슬리는 흠이 없으면 언제 폐기할지 결정하기 어렵다. 얼마나 자주 사용했는지, 어떻게 관리했는지, 몇 번의 추락을 견뎌냈는지, 몇 년을 사용했는지에 따라 폐기 여부를 결정해야 한다. 다음은 등반자가 언제 로프를 폐기할지 결정하는 데 도움을 주는 일반지침이다.

- 날마다 사용한 로프는 1년 안에 폐기한다.
- 주말마다 사용한 로프는 2년 정도 쓸 수 있다.
- 가끔 사용한 로프는 4년이 지나면 사용을 중지한다.

둥글게 사리기

나비 모양 사리기

어깨 메기

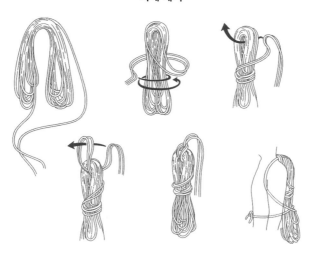

• 아주 큰 충격을 받은 로프는 폐기하는 것이 현명하다.

로프는 미지근한 물에 연성세제를 풀어 담갔다가 손빨래를 하거나 세탁기로 빤다. 그 다음 깨끗한 물에 몇 번 행군 다음 그늘진 곳에서 말려야 하고 보관하기 전에 완전히 말랐는지 확인해야 한다. 매듭을 모두 풀고 느슨하게 사려서 햇빛을 바로 받지 않는 시원하고 건조한 곳에 둔다.

갖고 다니거나 보관하기 위해 로프를 사려야 하는데, 가장 많이 쓰는 방법으로 둥글게 사리기(mountaineer's coil)와 나비모양 사리기 (butterfly coil)가 있다. 먼저 둥글게 사리기는 배낭에 넣어 갖고 다니기 편한 방법이다. 로프를 감다 보면 동그랗게 되지 않고 8자 모양으로 감기기 쉬운데, 모양이 좋게 동그랗게 감으려고 로프를 돌리면서 사리면 로프를 풀 때 꼬인다. 따라서 자연스럽게 사리면 로프는 저절로 8자 모양으로 감기게 되고 풀 때도 꼬임이 없다.

나비모양 사리기는 속도가 빠르고, 사릴 때 손에 쥐는 뭉치가 작아 손에 부담이 적다. 또한 로프를 풀 때 둥글게 사리기보다 꼬이거나 엉키지 않고, 배낭이 없을 때 몸에 직접 매달 수도 있다. 어떤 방법을 사용하든 로프가 잘 사려져 있어야 한다. 로프를 풀 때는 매듭을 풀고 감긴 순서대로 한 가닥씩 차곡차곡 풀어야 한다. 로프가 엉키면 다시 사리는 것보다 몇 배의 시간이 걸린다.

슬링

러너(runner)라고 부르는 슬링(sling)은 웨빙이나 코드로 만든 끈으로 등반장비 중에서 가장 많이 쓰는 것 중의 하나다. 슬링은 확보물과 카라비너를 잇고, 나무나 바위에 둘러 확보지점을 만들며 때로는 위급하고 중요한 연결 등의 여러 가지 용도로 쓰인다.

슬링은 보통 테이프라고 부르는 튜블러 웨빙(tubular webbing : 원통모양으로 짠 것)과 플랫 웨빙(flat webbing : 통째로 짠 것), 그리고 로프와 같은 구조의 코드(code) 슬링이 있다. 웨빙은 폭 1.5~2.5센티미터를 많이 쓰며, 코드는 굵기가 3~9밀리미터로 만든다. 지름 8밀리미터가 안 되는 코드는 큰 충격을 받는 곳에 사용하지 말아야 한다.

러너는 보통 30센티미터나 60센티미터 길이가 되도록 고리를 만들어 쓰며, 때에 따라 더 긴 러너가 필요할 때도 있다. 러너를 만들 때는 매듭할 부분까지 생각해서 여유 있게 잘라야 하고, 웨빙 러너는 테이프 매듭, 코드 러너는 이중 피셔맨 매듭으로 묶는다. 매듭 끝의 여분은 4~5센티미터를 남겨서 매듭이 저절로 풀리지 않도록 하고 슬링 끝부분을 불로 지져서 올이 풀리는 것을 막아 준다. 또한 웨빙에 묶은 테이프 매듭은 쉽게 헐거워져서 매듭을 자주 조여야 한다. 러너 역시 나일론이기 때문에 로프처럼 잘 보관하고 관리해야 한다. 이따금 기존의 확보물에 걸려있는 러너를 그대로 쓰는 사람이 있는데, 새 것일지라도 강한 충격을 받았을 수도 있고 자외선을 오랫동안 받아서 약해져 있기 때문에 아주 위험하다.

웨빙의 종류

플랫 웨빙   튜블러 웨빙

여러 가지 러너

웨빙 슬링을 박음질해서
만든 웨빙 러너

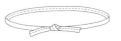

테이프 매듭을 해서
만든 웨빙 러너

이중 피셔맨 매듭을 해서
만든 코드 러너

장비점에서 파는 박음질한 러너는 매듭을 해서 만든 러너보다 가볍고 산뜻하며 풀릴 위험이 없고 사용하기에도 편리하다. 하지만 매듭을 해서 만든 러너는 값이 싸고 매듭을 풀어서 바위나 나무에 묶어 쓸 수도 있고 몇 개를 서로 연결하면 더 긴 러너로 만들 수 있다.

퀵드로

퀵드로(quick draw)는 웨빙을 박음질해서 양쪽에 카라비너를 걸도록 만든 일종의 러너다. 즉 카라비너+퀵드로+카라비너 모양으로 만든 러너다. 용도는 러너와 비슷하지만 한정된 용도로 사용하며, 슬링으로 만든 러너에 비해 편리하다.

퀵드로는 보통 5센티미터, 10센티미터, 15센티미터, 20센티미터 길

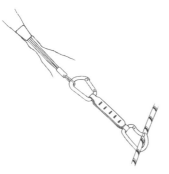

확보물과 로프를 퀵드로에 연결하기

이로 만들어 판다. 보통 10센티미터, 15센티미터를 가장 많이 쓴다. 퀵드로에 카라비너를 걸 때는 보통 카라비너의 여닫는 곳이 서로 반대 방향이 되도록 한다. 이는 로프를 통과시킬 때 편리하지만 사용하는 사람의 버릇에 따라 반대로 쓸 수도 있다.

안전벨트

　초창기의 등반가들은 로프를 허리에 몇 번 감아서 보울라인 매듭을 하여 등반하기도 했다. 안전벨트(harness)는 떨어질 때 생기는 충격을 몸의 여러 부분에 흩어지게 해서 등반자를 안전하게 보호해 주고, 로프와 등반자를 안전하게 연결해주는 장비다. 또한 등반할 때 확보장비를 매달 수 있는 장비걸이가 달려있다. 하단 벨트(seat harness)는 가장 많이 사용하는 안전벨트로 허리 벨트와 다리가 연결되어 엉덩이를 편하게 받쳐 주고, 떨어질 때 생기는 충격을 허리와 엉덩이 전체로 흩어지게 한다.

　안전벨트를 찰 때는 먼저 웨빙이 꼬이거나 뒤틀리지 않게 바로 펴서 찬다. 다리의 고리는 가랑이와 엉덩이 사이의 넓적다리 위에 바짝 붙도록 한다. 이것은 다리 고리가 낮으면 움직일 때 불편할 뿐 아니라 떨어질 때 무릎을 당겨 얼굴에 부딪칠 수 있기 때문이다. 허리 벨트는 떨어지면서 몸이 뒤집어질 때 안전벨트에서 몸이 빠져 나오는 일이 없도록 단단히 조여 준다. 버클을 잠그는 방법은 장비회사의 설명서를 따라야 한다. 보통 안전벨트의 허리벨트 버클은 한 번 끼우고 난 다음 다시 거꾸로 끼워야 안전하다. 버클은 한 번만 끼워도 튼튼한 것처럼 느껴질 수 있지만, 300킬로그램 이상 충격에서는 쉽게 빠진다.

　안전벨트에 로프를 묶을 때는 허리 벨트와 다리 고리를 함께 묶어야 한다. 로프로 직접 두 곳을 걸어 매듭을 할 수도 있고, 잠금 카라비너로 로프 매듭을 안전벨트에 연결하는 방법이 있다. 그러나 안전벨트에 직접 묶는 방법이 더 안전하다. 허리 벨트와 다리 고리를 연결한 웨빙 고리에만 로프를 묶는 것은 올바른 방법이 아니다. 웨빙 고리는 충격이 전해지지 않는 용도, 즉 하강을 할 때나 자기 확보줄을 걸어두는 용도로만 써야 한다. 허리 벨트에 달려있는 장비 걸이는 강도가 10킬로그램을 넘지 않기 때문에 절대로 이곳에다가 로프를 묶거나 체중을 실으면 안 된다.

로프에 보울라인 매듭을 해서 허리에 묶는 방법

로프 끝에서
등반자를
묶는 방법

로프 가운데서
등반자를
묶는 방법

※ 주의 : 이 방법은 안전벨트가 없는 위급한
상황에서 비상용으로만 써야 한다.

하단 벨트의 종류

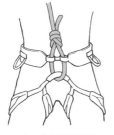

따로 나눠진 하단 벨트

고리로 이어진 하단 벨트

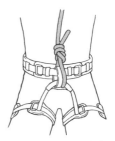

겨울용으로 알맞은 하단 벨트

웨빙으로 만든 간이 안전벨트

안전벨트를 찰 때 다리 고리의 높이 **버클 바르게 끼우는 방법**

카라비너

카라비너(carabiner)는 등반할 때 없어서는 안 될 중요한 장비다. 등반자, 확보물, 로프, 러너, 매듭, 장비 등을 서로 안전하고 빠르게 연결할 수 있다. 알프스 등반 초기에는 여닫는 곳이 없는 쇠고리 같은 것을 쓰다가 1910년경 독일의 오토 헤르조그(Otto Herzog)가 오늘날과 같은 모양의 카라비너를 만들었다.

처음에는 강철로 만들었는데 너무 무거워서 1950년대부터 알루미늄 합금으로 만든 가벼운 카라비너를 사용하고 있다. 카라비너에 대한 UIAA(국제산악연맹)의 규격은 긴 쪽으로 2,000킬로그램, 짧은 쪽으로

400킬로그램 이상의 힘을 견뎌야 한다. 또한 여닫는 곳이 열린 상태에서 긴 쪽으로 600킬로그램 이상의 강도를 견뎌야 한다.

카라비너는 크기와 모양이 여러 가지다. 'O'형 카라비너는 가장 처음에 나온 것으로 왼쪽과 오른쪽이 같은 모양이어서 여러 가지로 쓸 수 있다. 또한 'D'형 카라비너는 여닫는 곳이 아닌 긴 쪽으로 충격이 가도록 되어 있어 'O'형 카라비너보다 강도가 높다. 모양을 달리한 'D'형 카라비너는 보통 'D'형 카라비너의 장점을 갖고 있으며 여닫는 곳이 더 넓게 만들어져 로프를 걸거나 빼낼 때 편리하다. 여닫는 곳이 곡선으로 휘어져 있는 벤트게이트(bent gate) 카라비너는 어려운 루트에서 카라비너를 쉽게 쓸 수 있도록 특별하게 만든 것이다. 이런 카라비너는 여닫는 곳이 우연히 열릴 가능성이 높아서 보통 퀵드로와 같이 쓴다. 여닫는 곳 한쪽 끝에 잠금 장치가 달린 잠금 카라비너(locking carabiner)는 하강할 때, 확보 볼 때, 로프 묶을 때 등 특별히 더 안전해야 하는 곳에 쓴다.

다음은 카라비너를 사용하고 관리하는 데 알아두어야 할 지침이다.

- 항상 긴 쪽이 힘을 받도록 한다.
- 특히 여닫는 곳이 힘을 받아서는 안 된다.
- 여닫는 곳이 열린 상태에서는 긴 쪽으로 힘을 받더라도 강도가 크

카라비너의 강도 표시

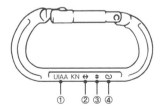

1뉴턴(1N)은 1킬로그램의 물체를 1초에 1미터의 가속도를 갖는 데 필요한 힘을 말한다. 1킬로뉴턴(1kN)은 1000N이며, 약 102킬로그램에 해당한다.

① 카라비너 강도
② 길이로 견딜 수 있는 강도
③ 옆으로 견딜 수 있는 강도
④ 여닫는 곳이 열려 있을 때 견딜 수 있는 강도

여러 가지 카라비너

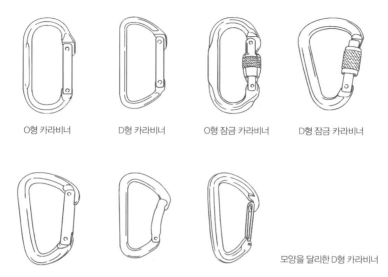

O형 카라비너   D형 카라비너   O형 잠금 카라비너   D형 잠금 카라비너

모양을 달리한 D형 카라비너

게 약해진다.

- 여닫는 곳이 우연히 열릴 수 있다는 점을 잊지 말아야 한다.
- 로프의 매듭 고리가 크면 여닫는 곳이 우연히 열릴 확률이 높다.
- 여닫는 곳은 항상 부드럽게 움직여야 한다.
- 높은 곳에서 떨어진 카라비너는 사용하지 말아야 한다.

암벽화

등반기술 발전에서 장비의 발달이 차지하는 몫은 아주 크다. 등산 초기의 신발은 특별히 암벽화 또는 등산화라고 부를 수 있는 것이 아니었다. 일상생활에서 신는 신발을 바로 등산과 암벽등반에 사용했기 때문이다. 우리나라에서 1970년대까지 썼던 클레터 슈즈(kletter schuh

여러 가지 암벽화

; 독)는 얇은 비브람 창과 부드러운 가죽을 대서 그런 대로 마찰력도 있었다.

오늘날의 암벽화를 생각해 낸 선구자는 피에르 알렝(Pierre Allain)과 에밀 보데나우(Emil Bordenau)인데 1930년대 파리 근처 루트에서 처음으로 선을 보였다. 'EB 슈즈'라고 부른 암벽등반 전용 신발은 고무 바닥 창이 편평해서 바위와 닿는 면이 많고 마찰력이 뛰어났다. 그 후 부틸 고무창을 이용하여 부드럽고 마찰력이 뛰어난 암벽화가 나타나 자유자재로 발을 사용하게 되었다.

암벽화는 용도에 따라 아주 작은 홀드를 딛고 올라서는 가 딛기용과, 비탈 등반을 할 때 강한 마찰력을 얻기 위한 마찰 딛기 등반용, 그리고 하늘벽이나 틈새를 오를 때 발 앞부분을 쓸 수 있는 틈새 등반용, 자유등반이나 경기등반에 알맞은 자유등반용으로 나눌 수 있다. 바닥 창이 뻣뻣한 것은 마찰력이 떨어지지만 발끝으로 서는 가 딛기를 하기에 좋고, 반대로 부드럽고 잘 늘어나는 신발은 강한 마찰력을 얻는 마찰 딛기나 문질러 딛기에 좋다.

암벽화는 대체로 바닥 창 전체보다 발가락이 있는 앞부분을 주로 사용한다. 이는 용도에 따라 둥근 것과 각진 것, 뾰족한 것이 있으며 바닥 창 모양도 예전의 편평한 모양에서 차츰 휘어진 모양으로 바뀌고 있다. 이것은 바위를 향해 곧게 서는 민탈 등반에서 발끝에 힘을 모으기 위한 것이다.

암벽등반을 처음 시작하는 사람들은 보통 여러 가지 용도로 쓰는 암벽화를 신는 것이 좋고, 우리나라는 비탈이 많은 화강암이 대부분이어서 바닥 창이 부드럽고 마찰력이 뛰어난 암벽화를 신는 것이 좋다.

양말을 신으면 이따금 발바닥이 암벽화 안에서 미끄러운 느낌을 받을 수 있으므로 어려운 루트를 오를 때는 양말을 신지 않는 것이 좋다. 흙, 먼지, 기름, 나무의 수액 같은 것은 암벽화의 기능을 떨어뜨릴 수 있으므로 항상 깨끗하게 관리해야 한다. 대개 암벽화 창은 고무가 아닌 석유화학 물질인 T.D.R(Thermo Dynamic Rubber)이므로 시간이 흐르면 약해지고 딱딱해져 기능이 떨어진다.

헬멧

등반용 헬멧(helmet)은 떨어질 때 바위에 부딪치거나 떨어지는 돌에 맞아 머리를 다치는 사고를 줄여준다. 등반을 하다가 갑자기 떨어지면 몸이 이리저리 튕길 수도 있고 무사히 떨어졌다고 해도 시계추 작용으로 인해 바위와 부딪칠 수 있다. 떨어지는 돌에 맞을 위험은 등반 중에만 생기는 것은 아니다. 등반 준비를 할 때나 등반을 끝낸 다음 돌이 떨어지는 경우도 생길 수 있으므로 항상 조심해야 한다.

UIAA에서는 헬멧의 모양과 튼튼한 정도,

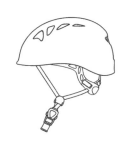

등반용 헬멧

탄력성을 평가해 안전한 헬멧에 대한 표준을 정하고 있으므로 UIAA 의 승인 표시가 있는 헬멧을 사야 한다. 살 때는 직접 써 보고 머리 크 기에 맞게 끈을 조절할 수 있는지 살펴봐야 한다. 또한 헤드램프를 거 는 고무줄이 달려있는 헬멧이 편리하다.

초크

탄산마그네슘으로 만든 초크(chalk)는 손의 마찰력을 높여 주는 효과 가 있다. 초크는 보통 초크통에 담아 안전벨트 뒤쪽이나 허리 주위에 가 는 끈으로 매달아서 필요할 때마다 손에 묻힐 수 있도록 한다. 초크가

초크통

루는 사람 몸에 해로운 것은 아니 지만 호흡기에 좋지 않고 바위를 더럽힐 수 있어, 흘리거나 필요 이 상 많이 나오지 않도록 틈이 가늘 고 얇은 천(스타킹)에 담아 쓰는 것 이 좋다. 초크를 공 같은 덩어리로 만든 초크볼도 쓰기에 편리하다. 또한 많은 사람이 함께 운동하는 실내 암장에서는 될 수 있는 대로 초크를 쓰지 않는 것이 좋다.

등반용 테이프

등반용 테이프(climbing tape)는 틈새 등반이나 어려운 등반을 할 때 손에 상처가 나지 않도록 보호해주는 역할을 한다. 등반용 테이프를

테이프 감는 방법

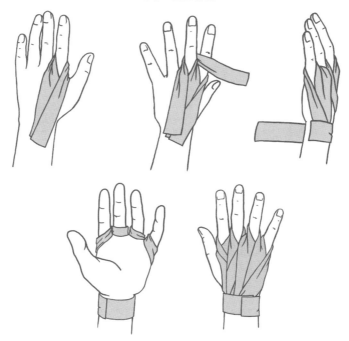

감는 방법은 여러 가지가 있는데, 틈새에 알맞게 손가락 마디, 손등, 팔목 같은 곳을 감아 준다. 너무 단단히 감으면 피가 잘 돌지 않아 손을 자유롭게 쓸 수 없다. 또한 손바닥에는 테이프를 감지 않아야 바위 감촉을 잘 느낄 수 있다.

제2장

매듭

매듭(knots)은 로프나 슬링을 묶거나 연결해줄 수 있도록 해준다. 암벽
등반의 기본은 바위를 오를 때 안전을 확보하기 위해 등반자와 로프 그
리고 장비들이 서로 연결해져 있어야 한다. 등반자의 안전벨트에 로프를
묶어주고, 암벽에 자신을 고정시키고, 확보물과 러너를 연결해주고, 두
동의 로프를 서로 연결하고, 슬링을 이용하여 로프를 타고 올라갈 수 있
는 등 여러 가지 용도로 쓰고 있다.

매듭은 쉽고 간단한 기초 기술이지만 잘못 알고 쓰면 목숨을 잃는 사고
가 날 수도 있다. 산악인이라면 기본적으로 약 15가지 정도의 매듭은 알
고 있어야 한다. 이 책에서는 가장 많이 쓰고 있는 매듭 말고도 여러 가지
상황과 특별한 목적에 이따금 쓸 수 있는 매듭도 소개하고 있다. 모든 매
듭을 완전하게 다 배울 필요는 없지만 사용하는 곳에 따라 중요한 매듭
은 반드시 완전하게 익혀야 한다. 매듭하는 방법을 어설프게 알고 있으면
큰 사고를 당할 수 있다. 기본 매듭을 완전하게 익히고 차츰 여러 가지 상
황에서 쓰는 매듭을 알아두는 것이 바람직하다.

모든 매듭은 말끔하게 묶고 매듭에 의해 만들어진 고리는 가능한 작게
만들어야 한다. 또한 서로 겹치거나 꼬이지 않도록 하고 끝은 항상 옭매
듭을 해서 풀리지 않게 한다. 마지막으로 자신이나 파트너의 매듭도 잘
되어 있는지 확인하고 등반 전이나 하강할 때 반드시 점검하는 습관을
길러야 한다.

고리를 만드는 매듭

옭매듭

옭매듭(overhand knot)은 흔히 오버핸드 매듭이라고 많이 부르는데, 등반에서 뿐만 아니라 일상생활에서도 많이 쓰는 매듭이기 때문에 반드시 알아두어야 한다. 옭매듭은 두 가지로 쓰이는데 간단하게 고리를 만들거나 다른 매듭을 한 다음 풀리지 않도록 끝 처리를 하는 매듭으로 사용한다. 끝 처리로 옭매듭을 할 때 주의할 점은 주 매듭이 돌아간 방향을 그대로 따라가야만 매듭이 느슨해지는 것을 막을 수 있다.

고리 옭매듭(overhand loop)은 로프 중간에, 또는 두 가닥 줄로 고리를 만들 때 쓰는 매듭이다. 옭매듭은 매듭 뭉치가 작지만 강도가 약하고, 충격을 받았을 때 잘 풀리지 않는 단점 때문에 등반 로프를 묶을 때는 잘 쓰지 않는다.

옭매듭

고리 옭매듭

두 줄 옭매듭

두 줄 옭매듭(double overhand knot)은 하강 로프로 사용할 때 매듭이 걸릴 가능성이 있는 곳에서 사용하는 매듭으로 두 로프의 끝을 함께 옭매듭 한다.

테이프 매듭

테이프 매듭(tape knot)은 반지 매듭(ring bend) 또는 물 매듭(water knot)으로 부르기도 한다. 주로 웨빙을 묶을 때 쓰며 반드시 알고 있어야 하는 매듭이다. 이 매듭을 쓸 때 조심해야 할 것은 시간이 흐를수록 쉽게 풀어지기 때문에 매듭을 할 때 아주 단단히 조여야 한다는 것이다. 매듭을 하고 남아 있는 두 끝은 항상 4~5센티미터 정도 여유를 남겨 놓아야 한다. 또 테이프 매듭으로 묶어놓은 러너는 매듭이 풀리지 않나 자주 살펴봐야 한다.

테이프 매듭

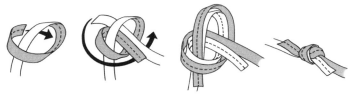

사각 매듭

사각 매듭(square knot)은 등반할 때보다는 일상생활이나 야영할 때 더 많이 쓰고, 이따금 로프를 사린 다음에 마무리 매듭으로 쓴다. 사각 매듭을 할 때 주의해야 할 점은 로프 끝부분이 서로 같은 방향으로 있어야 한다는 것이다. 로프 끝 부분이 반대방향에 있도록 묶었을 때는 작은 움직임에도 매듭이 쉽게 풀어질 위험이 있다.

사각 매듭

아카데미 매듭

아카데미 매듭(academy knot)은 굵기가 서로 다른 두 줄을 연결할 때 쓰는 매듭이다. 사각 매듭과 비슷하지만 가는 줄을 한 번 더 돌려 매듭을 한다. 겨울철에는 로프가 얼어 매듭이 잘 풀리지 않는데, 아카데미 매듭은 쉽게 풀 수 있는 장점이 있다. 매듭을 한 다음에 로프 끝을 반드시 옭매듭으로 마무리 한다.

아카데미 매듭

피셔맨 매듭

피셔맨 매듭(fisherman's knot)은 각 로프의 끝을 서로 겹쳐지게 수평으로 놓고 서로 상대 로프에 둘러 옭매듭을 만든다. 피셔맨 매듭은 등반할 때는 잘 쓰지 않으며, 이중 피셔맨 매듭으로 대체하는 경우가 많다.

이중 피셔맨 매듭은 로프 두 동을 서로 연결할 때 많이 쓰며, 가장 확실한 매듭이다. 매듭 크기도 작고 산뜻한 장점이 있지만, 강한 충격을 받은 다음에는 풀기 어렵다. 특히 겨울철 등반에서 매듭이 얼어붙으면 풀기가 더 어려워진다. 따라서 매듭을 한 다음 자주 풀지 않을 때 이중 피셔맨 매듭을 한다. 코드 슬링으로 러너를 만들 때, 또는 헥센트릭이나 너트에 코드 슬링으로 묶을 때 쓴다. 웨빙을 연결할 때 이중 피셔맨 매듭으로 묶어두면 테이프 매듭을 했을 때보다 단단한 매듭을 할수 있다.

피셔맨 매듭　　　　　　**이중 피셔맨 매듭**

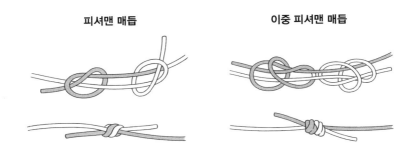

웨빙으로 이중 피셔맨 매듭

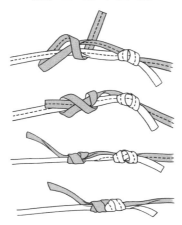

8자 매듭

8자 매듭(figure 8 knot)은 매듭을 했을 때 가장 강한 강도를 갖고 있는 매듭이다. 강한 충격을 받은 다음에도 쉽게 매듭을 풀 수 있는 장점이 있다. 고리를 만드는 8자 매듭은 로프 중간을 등반자의 안전벨트에 걸려있는 잠금 카라비너에 걸 때 많이 쓰는 매듭으로 반드시 알아두어야 한다.

되감기 8자 매듭은 로프의 한쪽 끝을 안전벨트에 바로 묶는 가장 확실한 매듭이다. 되감기 8자 매듭을 한 다음에도 로프 끝을 옭매듭으로 마무리해야 안전하다. 이 매듭은 나무나 움직이지 않는 확보물에 로프를 직접 묶을 때도 많이 쓴다. 또 로프 두 동을 이을 때도 자주 쓰는데, 충격을 받아 조여진 다음이나 얼어붙었을 때도 풀기 쉽다.

이중 되감기 8자 매듭은 로프 가운데를 안전벨트에 8자 매듭으로 묶을 때 쓰는 매듭이다. 쉽게 풀리지 않도록 로프 끝을 옭매듭으로 묶거나 카라비너를 걸어 둔다. 그러나 매듭이 복잡하고 로프가 많이 사용되어 자주 쓰는 매듭은 아니다.

고리를 만드는 8자 매듭

안전벨트에 로프를 연결할 때 쓰는 되감기 8자 매듭

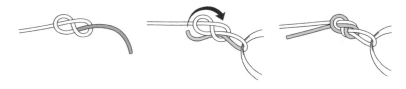

로프 두 동을 이을 때 쓰는 되감기 8자 매듭

이중 되감기 8자 매듭

보울라인 매듭

보울라인 매듭(bowline knot)은 로프의 한쪽 끝을 나무나 고정 확보물에 로프를 바로 묶을 때, 또는 안전벨트에 로프를 묶을 때 쓰는 매듭이다. 잘못 뒤집히면 매듭이 헐거워져 쉽게 풀릴 수 있기 때문에 정확하게 사용해야 한다. 로프 끝은 반드시 옭매듭으로 마무리해야 한다.

보울라인 매듭

요세미테 보울라인 매듭

되감기 보울라인 매듭은 로프 끝을 안전벨트에 묶는 매듭 중 되감기 8자 매듭과 더불어 가장 확실한 방법 중 하나다. 매듭을 했을 때 고리 부분을 되도록 작게 해야 한다. 8자 매듭에 비해 강도는 조금 떨어진다.

되감기 보울라인 매듭

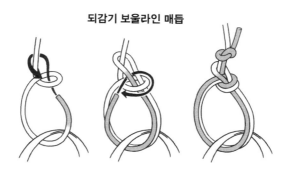

이중 보울라인 매듭은 로프 가운데를 두 줄로 만들어 안전벨트에 바로 묶는 매듭이다. 매듭을 한 다음 풀리는 것을 막기 위해서 옭매듭이나 카라비너를 걸어서 마무리해야 한다. 자주 쓰는 매듭은 아니다.

이중 보울라인 매듭

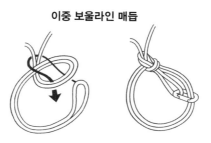

보울라인 매듭은 매듭 부분이 약하고 매듭을 한 고리가 뒤집어질 수 있는데, 이런 점들을 보강하기 위해 고리 부분을 이중으로 묶거나 클로브 히치 매듭을 한다.

방법을 달리한 보울라인 매듭

고리 부분을 두 번 감는 방법   고리 부분을 클로브 히치
매듭하는 방법

에반스 매듭

에반스 매듭(evans knot)은 로
프 끝을 이용해서 고리를 만드는
매듭이다. 로프를 당기면 고리가
조여 들고, 풀 때는 고리에서 카
라비너를 빼낸 다음 긴 쪽 로프만

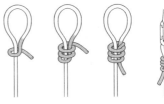

에반스 매듭

당기면 매듭이 저절로 풀리는 특징이 있다. 따라서 등반자 몸에 바로
매듭해서는 안되며, 선등자나 후등자의 안전벨트에 카라비너로 간단
하게 로프를 걸 때 편리하다. 겨울철 등반을 할 때도 매듭을 쉽게 풀 수
있어 좋다.

클로브 히치

까베스땅(cabestan)매듭으로도 부르는 클로브 히치(clove hitch) 매
듭은 로프 어느 부분이든 카라비너에 쉽고 빠르게 매듭해서 묶을 수

클로브 히치

있는 매듭이다. 매듭을 한 다음에도 쉽게 로프 길이를 조절할 수 있어 로프를 잠깐 묶어둘 때 유용하다. 등반자가 자기확보할 때 많이 쓰는 매듭으로 반드시 알아두어야 한다. 클로브 히치는 등반 중 한 손으로 바위를 잡은 채 다른 한 손으로도 매듭을 할 수 있도록 연습을 많이 해야 한다.

뮌터 히치(münter hitch)

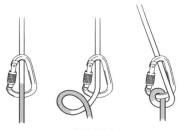

뮌터 히치

반 까베스땅, 하프 클로브 히치로 부르는데 카라비너에서 로프가 쉽게 미끄러지지 않도록 하는 매듭이다. 선등자와 후등자 확보를 손쉽게 할 수 있는 매듭이다. 매듭이 카라비너 사이에서 뒤집히면서 선등자와 후등자의 등반로프를 풀어주고 당겨주는 것을 편리하게 할 수 있다. 또한 하강기구가 없을 때 하강에도 이용할 수 있지만 마찰열 때문에 뮌터 히치를 이용한 하강은 하지 않는 것이 좋다. 뮌터 히치를 이용해 확보를 볼 때는 카라비너의 안쪽 폭이 넓은 잠금 카라비너를 써야 매듭을 걸거나 확보 보기에 안전하고 편하다. 확보기구를 준비하지 않았거나 등반하다가 잃어버렸을 경우를 대비해서 뮌터 히치 매듭을 알아두어야 한다.

프로하스카 매듭

프로하스카 매듭(prohaska knot)은 클로브 히치 매듭과 같은 용도로 쓰는 매듭이다. 매듭 모양

프로하스카 매듭

이 좀 복잡한 것 같지만 몇 번 연습하면 쉽게 할 수 있다. 클로브 히치 매듭보다 강도가 뛰어나다.

하네스 루프

하네스 루프(harness loop)는 짐을 끓어 올릴 때 고리를 쉽게 만들 수 있고 저절로 풀리는 간단한 매듭이다. 물건을 옮기거나 등반중 장비나 배낭을 끌어올릴 때 간단히 하네스 루프를 만들어 걸면 편리하다.

하네스 루프

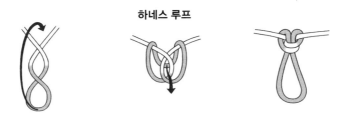

타벅 매듭

타벅 매듭(tarbuck knot)은 줄을 팽팽하게 할 때 사용하는 매듭이다. 줄 길이를 자유롭게 조절할 수 있는 장점이 있어 텐트의 버팀줄을 맬 때나 느슨해진 빨랫줄을 팽팽하게 당기는 등 많은 곳에 쓸 수 있다.

타벅 매듭

거스 히치

거스 히치(girth hitch)는 사실 우리가 여러 가지 용도로 많이 쓰고 있는 매듭이다. 나무에 러너를 두를 때나 러너를 안전벨트 장비걸

거스 히치

이에 걸 때, 그리고 러너 두 개를 길게 이을 때 사용할 수 있다.

오버핸드 슬립

오버핸드 슬립(overhand slip)은 로프의 끝이 아닌 중간을 접어서 옭매듭 형태로 카라비너 등에 간단히 걸어주는 매듭이다.

오버핸드 슬립

마찰을 이용한 매듭

마찰을 이용한 매듭은 등반용 로프를 이용해서 오르내리거나 여러 가지 위험에 대비한 매듭이므로 반드시 알고 있어야 한다. 이런 매듭들은 매듭 끝의 고리에 무게가 실리면 매듭이 로프를 조이거나 꺾이면서 고정된다. 반대로 무게를 받지 않은 상태에서는 매듭이 로프의 위아래로 자유롭게 움직인다. 마찰을 이용한 매듭으로 널리 알려진 것은 프루지크 매듭이지만, 그 외에도 바흐만 매듭, 클렘하이스트 매듭도 아주 편리한 매듭이다.

프루지크 매듭

프루지크 매듭(prusik knot)에 사용하는 러너는 코드 슬링을 쓰는데, 반드시 로프 보다 가는 5~7밀리미터 정도 코드 슬링을 써야 한다. 웨빙으로는 프루지크 매듭을 할 수 없다. 로프가 얼어 있거나 무거운

프루지크 매듭

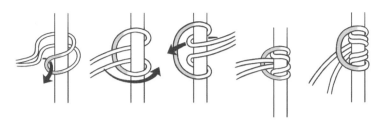

하중이 걸려 있을 때는 러너를 서너 번 이상 돌려야 로프에서 미끄러지지 않는다. 코드 슬링의 직경이 로프보다 가늘수록 안 미끄러진다. 하지만 무게가 걸리면 매듭 부분이 계속 로프를 조이고 있어 아래위로 움직이기 어렵다. 로프에 코드 러너 두 개로 프루지크 매듭을 하면 로프를 타고 올라가거나 내려갈 수 있다. 위쪽의 프루지크 매듭은 안전벨트에 걸어서 매달리고, 아래쪽의 프루지크 매듭에는 러너를 길게 해서 발에 걸고 일어서는 방법으로 로프를 타고 올라간다. 프루지크 매듭은 그밖에도 초보자가 위험한 곳을 하강할 때 하강기 위쪽 로프에 매듭을 하여 잡고 내려오는 안전장치로 사용할 수 있다.

바흐만 매듭

바흐만 매듭(bachmann knot)은 프루지크 매듭과 같은 용도로 쓴다. 카라비너에 코드 슬링이나 웨빙을 걸어 로프에 돌려주면 된다. 프루지크 매듭보다 위아래로 움직이기 쉽고 하중이 걸린 다음에도 매듭이 쉽게 느슨해진다. 이 매듭은 다친 사람이 스스로 자기확보를 하면서 오르거나 웨빙을 쓸 수 있다는 것이 큰 장점이다.

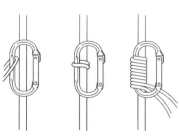

바흐만 매듭

클렘하이스트 매듭

클렘하이스트 매듭(klemheist knot)도 프루지크 매듭이나 바흐만 매듭과 같은 용도로 쓰지만, 마찰 때문에 러너가 많이 상하는 단점이 있다. 그러나 바흐만 매듭처럼 위아래로 움직이기 쉽다.

클렘하이스트 매듭

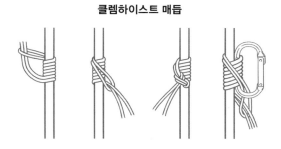

매듭 할 때 주의해야 할 점

매듭하면 일반적으로 매듭하지 않은 상태보다 강도가 떨어질 수밖에 없다. 매듭한 부분에서 로프끼리 마찰을 일으키기 때문이다. 여러 가지 매듭 중에 강도가 뛰어난 매듭과 약한 매듭이 있으므로 적절한 용도에 맞게 사용하는 것이 좋다.

매듭 종류에 따른 로프의 강도

매듭이 없는 상태	8자 매듭	보울라인 매듭	이중 피셔맨 매듭	테이프 매듭	클로브 히치	옭매듭
100%	75~80%	70~75%	65~70%	60~70%	60~65%	60~65%

비슷한 용도로 쓰는 매듭은 여러 가지가 있다. 이런 매듭 전부를 알기 보다는 용도별로 가장 중요하고 많이 사용하는 매듭을 골라서 익히

는 것이 좋다. 장갑을 낀 채, 또는 어둠 속이나 비가 올 때 한 손으로도 매듭을 정확히 할 수 있도록 많은 연습을 해야 한다. 매듭 할 때 주의해 야 할 점은 아래와 같다.

- 단단하게 조여서 매듭을 만들어야 한다.
- 고리는 되도록 반드시 필요한 크기로 만들어야 한다.
- 매듭의 두 줄이 서로 겹치지 않도록 한다.
- 매듭 크기는 되도록 작게 해야 한다.
- 매듭 끝은 항상 옭매듭으로 마무리한다.
- 사용하는 도중에도 매듭을 자주 살펴본다.
- 다른 사람에게도 매듭을 해줄 수 있어야 한다.

지금까지 설명한 매듭은 모두 20여 가지가 넘는다. 등반할 때 이런 매듭을 다 사용하는 것은 아니지만 반드시 필요한 몇 가지는 알아두어 야 한다. 아래 표는 등반자의 수준별로 기초, 중급, 고급 단계로 배워야 할 매듭의 종류를 나타낸 것이다. 한 번에 여러 가지 매듭을 배우려고 하는 것보다는 한 가지 매듭이라도 정확하게 알고 있어야 실제 등반에 서 자신 있게 쓸 수 있다.

단계별로 알아야 할 매듭 종류

기초	중급	고급
• 옭매듭	• 고리 옭매듭	• 이중 되감기8자 매듭
• 테이프 매듭	• 사각 매듭	• 이중 보울라인 매듭
• 보울라인 매듭	• 이중 피셔맨 매듭	• 아카데미 매듭
• 8자 매듭, 되감기 8자 매듭	• 되감기 보울라인 매듭	• 프로하스카 매듭
• 클로브 히치, 뮌터 히치	• 에반스 매듭	• 하네스 루프
• 프루지크 매듭	• 타벅 매듭	• 바흐만 매듭
• 거스 히치	• 오버핸드 슬립	• 클렘 하이스트 매듭

확보(belay)는 등반자와 확보자 그리고 로프를 사용하여 안전을 도모하는 기술을 말한다. 바위를 올라가는 기술은 등반을 하면서 차츰 높여갈 수 있지만, 확보기술은 처음 시작할 때부터 완전하게 배워야 한다. 등반에 실패는 있을 수 있어도 확보에 실패는 결코 있어서는 안 된다.

등반과 확보 시스템

등반의 확보기술을 다루기에 앞서 암벽등반을 할 때 어떠한 방식으로 안전에 대한 확보를 하는지 간단한 예를 들어 살펴보자. 두 사람의 등반자가 60미터 로프 두 끝을 각각 안전벨트에 단단히 묶고 암벽등반을 시작한다. 앞서 오르는 사람은 선등자, 뒤에 오르는 사람은 후등자라고 한다. 후등자는 확보 지점에 자기 확보줄을 사용해 몸을 고정시키고, 선등자가 떨어질 때 로프가 더 이상 빠져나가지 않도록 준비한다. 이런 것을 '확보를 본다' 또는 '빌레이'라고 하며, 이때 후등자를 '확보자'라고 한다.

선등자는 루트를 따라 오르며 확보물을 설치하고 로프를 통과시킨다. 만약 선등자가 떨어질 때 중간에 설치한 확보물이 없다면 바닥으로 떨어져 크게 다칠 것이다. 하지만 중간에 확보물을 설치했을 경우 후등자는 선등자가 바닥까지 추락하지 않도록 로프를 잡아 줄 수 있는데, 이것을 '선등자 확보'라고 한다.

선등자는 루트의 비교적 안전한 곳에서 자기 확보할 곳을 만든 다음, 후등자가 안전하게 등반할 수 있도록 준비한다. 이때 선등자는 확보자가 되고 후등자는 등반자가 된다. 후등자가 올라오는 만큼 확보자는 로프를 당겨 주고, 후등자가 떨어질 때는 로프를 잡아 준다. 이를 '후등자 확보'라고 한다. 후등자 확보는 선등자 확보에 비해 추락 거리가 짧기 때문에 확보 보기에 수월하다. 후등자는 선등자가 있는 확보 지점까지 올라오는데, 이때 서로 만나는 지점까지의 거리를 '피치(pitch)'라고 한다. 그리고 다시 선등자가 등반을 시작하고 후등자는 확보를 봐주는데, 이런 것을 '확보 시스템'이라고 한다.

선등자는 떨어질 때 바로 아래쪽의 확보물로부터 올라온 길이의 약 두 배를 추락하게 된다. 선등자는 추락 거리를 짧게 하기 위해서 확보물을 자주 설치하며 오르는 몸짓도 아주 조심스러워진다. 반면 후등자는 선등자가 위에서 확보를 봐주기 때문에 아주 짧은 거리를 떨어지므로 거침없는 등반을 할 수 있다.

등반자가 차고 있는 안전벨트는 튼튼해야 하고, 로프는 등반자가 긴 거리를 떨어질 때 생기는 충격을 충분히 견딜 만큼 튼튼해야 하며, 안전벨트와 로프를 잇는 매듭은 잘 묶어야 한다. 확보자는 등반자가 떨어질 때 몸이 딸려가지 않도록 확보 지점에 몸을 잘 묶어야 하고, 등반자가 떨어질 때 로프를 확실하게 잡을 완벽한 기술을 써야 한다.

선등자가 걸어놓은 확보물은 떨어지는 충격에도 빠지거나 부러지지 않도록 튼튼하게 걸려 있어야 하고, 카라비너나 러너도 부러지거나 끊어져서는 안 된다. 또한 등반하는 사람은 땅바닥까지 떨어지거나 떨어지는 도중에 바위나 나무에 부딪치지 않도록 확보물 설치할 지점을 잘 골라야 한다. 확보란 이처럼 여러 가지 장비와 기술을 사용하여 온갖 위험으로부터 등반자를 보호하는 것이다.

등반과 확보 시스템

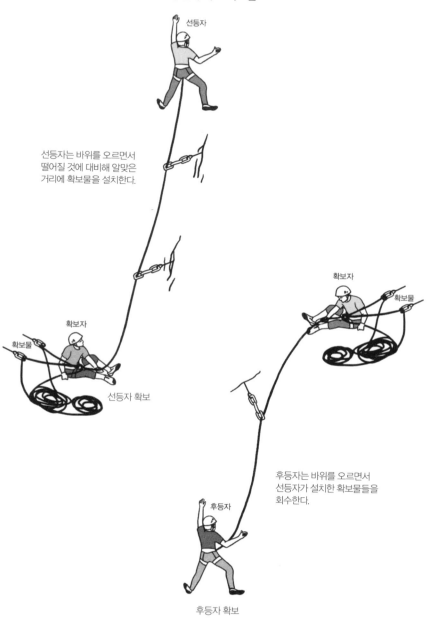

선등자

선등자는 바위를 오르면서
떨어질 것에 대비해 알맞은
거리에 확보물을 설치한다.

확보자

확보자

확보물

확보물

선등자 확보

확보물

후등자는 바위를 오르면서
선등자가 설치한 확보물들을
회수한다.

후등자

후등자 확보

확보 지점 만들기

확보 지점은 확보자의 몸을 고정시키고 등반자의 추락에 대한 충격을 견뎌내는 곳이다. 확보 지점이 파괴된다면 등반자의 안전은 물론 확보자의 안전 역시 보장할 수 없다. 확보 지점은 나무, 바위와 같은 자연 확보물과 루트에 이미 박혀 있는 인공 확보물에 만들 수 있다.

자연 확보물

자연 확보물은 나무, 모난 바위, 바위 구멍, 쐐기돌 등을 주로 쓴다. 확보물은 등반자가 떨어질 때 전해지는 강한 충격에도 충분히 견딜 만큼 튼튼해야 한다. 자연 확보물 중 가장 좋은 확보물은 크고 굵으며 뿌리가 단단하게 박힌 살아있는 큰 나무다.

바위는 기둥, 모난 바위, 바위 구멍, 쐐기돌, 큰 바위덩어리 등이 있는데, 주로 모난 바위를 확보 지점으로 많이 쓴다. 모난 바위에 러너를 만들 때는 몇 가지 주의해야 할 점이 있다. 첫째 바위와의 마찰 때문에 러너가 끊어질 위험이 없는지 살펴야 한다. 둘째 러너의 각도가 60도를 넘지 않아야 한다. 각도에 대한 문제는 뒤에서 자세히 설명하기로 한

모난 바위에 러너를 만들 때의 각도

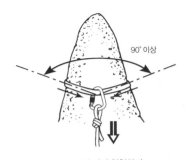

90° 이상

러너 각도가 커서 위험하다.

60° 이하

러너 각도는 최소한 60도를 넘지 않도록 해야 안전하다.

다. 셋째 떨어지는 충격 방향에 따라 러너가 벗겨질 위험이 없어야 한다. 확보 지점이 안전한 경우라도 등반자를 확보 하면서 충격 방향이 바뀌면 위험할 수 있다.

인공 확보물

기존 루트에는 확보 지점마다 대개 고정 확보물이 박혀 있다. 요즘 박아놓은 고정 확보물들은 주로 볼트다. 만약 한 개만 박혀 있다면, 그곳은 확보 지점으로 사용하는 곳이 아닐 가능성이 높다. 확보 지점에는 반드시 두 개 이상의 확보물을 박아야 한다. 이따금 녹슬어 있는 고정 볼트나 피톤이 박혀있는 확보 지점이 있는데, 이럴 경우 될 수 있으면 확보물을 더 설치해서 안전하게 만들어야 한다.

확보 지점에 이미 박아놓은 확보물에는 대개 러너가 걸려 있는데, 오랫동안 햇빛을 받아 강도를 믿을 수 없다. 나일론은 자외선에 아주 약하고, 새 러너일지라도 충격을 심하게 받은 상태일 수 있다. 만약 이런 러너에 다시 충격이 전해지면 끊어질 가능성이 많다. 따라서 다른 사람들이 걸어놓은 러너는 한 번 의심해봐야 하며, 반드시 새로운 러너를 설치해야 한다.

확보물 연결법

균등 연결법(Equalization)

균등 연결법은 두 개 이상의 확보물을 서로 연결할 때, 각 확보물에 충격이 균등하게 나눠지도록 러너를 잇는 방법이다. 러너 한 개를 확보물에 걸린 두 개의 카라비너에 건다. 두 확보물 사이에 있는 러너의 위쪽을 잡아 고리를 만든다. 고리와 러너의 아래 부분을 모아 카라비너에 걸고 여기에 로프를 묶는다. 만일 러너의 위와 아래를 한꺼번에 카라비너에 걸 경우 한쪽 확보물이 빠져버리면 러너에서 카라비너가 그냥 빠져버린다. 세 개의 확보물을 이을 때도 균등 연결법을 쓸 수 있다. 확보물사이의 러너들을 한 번씩 꼬아서 카라비너에 걸어 주면 어느 방향으로 충격이 오더라도 확보물 세 개에 고르게 나뉘어 전해진다.

바르게 건 균등 연결법

확보물 사이에 있는 러너를 반 바퀴 꼬아 준다.

꼬아 놓은 고리와 다른 쪽 러너에 카라비너를 건다.

어느 한쪽으로 충격이 오더라도 러너 길이가 저절로 바뀌면서 충격을 분산시킨다.

위험하게 건 균등 연결법

확보물이 세 개일 때의 균등 연결법

확보물 사이에 있는 러너에 따로따로 고리를 만든다. 고리 두 개와 다른 쪽 러너에 카라비너를 같이 건다.

삼각 연결법(Triangle method)

충격을 나누는 또 다른 방법으로 삼각 연결법이 있다. 확보물 두 개와 카라비너를 삼각형 모양으로 잇는 방법이다. 삼각 연결법은 앞에서 설명한 균등 연결법보다 각각의 확보물에 큰 충격이 전해지는 단점이 있다. 하지만 확보물 두 개 중에 어느 한쪽이 빠지더라도 추락 거리가 균등 연결법보다도 짧다는 장점이 있다.

삼각 연결법

연결 각도

균등 연결법과 삼각 연결법은 안전한 확보 지점을 만들기 위해 두 개 이상의 확보물을 러너로 연결하여 충격을 분산시키기 위한 방법이다. 이때 러너의 각도에 따라 각 확보물에 전해지는 충격 크기가 달라진다.

확보물 두 곳을 균등 연결법으로 할 때 카라비너에 100킬로그램의 충격이 전해진다고 하자. 러너의 각도가 0도일 때는 각 확보물에 전달되는 충격은 각각 50킬로그램이 될 것이다. 러너의 각도가 60도인 경우 충격은 각각 58킬로그램, 90도인 경우 71킬로그램, 120도인 경우 100킬로그램이 된다. 각도가 점점 커지면 그에 따라 확보물에 전달되는 충격도 커진다. 균등 연결법으로 연결했을 때 각 확보물에 가해지는 힘은 표와 같다. 한편 확보물 세 곳을 균등 연결법으로 했을 경우 러너의 각도가 90도인 경우 41킬로그램, 120도인 경우 50킬로그램이 각 확

확보물 두 개를 균등 연결법으로 했을 때 각 확보물에 가해지는 충격의 크기

러너의 각도	0°	60°	90°	120°	150°	170°
충격의 크기	50%	58%	71%	100%	193%	573%

러너의 각도에 따라 확보물에 전해지는 충격의 크기

확보물 두 개를 균등 연결법으로 이었을 때

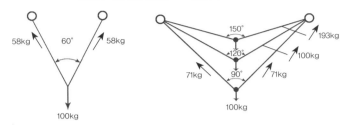

확보물 세 개를 균등 연결법으로 이었을 때

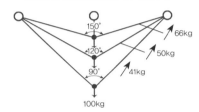

확보물 두 개를 균등 연결법으로 했을 때 연결줄의 각도에 따라 전해지는 충격

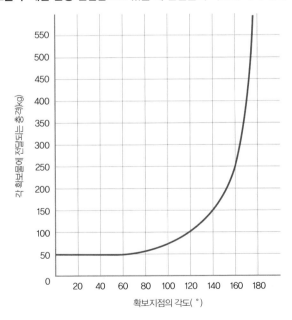

보물에 전달된다.

다음 그래프는 확보물 두 개를 균등 연결법으로 연결했을 때 러너의 각도에 따라 각 확보물에 전달되는 충격량이 달라지는 것을 나타낸 것이다. 러너의 각도가 적어도 60도를 넘지 않아야 각 확보물에 전달되는 충격이 반으로 줄 수 있고, 120도를 넘으면 각 확보물에 전달되는 충격은 기하급수적으로 증가한다. 따라서 균등 연결법이든 삼각 연결법이든 러너의 각도가 적을수록 충격이 작아지며, 적어도 60도 이내로 설치해야 안전하다.

확보 준비

'빌레이(belay)'는 확보자가 확보 지점을 만들어 자기 몸을 묶은 다음 안전한 자세를 잡아 선등자가 올라가거나 후등자가 올라올 수 있도록 로프를 잘 처리하고, 추락했을 때 바로 멈추도록 만드는 기술이다. 이때 확보자는 자기 몸을 확보 지점에 묶고 등반자가 떨어질 때 안전하게 잡아 줄 수 있는 자세를 잡아야 한다.

자기 확보

확보자가 확보 지점에 자기 몸을 안전하게 묶는 것을 '자기 확보(self belay)'라고 한다. 자기 확보를 하는 방법은 크게 두 가지가 있다. 하나는 안전벨트에 묶은 러너를 확보 지점에 직접 연결하는 방법이고, 또 하나는 자기 몸의 등반 로프를 확보 지점에 묶는 방법이다. 자기 확보할 때 쓰는 긴 러너를 '자기 확보줄'이라고 한다.

자기 확보할 때 확보 지점과 확보자 사이의 거리가 매우 중요하다. 확보 지점의 높이와 확보자가 서 있는 장소나 자세에 따라 안전하게 확보

여러 가지 자기 확보줄

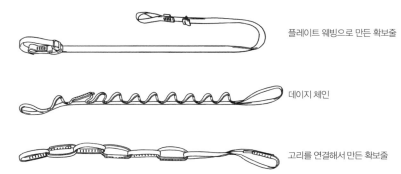

플레이트 웨빙으로 만든 확보줄

데이지 체인

고리를 연결해서 만든 확보줄

를 볼 수 있다. 따라서 자기 확보줄의 길이를 상황에 따라 자유롭게 조절할 수 있어야 한다. 초보자는 확보 지점에 어지럽게 얽혀 있는 로프와 카라비너, 매듭 따위에 혼동을 일으켜 자칫 실수를 저지르곤 한다. 이때 실수는 보통 자기 확보줄을 걸거나 풀 때 생기므로 등반 로프와는 굵기와 색깔이 다른 러너로 만든 자기 확보줄을 쓰는 것이 좋다.

자기 확보줄은 코드 슬링이나 웨빙에 중간 중간 옭매듭을 해서 고리를 만든 다음, 알맞은 거리로 조절하면서 쓸 수 있는 확보줄이다. 자기 확보줄로 데이지 체인(daisy chain)을 많이 사용하는데, 길이를 조절할 수 있는 고리가 중간에 여러 개 만들어진 확보줄이다.

프루지크 매듭을 이용하여 길이를 자유롭게 조절할 수 있는 확보줄도 있다. 9~10밀리미터의 굵은 코드 슬링(또는 자른 로프)에 7밀리미터 코드 슬링으로 프루지크 매듭을 한 것이다. 이때 같은 굵기로 프루지크 매듭을 하면 제동 효과가 없다는 것을 알아야 한다. 자기 확보만 했을 경우 프루지크 매듭에 자기 몸무게만 실려 문제가 없지만, 등반자가 떨어질 때 강한 충격이 전달되면서 매듭 부분이 힘없이 미끄러진다. 또한 프루지크 매듭을 이용한 자기 확보줄은 겨울철에 확보줄이 얼면 길이 조절을 할 수 없다.

자기 확보줄을 확보 지점에 걸 때는 잠금 카라비너를 쓰는 것이 바람직하다. 잠금 카라비너가 없으면 보통 카라비너 두 개를 사용할 수도 있는데, 여닫는 곳을 서로 반대 방향으로 걸어야 안전하다.

확보자의 자세

미국에서는 보통 자신의 안전벨트에 걸린 카라비너에 확보 기구나 매듭을 이용하는 직접 확보를 많이 사용하며, 유럽에서는 확보기구나 매듭을 확보물에 바로 걸어서 확보를 보는 간접 확보를 많이 사용한다. 간접 확보의 장점은 추락의 충격이 직접 확보자의 몸에 전달되지 않기 때문에 부상당하거나 확보에 대한 통제력을 잃을 염려가 줄어든다.

확보자의 자세에서 가장 중요한 점은 충격 방향과 ABC 시스템 즉, 확보물(A : anchor), 확보자(B : belayer), 등반자(C : climber)의 방향이 일치해야 한다. 먼저 선등자가 등반하면서 확보물을 걸지 않았을 때와

제동 자세

느낌손　등반자　멈춤손　확보자　확보물　등반자

확보자는 확보물에 고정된 상태에서 등반자를 확보할 준비가 되어 있어야 한다.

등반자가 추락했을 때 멈춤 손으로 로프를 뒤로 당긴다.

선등자가 떨어질 때 전해지는 충격 방향과 확보 자세

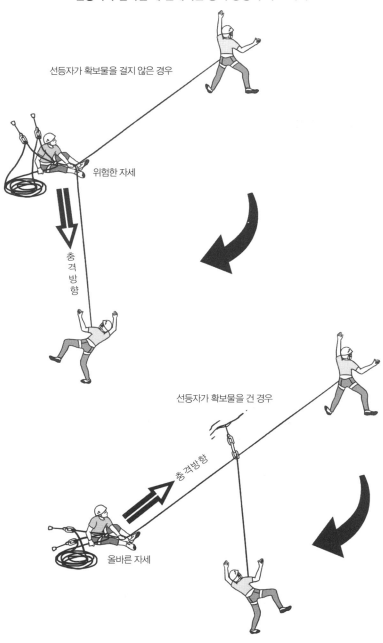

선등자가 확보물을 걸지 않은 경우

위험한 자세

충격 방향

선등자가 확보물을 건 경우

충격방향

올바른 자세

후등자를 확보할 때의 손 동작

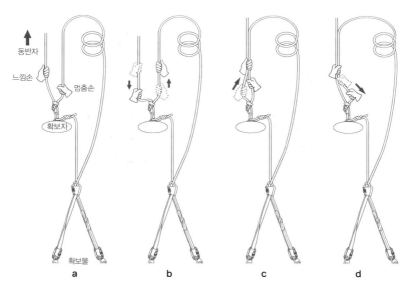

a 느낌 손을 쭉 뻗어 로프를 잡아당길 준비를 하고 멈춤 손은 몸 가까이에 둔다.
b 느낌 손으로 로프를 잡아당기는 동시에 멈춤 손을 쭉 뻗는다.
c 두 손으로 로프를 당긴다. 그런 후 느낌 손을 멈춤 손 앞으로 뻗어 두 가닥의 로프를 잡는다.
d 느낌 손으로 두 가닥의 로프를 잡은 상태에서 멈춤 손을 몸 안쪽으로 이동시킨다.

걸었을 경우를 생각해보자. 그림에서 보듯이 등반자가 떨어지면서 생기는 충격 방향과 확보자에게 전해지는 충격 방향이 다르다. 등반자가 올라가는 모습을 보면서 등반자 쪽으로 확보 자세를 잡고 있다면, 선등자가 떨어질 때 확보자에게 전해지는 충격 방향은 아래쪽이 된다. 이때 확보자는 갑자기 몸이 앞쪽으로 당겨지기 때문에 떨어지는 등반자를 잡을 수 없다. 따라서 선등자가 확보물을 걸지 않았다면 떨어질 것에 대비하여 충격 방향과 같은 자세로 확보를 봐야 안전하다. 한편 선등자가 확보물을 걸고 등반을 하다 떨어졌을 때는 확보자에게 전해지는 충격 방향은 확보물 방향이다.

떨어질 때 생기는 충격 방향은 선등자냐 후등자에 따라 다르고, 선

선등자를 확보할 때의 손 동작

등자가 확보물을 걸기 전과 건 다음에도 다르고, 등반자가 오르는 방향에 따라 또 달라진다. 확보자는 등반자가 떨어질 때 충격이 어느 쪽으로 전해지는가를 미리 생각하고, 충격 방향에 대비해 완벽한 자세를 잡아야 한다. 또한 충격방향에 맞추어 자기 확보줄도 팽팽하게 해야 한다. 확보줄이 느슨하면 등반자가 떨어질 때 확보자의 몸이 딸려가면서 확보 자세가 불안정해진다.

등반자와 바로 연결된 쪽의 로프를 잡고 있는 손은 흔히 '느낌 손(feeling hand)'이라고 하여 로프를 풀어주고 당겨주는 역할을 한다. 한편 다른 손은 '멈춤 손(braking hand)'이라고 하여 추락에 대비하여 항상 로프를 잡고 있어야 한다. 확보자는 등반자의 동작과 필요를 예측해서 등반자가 올라가거나 중간 확보물을 걸게 되면 로프를 풀어주고, 로프가 느슨해지면 당겨주면서 적당히 팽팽하게 유지해야 한다.

등반 신호

등반자와 확보자 사이가 멀어지면 서로 말을 주고받기 어렵기 때문에 정확히 뜻을 전하려면 간단하고 분명한 등반 신호를 써야 한다. 서로 떨어져 있는 등반자와 확보자의 말은 거리가 짧은 것 같은 데도 생각보다 잘 들리지 않거나 잘못 알아들을 수도 있다.

모든 등반 신호는 반드시 한 번씩 더 말해야 한다. 예를 들어 등반자가 확보자에게 "출발?"이라고 외쳤다면 "나는 지금 등반을 시작하려고 한다. 너는 내 확보를 볼 준비가 다 되었나? 네가 '출발'이라고 말을 해주면 나는 바로 등반을 시작하겠다."는 중요한 뜻을 담고 있는 말이다. 또한 확보자의 "출발!"이라는 소리는 "나는 네 확보를 볼 준비가 다 되었으니, 너는 언제라도 등반을 시작해도 좋다."는 뜻을 선등자에게 확인시켜 주는 말이다.

만약 상대방이 등반 신호에 대답이 없을 때는 다시 한 번 큰 소리로 신호를 보내고, 그래도 대답이 없을 때는 말 대신 로프를 당겨서 뜻을 전하는 로프 신호로 바꿔야 한다. 한번 당기면 '줄 늦춰', 두 번은 '줄 당겨', 세 번은 '완료' 또는 '출발'이다.

등반 신호와 의미

등반 신호	누가 → 누구에게	뜻
출발?	등반자 → 확보자	등반 준비가 다 되었다. 출발해도 좋은가? (Climbing?)
출발!	확보자 → 등반자	확보 볼 준비가 됐다. 출발해도 좋다. (Belay on)
(확보)완료	등반자 → 확보자	등반을 끝내고 나는 자기확보를 했다. 너는 더 이상 내 확보를 안 봐도 좋다. 너는 출발 준비를 해라. (Belay off)
(확보)완료	확보자 → 등반자	좋다. 나는 더 이상 네 확보를 보지 않겠다.
기다려	확보자 → 등반자	아직 확보 준비가 안됐다. 기다려라. (Stand by)
줄 당겨	등반자 → 확보자	로프가 늘어졌다. 줄을 당겨라. (Tention/ Up rope)
줄 늦춰	등반자 → 확보자	로프가 너무 팽팽하다. 줄을 늦춰라. (Slack)
몇 미터?	등반자 → 확보자	내가 오르는 데 쓸 수 있는 로프는 몇 미터나 남아있는가?
앞으로 5미터	확보자 → 등반자	남아 있는 로프 여유 분은 5미터다.
줄 올려	후등자 → 확보자	내가 출발하니까 남아 있는 로프를 모두 당겨라.
고정	등반자 → 확보자	로프를 확보물에 묶어 놓아라.
추락	등반자 → 확보자	내가 떨어지니까 로프를 잘 잡아 멈추게 해라.
낙석		돌이 떨어지니까 피해라. (Rock)
줄 내려갑니다		로프를 아래로 던지니까 조심하시오. (Rope)

확보 방법

직접 확보와 간접 확보

확보자가 확보 지점에 자기 확보를 한 다음, 등반자의 추락을 멈추게 하는 확보 방법에는 로프를 몸에 직접 걸어서 하는 직접 확보 방법과 확보 지점을 통해 멈추게 하는 간접 확보 방법이 있다. 다시 말해서 떨어지는 충격을 처음부터 확보자의 몸으로 직접 받으며 멈추게 하는 것이 직접 확보이고, 확보 지점을 통해 간접적으로 멈추게 하는 방법이 간접 확보다. 즉 떨어지는 충격을 가장 먼저 전달받는 곳이 어딘가에 따라 직접 확보와 간접 확보로 나눈다.

직접 확보는 떨어지는 충격을 확보자의 몸 움직임으로 받아 멈추기 때문에 충격 크기를 줄여 떨어지는 사람을 더 안전하게 할 수 있고, 확보 지점에 전해지는 충격도 줄여주는 장점이 있다. 하지만 확보자가 안

직접 확보와 간접 확보

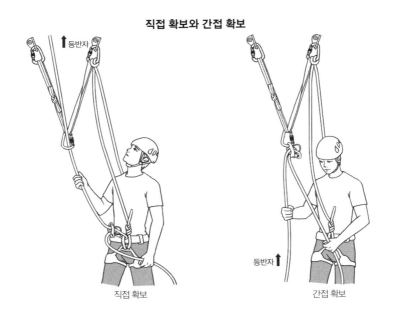

직접 확보   간접 확보

전한 자세를 하고 있지 않을 때는 떨어지는 충격 때문에 자세가 흐트러지고, 확보를 볼 때 불편한 면도 있다.

간접 확보는 확보보기가 편하고, 떨어질 때 생기는 충격이 확보물에 먼저 전해지기 때문에 확보 자세가 흐트러질 위험이 작다는 장점을 갖고 있다. 하지만 등반자가 떨어질 때의 충격이 확보 지점에 한꺼번에 전해져 확보 지점 전체가 빠지거나 끊어질 수 있으며, 등반자의 충격도 직접 확보에 비해 크다.

허리 확보

확보를 보는 방법은 몸을 이용한 확보와 확보기구를 이용한 확보로 나눌 수 있다. 몸 확보(body belay)의 기본 원리는 로프를 몸에 감아 로프와 몸에서 생기는 마찰력으로 떨어지는 등반자를 멈추게 하는 것이다. 몸 확보는 어깨, 허리, 다리 확보 같은 여러 가지 방법이 있지만, 허리 확보(hip wrap)를 많이 쓰며 UIAA에서도 이를 권장하고 있다.

허리 확보는 확보 기구를 쓰지 않고도 빠르고 쉽게 확보할 수 있는 장점이 있지만 기구 확보에 비해 떨어지는 사람을 멈추기가 쉽지 않기 때문에 등반이 어려운 루트에서는 잘 쓰지 않는다. 확보 기술이 손에 익지 않은 초보자들은 흔히 얼떨결에 느낌 손으로 로프를 잡아 멈추게 하려고 하는데, 떨어질 때 생기는 강한 충격을 한 손으로 직접 제동하는 것은 아주 위험하다. 등반자가 떨어지면 멈춤 손을 허리에 감아 로프와 허리의 마찰을 가장 크게 해야 한다. 이때 중요한 것은 멈춤 손 쪽의 팔을 쭉 뻗어서 근육이 아닌 뼈로 버텨야 한다.

뮌터 히치 확보

뮌터 히치 확보(Münter hitch)는 떨어지는 것을 멈추게 하기 위해 필

허리 확보

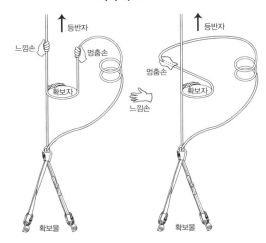

등반자

느낌손 · 멈춤손 · 확보자 · 확보물

등반자

멈춤손 · 느낌손 · 확보자 · 확보물

허리 확보할 때 몸이 돌아가는 것을 막기 위한 방법

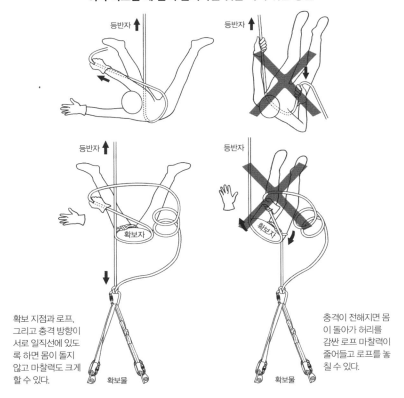

등반자

등반자

등반자

확보자

등반자

확보자 · 확보물

확보 지점과 로프, 그리고 충격 방향이 서로 일직선에 있도록 하면 몸이 돌지 않고 마찰력도 크게 할 수 있다.

충격이 전해지면 몸이 돌아가 허리를 감싼 로프 마찰력이 줄어들고 로프를 놓칠 수 있다.

요한 마찰력을 만드는 데, 로프와 카라비너를 사용하는 아주 좋은 확보 방법이다. 이 방법은 1970년경 스위스 등반가인 베르너 뮌터(Werner Münter)가 확보 방법으로 쓰기 시작했고, UIAA에서도 뮌터 히치를 권하고 있다. 뮌터 히치는 프릭션 히치(friction hitch), 이탈리안 히치(Italian hitch), 카라비너 히치(carabiner hitch), 하프 클로브 히치 빌레이(half clove hitch belay)로도 부르며, 우리나라에서는 흔히 '반 까베스땅'으로 부르고 있다.

뮌터 히치에 쓰는 카라비너는 매듭이 카라비너 안에서 부드럽게 움직일 수 있도록 폭이 넓게 만들어진 '변형 D'형 카라비너나 'HMS' 카라비너가 좋다. 그리고 잠금 카라비너를 써야 안전하다. 그 이유는 보통 카라비너로 뮌터 히치 확보를 하면 로프가 카라비너에서 빠져 나올 가능성이 아주 높기 때문이다.

뮌터 히치는 양쪽 어느 로프로도 등반자를 확보할 수 있다. 로프를 당기는 방향에 따라 매듭이 뒤집혀 등반자쪽 로프와 멈출 때 쓰는 로프를 마음대로 바꿀 수 있기 때문이다. 다른 확보 방법처럼 멈춤 손의 위치, 방향, 각도 따위를 특별히 생각하지 않고 그냥 멈춤 로프를 잡고 있으면 떨어지는 사람을 멈추게 할 수 있다. 또 아주 강한 마찰력이 생

뮌터 히치 확보를 하기 위해 카라비너에 로프 걸기

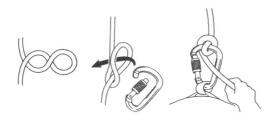

마찰력 75%

마찰력 100%

뮌터 히치 확보로 등반자를 멈추기 위해선 로프를 충격 방향으로 해주어야 한다.

겼을 때 한 손으로 가볍게 쥐고 있어도 다른 어떤 확보 방법보다도 안전하게 로프를 멈출 수 있다. 그러나 뮌터 히치에는 몇 가지 단점이 있다. 다른 확보 방법보다 더 큰 마찰력을 준다고 하는 것은 등반자에게 더 많은 충격을 주어서 등반이 어려운 루트에서는 큰 위험을 부를 수도 있다. 또한 로프를 꼬이게 만들어서 로프 끝 부분이 엉킨다. 로프를 엉키게 하지 않으려면 가끔씩 로프를 흔들어주면 된다. 뮌터 히치로 바르게 멈추도록 하기 위해선 로프를 아래 방향으로 내려서 마찰을 크게 해야만 한다. 만일 로프를 위쪽으로 당긴다면 로프 사이의 마찰력이 줄어들어 로프가 미끄러질 수도 있다. 가끔 뮌터 히치를 써서 하강하는 사람을 볼 수 있는데, 로프가 꼬이고 마찰로 로프가 많이 상하는 방법이므로 쓰지 말아야 한다.

기구 확보

확보기구는 로프의 마찰을 크게 하기 위해 로프를 알맞은 각도로 꺾어 주기만 하면 떨어지는 등반자를 손쉽고 안전하게 멈출 수 있도록 해준다. 확보기구들은 대부분 하강기로도 쓰이는데, 사실 하강용으로 만든 기구를 확보용으로도 쓴다는 것이 정확한 말일 것이다. 로프가 기구를 감싸 돌면서 마찰을 크게 하는 것이 하강과 확보에 같은 기구를 쓸 수 있는 이유다.

우리나라에서 흔히 '돼지 코'라고 부르는 스티치 플레이트(sticht plate)는 1970년대 중반 독일에서 처음 만든 것이다. 스프링이 달린 스티치 플레이트는 확보자가 원하지 않을 때 플레이트가 로프를 빠져나가는 문제를 없애고 충격을 부드럽게 멈추게 하는 확보기구다

튜브(Tube)는 최근 나온 것으로 확보와 하강을 같이 할 수 있다. 튜브의 한쪽은 좁고 다른 한쪽은 넓은 모양으로 되어 있는데, 넓은 쪽을

안전벨트에 있는 잠금 카라비너 쪽으로 걸어야 충격에도 잘 미끄러지지 않는다. 반대로 걸어서 쓰면 마찰력이 약해져 로프가 쉽게 빠져나갈 수 있다.

8자 하강기는 가장 널리 쓰는 하강 기구이며 확보를 볼 때도 가장 많이 쓰고 있다. 확보를 볼 때 잘 멈추게 할 수 있는 것만을 비교한다면, 스티치 플레이트나 튜브가 8자 하강기보다 더 뛰어나다. 그러나 8자 하강기는 로프가 가장 부드럽게 움직이는 하강기로 따로 확보기구를 갖고 다닐 필요가 없다.

8자 하강기는 여러 가지 모양으로 로프를 걸어 쓸 수 있다. 그림 c는 여러 방법 중 가장 뛰어난 마찰력을 일으켜 잘 멈춘다. 그러나 이 방법으로 후등자를 확보하면 선등자를 확보할 때와는 달리 로프가 잘 빠지지 않아 불편하기도 하다. 후등자를 확보할 때는 그림 d와 같이 쓰면

여러 가지 확보기구

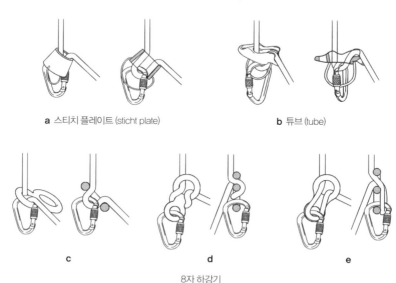

a 스티치 플레이트 (sticht plate)   b 튜브 (tube)

c   d   e

8자 하강기

로프가 부드럽게 빠져 나온다. 하지만 마찰력은 그림 c에 비해 줄어들기 때문에 선등자 확보에는 쓰지 않는 것이 좋다.

8자 하강기는 겨울철에 로프가 얼었을 때 멈추기 힘들다는 점을 고려해야 한다. 언 로프는 하강기에 마찰력을 주지 못하므로 로프가 쉽게 빠질 수 있다. 이런 문제를 막기 위해서 멈춤 손으로 로프를 단단히 잡아야 하는데, 장갑과 로프가 모두 얼어 있으면 이것도 쉽지 않다. 그래서 멈춤 손에 로프를 한 바퀴 감아서 확보 보기도 한다.

1992년에 프랑스의 페츨(petzl)사에서 선보인 그리그리(gri-gri)는 떨어지는 사람을 저절로 멈추게 하는 확보기구다. 로프가 천천히 빠져나갈 때는 마찰력이 생기지 않지만 로프가 갑자기 당겨지거나 충격이 전해지면 저절로 로프를 꽉 잡아준다. 따라서 멈춤 손으로 로프를 잡지 않아도 떨어지는 사람을 안전하게 멎게 할 수 있다. 그러나 이 기구는 로프 방향이나 로프가 빠져나가는 속도에 아주 민감하게 움직이기 때문에 바르게 쓰는 방법을 이해한 다음, 여러 번 연습을 하고 나서 쓰는 것이 안전하다.

알루미늄 합금으로 만든 확보기구들은 아주 높은 곳에서 떨어졌을

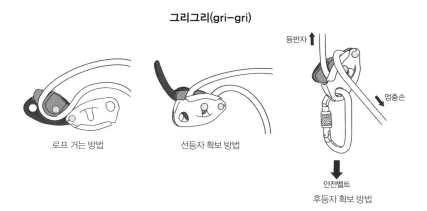

그리그리(gri-gri)

로프 거는 방법   선등자 확보 방법

등반자
멈춤손

안전벨트
후등자 확보 방법

때 겉보기에는 문제가 없는 것처럼 보이지만, 실제 강도는 많이 약해지기 때문에 큰 충격이 전해지면 깨질 위험이 있어 아예 쓰지 않아야 한다.

로프 처리

선등자를 확보할 때 로프를 팽팽하게 해서는 안 된다. 이것은 선등자의 움직임을 방해하고 균형을 잃게 한다. 경험 많은 확보자는 로프를 약간 느슨하게 하고 등반자의 움직임에 따라 알맞게 로프를 풀어준다. 등반하기 쉬운 바윗길에서는 로프를 조금 더 느슨하게 해주는 것이 좋다.

선등자가 등반하기 위해 로프를 끌고 올라갈 때 생기는 로프와 바위사이의 마찰은 피할 수 없다. 선등자는 로프를 끌고 올라가면서 마찰 때문에 움직이기 불편하고, 로프 끌림이 등반을 어렵게 만든다. 이런 문제들은 로프의 무게, 로프와 바위 사이의 마찰, 그리고 로프가 확보물을 통과할 때 생기는 꺾임 때문이다. 확보자는 선등자가 겪는 이런 어려움을 덜어주기 위해 로프를 느슨하게 해 주어야 하고, 어떤 때는 로프를 살살 쳐올려 선등자가 로프를 끌고 올라가는 부담을 덜어주어야 한다.

후등자를 확보할 때는 로프를 느슨하게 할 필요가 없다. 물론 로프를 팽팽하게 해서도 안 된다. 이것은 후등자의 움직임과 균형을 방해한다. 후등자를 확보하는 선등자는 로프를 잘 사려두어야 한다. 로프를 밑으로 늘어뜨리면 바위틈이나 확보물 따위에 로프가 걸려서 다시 올리기 어려워지고, 다른 등반자가 오르는 데 방해가 되고 다른 로프와 엉킬 수도 있다.

선등자가 다음 피치를 오를 때는 선등자쪽 로프가 위에 오도록 사려둔 로프 뭉치를 뒤집어 확보자에게 전해 준다. 이렇게 하지 않으면 확보자는 엉킨 로프를 풀기 위해 불안하게 확보를 볼 위험이 있다. 선등자 확보를 볼 때는 선등자가 오르는 모습이나 주변 여건을 잘 살펴보아야 한다. 선등자가 첫 번째 확보물에 로프를 걸기 전에는 충격방향이 확보자 아래로 향하고, 로프를 건 다음에는 확보자 위로 향한다. 이처럼 그때마다 바뀌는 충격 방향을 생각하면서 등반자가 떨어질 때 바로 잡을 수 있도록 단단히 준비해야 한다.

순간마다 달라지는 움직임 중에 선등자가 떨어졌을 때 로프는 어떤 방향으로 힘을 받고, 확보자는 어떤 자세를 잡고, 어떻게 해야 선등자가 안전할 수 있을 것인가 등의 많은 생각을 하면서 확보를 봐야 한다. 선등자가 어려운 곳을 지날 때는 더욱 긴장하며 확보 자세를 잡아야 한다. 즉 바로 멈출 수 있도록 로프를 당길 준비를 하고 있어야 한다. 확보자는 선등자가 걸어 놓은 확보물이나 카라비너에 로프를 걸려고 하는 움직임에 맞춰 미리 로프를 풀어 선등자가 로프를 걸기 쉽도록 한다. 로프를 건 다음에는 바로 늘어진 로프를 당겨서 혹시라도 선등자가 떨어질 때 거리를 줄일 수 있도록 로프를 적절하게 다뤄야 한다.

추락자 고정하기

확보를 보다 등반자가 떨어져 다치거나, 확보를 보던 로프를 놓고 다른 일을 해야 할 때가 있다. 이럴 때 등반자와 연결된 로프를 확보 지점에 묶어야 하는데, 가장 손쉬운 방법은 멈춤 손 쪽의 로프에 클로브 히치 매듭을 해서 확보 지점에 카라비너로 걸어두는 것이다.

확보기구를 카라비너에 걸어 쓰고 있을 때 카라비너에 매듭을 해서 묶어두는 방법도 있다. 이것은 잠깐 확보를 멈출 때 쓰는 방법이며, 나중에 클로브 히치나 8자 매듭으로 확보 지점에 튼튼하게 묶어야 한다.

확보 중 로프를 묶어두기 위한 매듭

프루지크 매듭으로 떨어진 등반자를 확보 지점에 고정하는 방법

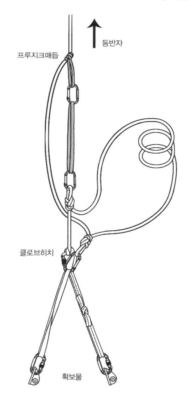

또 다른 방법은 멈춤 손 쪽의 로프가 아닌 등반자 무게로 팽팽하게
당겨져 있는 로프에 프루지크 매듭을 해 확보 지점과 연결하는 방법이
다. 등반자가 떨어져 로프를 묶어둘 때는 어떤 방법을 쓰건 멈춤 손으

로 로프를 꽉 움켜잡은 채 모든 일을 해야 한다. 이때 클로브 히치나 프루지크 매듭을 한 손으로 할 수 없다면 곤란하다. 프루지크 매듭은 반드시 코드 슬링을 써야 로프가 미끄러지지 않는다. 코드 슬링이 없을 때는 웨빙으로 로프를 묶어둘 수 있는 클렘하이스트 매듭을 한다.

확보의 과학적 이해

등반자가 추락할 때 생기는 충격은 확보 연결고리에서 가장 약한 부분을 먼저 파괴한다. 떨어지는 충격을 안전하게 막기 위해서는 떨어질 때 전해지는 충격이 확보 연결고리의 각 요소들이 견뎌낼 수 있는 충격 한계를 넘지 않아야 한다.

확보 연결고리 중에서 중간 확보물은 충격에 가장 약한 부분이다. 가장 위에 있는 확보물은 선등자가 떨어지는 것을 멈출 수 있도록 해준다. 위쪽 확보물이 빠진다면 바로 아래 확보물이 떨어지는 것을 멈추게 한다. 이때 가장 위에 있는 확보물에 전해지는 충격은 등반자가 떨어질 때 생기는 추락 에너지에 비해 1.5배 크고, 확보자 쪽으로 전해지는 충격에 비해 3배나 크다. 보통 확보물 자체는 아주 강한 강도를 갖고 있다. 그러나 선등자가 오르면서 직접 걸어 놓은 확보물은 바위 모양이나 걸어 놓은 곳의 상황, 확보물을 설치하는 기술 등으로 인해 실제 견딜 수 있는 힘의 한계를 알 수 없는 경우가 많다.

등반자가 추락한다면 등반자는 중력에 의해 땅에 닿을 때까지 초당 9.8m/s²의 가속도를 갖고 떨어질 것이다. 만약 추락을 멈추기 위해 확보자가 로프를 잡는다면 이때 발생하는 충격의 힘, 즉 충격량은 등반자의 중량보다 큰 힘이 작용할 것이다. 등반자 추락에서 발생하는 에너지는 가속도가 붙으면서 극적으로 증가하므로 떨어지는 등반자를 잡기 위해서는 정지된 등반자의 중량보다 더 큰 힘이 필요하기 때문이다.

충격량은 킬로뉴턴(kN)이란 단위로 표시하는데, 1N(뉴턴)은 1킬로그램의 물체를 1초에 1미터 이동할 때 드는 힘이다. 1kN은 체중으로 따질 때 약 102킬로그램에 해당한다. 사람의 몸이 견딜 수 있는 충격량은 12kN 이상의 힘, 즉 무게로 환산하면 약 1,224킬로그램을 견디지 못한다.

추락계수

등반자가 떨어질 때 생기는 충격량은 질량 M을 가진 등반자가 속도 v로 움직일 때의 운동량과 같다.

$$Ft = Mv \text{(충격량 = 운동량)}$$

F : 로프에 걸리는 힘
t : 로프에 힘이 작용하기 시작해서 끝날 때까지 시간
M : 등반자의 질량
v : 로프가 멈추기 직전까지 속도

예를 들어 70킬로그램인 선등자가 10미터 떨어졌을 때 충격량을 구해 보면, 로프에 충격이 걸리기 직전까지 떨어지는 속도 $v = \sqrt{2gh} = \sqrt{2 \times 중력가속도 \times 떨어진 거리}$ 에 의해 14m/s이다. 따라서 운동량 Mv의 값은 70×14=980kg·m/sec이다.

이때 로프에 전달되는 충격량은 떨어지는 시간 t에 의해서 좌우된다. 만일 떨어지는 시간을 0.5초로 가정하면 충격량은 1,960kg·m/s, 0.1초라면 9,800kg·m/s이 된다. 그러나 실제 선등자가 떨어질 때 생기는 충격은 로프, 러너, 확보물, 등반자, 바위와의 마찰, 확보자의 움직임과 마찰력 등 여러 가지 충격 흡수가 생겨 충격이 많이 줄어든다.

충격 흡수요소 중에서 충격을 가장 많이 줄여줄 수 있는 것은 알맞은 신축성을 갖고 있는 로프며, 이는 떨어지는 거리와 깊은 관계를 갖고 있다. 다른 요소들은 떨어지는 거리에 관계없이 정해져 있다고 볼 수 있다. 따라서 떨어지는 거리가 길더라도 충격을 흡수할 수 있는 로프 길이가 충분히 길면 충격은 많이 줄어들고, 반대로 떨어지는 거리가 짧아도 충격을 흡수하는 로프 길이가 짧으면 위험할 수 있다.

떨어질 때 생기는 충격과 거리에 의한 위험 척도를 '추락계수(fall factor)'라고 한다. 추락계수는 떨어진 길이에 정비례하고, 충격을 흡수할 수 있는 로프 길이에 반비례한다.

$$\bullet \ \text{추락계수} \ = \ \frac{\text{떨어진 거리}}{\text{충격을 흡수할 수 있는 로프 길이}}$$

그림 a처럼 선등자가 확보물을 걸지 않고 10미터를 올라가다가 떨어지면 추락거리는 20미터가 되고 추락계수는 2가 된다. 그림 b처럼 20미터를 오르다가 40미터를 떨어져도 추락계수는 2다. 추락계수 2는 등반자가 떨어지면서 일어날 수 있는 가장 나쁜 상황이다. 이것은 큰 희생이 따를 수도 있다는 것을 의미한다. 등반을 하면서 반드시 지켜야 할 것은 추락계수가 1을 넘지 않도록 확보물을 자주 걸어야 한다는 점이다.

그림 c는 떨어진 거리가 20미터지만 충격을 흡수할 수 있는 로프길이가 20미터여서 추락계수는 1이 된다. 그림 d는 똑같이 20미터를 떨어졌지만 로프 길이가 40미터여서 추락계수는 0.5가 된다.

추락계수에 대한 그림을 보면 떨어진 거리가 길면 위험하고 짧으면 안전하다는 생각이 잘못된 것이라는 점을 알 수 있다. 똑같이 20미터를 떨어져도 충격을 흡수하는 로프 길이에 따라 추락계수는 2가 될 수도 있고 0.5가 될 수도 있다. 추락계수를 작게 하는 요령은 등반을 시작하면서 충격을 흡수하는 로프길이가 충분하지 않을 때는 중간 확보물을 자주 걸면서 오르는 것이다. 충격을 흡수하는 로프가 충분히 긴 다음에는 추락계수가 1을 넘지 않는 범위 안에서 확보물을 설치하는 거리를 조금 길게 할 수도 있다. 그러나 바위와 부딪칠 우려가 있거나 아래쪽에 홀드가 있어 몸이 튕겨지는 위험이 있다고 생각될 때는 추락계수와 관계없이 확보물을 자주 걸어주는 것이 좋다.

정적 확보와 동적 확보

최근 나일론 로프를 사용하기 전까지만 해도, 등반자가 떨어질 때 가장 큰 두려움은 로프가 끊어지지 않을까 하는 걱정이었다. 당시 사용하던 로프는 자연 섬유인 삼으로 만들어서 떨어지는 사람을 확보자

추락계수와 안전성

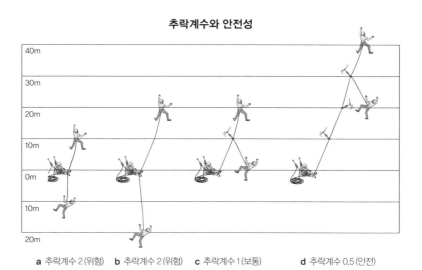

a 추락계수 2 (위험)   **b** 추락계수 2 (위험)   **c** 추락계수 1 (보통)   **d** 추락계수 0.5 (안전)

가 너무 갑자기 잡으면 로프가 끊어졌다. 이런 문제점을 줄이기 위해서 소위 동적 확보 즉, 로프를 조금 미끄러지도록 하는 동적 확보기술이 필요했다.

정적 확보(static belay)는 등반자가 떨어질 때 로프를 바로 잡아 추락을 정지시키는 방법으로 확보자가 등반자의 로프를 놓칠 위험이 적다. 그러나 떨어지는 충격이 그대로 로프와 등반자, 확보자, 확보물에 모두 전달되기 때문에, 로프가 끊어지거나 확보물이 뽑히고 떨어진 사람이 다칠 수 있는 위험이 있다.

동적 확보(dynamic belay)란 등반자가 떨어질 때 확보자가 로프를 알맞은 마찰력으로 미끄러지며 멈추게 하는 방법이다. 동적 확보는 정적 확보와는 반대로 확보자가 로프를 잡지 못해서 떨어지는 사람을 놓칠 위험이 있다. 하지만 충격을 줄여주면서 멈추기 때문에 충격량을 줄여주는 장점을 갖고 있다.

정적 확보에서는 로프가 충격을 줄여주는 유일한 것이기 때문에 로프의 특성이 아주 중요하다. 로프가 늘어날수록 충격은 작아진다. 오래 전에 삼으로 만든 로프는 거의 늘어나지 않아 추락계수가 0.25를 넘으면 끊어졌다. 그러나 요즘에 쓰는 동적 등반 로프는 잘 늘어나서 로프가 새것이라면 떨어지는 충격으로 인해 끊어지는 일은 거의 없다.

마찰을 결정하는 요소

떨어질 때 생기는 충격의 힘을 결정하는 것은 단순히 떨어지는 거리나, 등반자의 몸무게 차이가 아니다. 충격의 힘을 결정하는 세 가지 요소는 추락계수와 확보자의 움직임(탄력) 그리고 확보자가 로프를 잡아줄 때 일어나는 마찰이다. 그밖에도 로프와 바위 사이의 마찰, 추락자가 바위에서 미끄러지거나 부딪치면서 생기는 마찰, 등반자가 걸어 놓은 확보물에서 로프가 꺾여 일어나는 마찰, 공기저항 같은 여러 가지 요소가 있지만 충격에 그리 큰 영향을 주는 것은 아니다.

충격 흡수에 가장 중요한 역할을 하는 로프는 길면 길수록 충격을 많이 흡수할 수 있다. 추락계수는 떨어진 거리를 등반자와 확보자 사이에 빠져나간 로프 길이로 나눈 값인데, 언제나 0보다는 크고 2보다는 작은 값을 가진다. 추락계수가 크면 떨어질 때 충격도 크게 전해지기 때문에 등반자는 추락계수가 1이 넘지 않도록 알맞은 간격으로 확보물을 걸면서 올라야 한다.

직접 확보를 보고 있는 확보자의 움직임 또한 충격을 줄이는 데 중요한 일을 한다. 충격이 전해지는 순간 확보자가 반사작용으로 충격을 이겨내려는 작은 움직임과 노력이 충격을 줄이는 데 큰 도움이 된다.

확보 지점에 기구를 걸어 확보를 보는 간접 확보에서는 등반자가 떨어지면서 생기는 충격이 먼저 확보 지점에 바로 가기 때문에 직접 확보와 같이 충격을 줄여주는 효과는 기대할 수 없다. 따라서 확보자가 떨어지는 등반자를 멈추게 하는 가장 중요한 요소는 로프의 마찰력을 높여 충격을 줄여주는 데 있다.

확보자가 떨어지는 등반자를 멈추게 하기 위해 마찰을 일으키는 방법은 세 가지로 생각할 수 있다. 첫째는 로프를 잡고 있는 손아귀 힘(악력)이다. 다른 두 가지는 어떤 확보 방법, 즉 직접 확보나 간접 확보를 쓸 것인가 또는 정적 확보나 동적 확보를 쓸 것인지 정하는 일이다. 보통 멈춤 로프를 잡고 있는 손아귀 힘은 약 23킬로그램 정도이다.

스티치 플레이트나 뮌터 히치로 확보할 때는 로프가 미끄러지기 전까지 160킬로그램 정도를 잡아줄 수 있다. 8자 하강기나 튜브형 하강기구는 크기에 따라 113킬로그램에서 195킬로그램까지 로프를 잡아주며, 그 이상 충격이 오면 로프가 미끄러진다. 물론 이 같은 수치는 로프를 23킬로그램의 손아귀 힘으로 잡고 있을 때 해당한다. 또한 로프 굵기에 따라 달라지는데, 예를 들어 굵기가 반 밖에 안 되는 로프를 쓰면 힘은 평균 20퍼센트 줄어든다.

마찰력을 결정하는 세 번째 요소는 확보기구나 뮌터 히치를 거쳐서 나오는 로프의 각도 즉, 로프 꺾임과 허리 확보할 때 로프로 엉덩이 주변을 감싸는 횟수다. 다시 말해 로프를 꺾어 주는 각도에 따라 마찰력은 큰 차이를 보인다.

보통 손아귀 힘과 로프 꺾임 각도는 등반자가 떨어지는 것을 확보자가 미리 준비하고 있을 때만 제대로 효과를 볼 수 있다. 확보물이 확실할 때는 큰 마찰력을 얻을 수 있도록 하는 것이 좋다. 그러나 확보 자세가 좋지 못하거나, 확보물이 뽑힐 우려가 있거나, 로프가 바위와 심하게 마찰을 일으켜서 끊어질 위험이 있고, 좋지 못한 확보물에서 등반자가 긴 거리를 떨어질 우려가 있을 때는 로프를 알맞게 미끄러지게 만드는 동적 확보를 하는 것이 안전하다. 물론 이것은 흘려보낸 로프 길이 때문에 등반자가 바위에 부딪치거나 땅까지 떨어질 위험이 없을 때만 할 수 있는 방법이다.

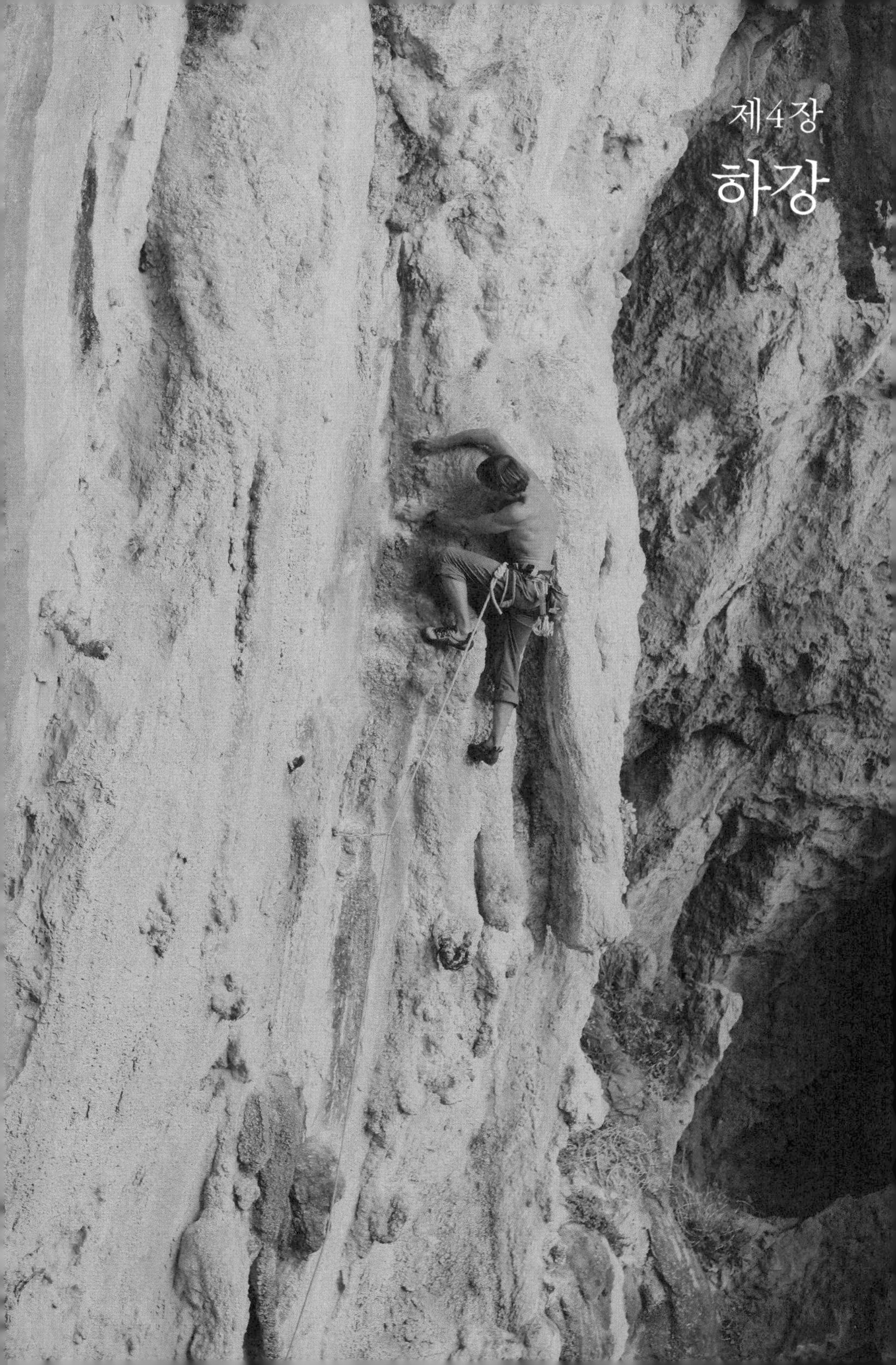

제4장

하강

등반을 끝낸 다음 우리는 반드시 내려와야 하고, 등반 중에도 여러 가지 이유로 내려와야 하는 일이 생긴다. 오를 때는 로프를 잡거나 확보물에 매달려 오르지 않는 것이 보통이다. 즉 등반하는 사람이 자신의 손과 발을 이용해 바위를 잡거나 밟고 오르지만, 오를 때와 같은 방법으로 내려온다는 것은 어려운 일이다. 걸어서 내려올 수 없을 때 로프에 의지해 내려오는데, 이것을 하강(rappelling)이라고 한다.

하강은 등반할 때 반드시 필요한 일이지만, 간단하면서도 아주 위험한 일이다. 오를 때는 등반하는 사람이 떨어질 때 문제가 생기지만, 하강 중에는 항상 체중이 아래로 향하기 때문에 하찮은 문제가 등반자를 땅바닥까지 떨어뜨릴 수 있다. 하강은 처음부터 조심스럽게 배워야 하고, 하강이 익숙한 사람도 항상 신중해야 한다.

하강 시스템

하강은 하강 확보물(anchor), 로프, 로프에 마찰을 일으키는 기구나 방법 그리고 등반자, 이렇게 네 가지 요소로 이루어진다. 먼저 등반자를 충분히 견딜 수 있는 튼튼한 확보물에 로프를 두 가닥으로 걸쳐 하강하려는 곳에 나란히 내려뜨린다. 하강하는 사람은 로프를 직접 몸에 감거나, 하강기구에 걸어 로프와 마찰을 일으켜서 떨어지는 속도를 조절한다. 이때 한 손(멈춤 손)으로 로프를 잡고 마찰의 세기(내려가는 속도)를 조절한다. 하강을 끝낸 다음 걸려있는 두 가닥 로프 중에 한 가닥을 잡아당겨 로프를 회수한다.

하강하는 방법을 이와 같이 간단히 줄여서 얘기할 수도 있지만 하강할 곳을 정하고, 로프를 걸어둘 하강지점을 만들고, 내려가려고 하는 곳까지 로프를 걸고, 적절한 하강 방법을 골라 출발자세와 내려가는 속도, 몸의 움직임, 하강기구의 정확한 사용, 감춰진 위험과 안전한 하강을 위한 대책을 마련하는 등 꼼꼼하게 신경 써야만 비로소 안전하게 내려올 수 있다.

암벽등반을 처음 하는 사람들은 하강을 좋아한다. 올라갈 때는 뛰어난 기술과 좋은 힘을 갖고 있어야 암벽등반의 즐거움을 느낄 수 있지만, 초보자들은 대부분 떨어지는 것에 대한 불안과 두려움, 그리고 힘과 요령이 모자라 오르는 것을 힘들어한다. 그러나 하강은 간단한 방법만 배우면, 별다른 어려움이 없는 한 깎아지른 벽을 시원하게 내려올 수 있다. 하지만 경험 많은 등반가들은 사실 하강을 좋아하지 않고 올라갈 때보다 더 많은 신경을 쓴다. 통계를 보더라도 하강할 때가 등반할 때보다 사고가 더 많고 큰 사고가 일어나기 쉽다.

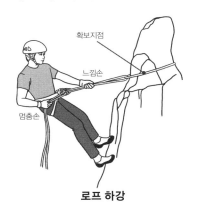

확보지점

느낌손

멈춤손

로프 하강

하강은 올라가는 것과는 달리 몸무게가 하강기구 전체에 전해지고, 그때 만일 하강지점, 매듭, 로프, 하강기, 멈춤 손 따위에 어떤 문제라도 생기면 바로 비극으로 이어질 수밖에 없다.

하강 확보물

튼튼한 확보물이 안전한 등반의 기초가 되듯이 하강에서도 튼튼한 하강 확보물이 가장 중요하다. 믿어지지 않겠지만 등반자들은 이따금 하강 도중 뽑히거나 부러질 우려가 있는 하강 확보물에 아무 생각 없이 로프를 걸고 하강을 한다. 하강 확보물은 나무, 바위 등의 자연 확보물과 마땅한 자연 확보물이 없을 때 볼트, 피톤, 여러 가지 확보물 등을 박거나 걸어서 만든 인공 확보물이 있다. 이런 하강 확보물은 생각할 것도 없이 100퍼센트 완벽하고 튼튼해야 하며, 장소도 알맞아야 안전한 하강을 할 수 있다.

하강 확보물을 만들 장소를 고를 때는 특히 로프를 거둘 때 일어날

하강 로프와 바위와의 마찰

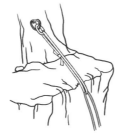

러너를 길게 연결해
마찰을 줄인다.

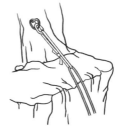

바위와 마찰이 일어나
로프가 많이 상한다.

만한 문제점에 대해 생각해봐야 한다. 로프가 내려오면서 주변에 불안정하게 놓여 있던 바위를 떨어뜨릴 위험은 없는지, 로프를 걸어둘 때 로프를 묶은 매듭이 틈새에 낄 우려는 없는지, 회수할 때 로프가 아래로 좁아드는 틈새 속으로 기어들어갈 우려는 없는지 잘 살펴보아야 한다.

로프가 날카로운 바위 모서리에 걸리거나 밋밋하고 둥근 바위에 로프가 닿으면, 하강하며 내려오는 사람의 몸무게 때문에 로프가 위아래로 움직이면서 바위와 마찰을 일으킬 수 있다. 또한 로프를 회수할 때도 마찰 때문에 로프가 많이 상한다. 이런 문제를 줄이기 위해서는 하강 확보물을 될 수 있는 대로 높게 만들어야 한다. 필요할 때는 러너를 길게 연결해서 로프를 회수하기 쉽게 한다.

자연 확보물

자연 확보물 중에 가장 좋은 것은 크고 뿌리가 튼튼하게 박힌 살아 있는 나무다. 나무에 직접 로프를 걸어 하강하면 로프를 거둘 때 마찰이 생긴다. 따라서 나무에 러너를 두르고 카라비너를 연결해 로프를 거는 것이 좋다. 나무에 하강 로프를 두를 때는 보통 나무 밑동을 쓰는데, 이는 좀 더 튼튼한 하강지점을 만들기 위한 방법이다. 그러나 나무가 아주 튼튼하다면 밑동보다 오히려 조금 높은 곳에 로프를 걸어야 바위와 마찰을 줄이고, 주변의 돌이 떨어질 위험을 줄일 수 있다.

오래된 잡목이나 바위틈에 뿌리를 내리고 자란 나무를 하강지점으로 쓸 때는 조심해야 한다. 이런 나무를 어쩔 수 없이 써야 할 때는 또 다른 확보물과 같이 써야 한다. 이때 두 지점을 잇는 러너의 각도는 절

나무에 하강 로프 거는 방법

로프를 회수할 때 나무와 로프에 마찰이 생겨 좋지 않다.

로프를 회수할 때 러너에 마찰이 생겨 러너를 다시 쓸 수 없다.

러너에 하강용 고리나 카라비너를 걸으면 러너와 로프가 상하지 않고 로프를 회수하기도 쉽다.

확보물 두 개를 사용할 때 러너 각도

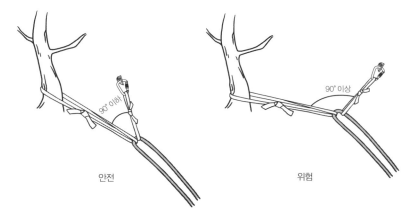

안전   위험

대 90도를 넘지 않아야 한다.

그 외에도 뾰족 바위나 바위 구멍, 바위 덩어리, 그리고 바위틈에 긴 쐐기돌도 쓸 수 있다. 자연 확보물이 얼마나 튼튼한지는 눈으로 확인하고 두들겨 보아야 한다. 뾰족 바위에 하강 로프를 걸 때는 러너를 써야만 마찰 때문에 로프가 상하는 것을 막을 수 있다. 또한 뾰족 바위에 거는 러너로 코드 슬링을 사용하면 말려 올라가 벗겨질 위험이 있으므로 웨빙을 쓰는 것이 안전하다.

인공 확보물

하강 길에는 보통 두 개 이상의 볼트(또는 다른 확보물)에 여러 겹의 러너가 걸려 있는데, 때로는 하강용 금속 고리가 같이 걸려 있기도 하다. 오랫동안 햇빛을 받고 눈과 비에 젖었던 러너는 쓰지 않아도 저절로 약해지고, 많은 사람들이 하강하면서 로프와 잦은 마찰을 일으켜 아주 못 쓰게 된 것도 많다. 따라서 반드시 새로운 러너로 묶고 하강 로프를 걸어야 안전하다.

하강용 금속 고리는 로프를 회수하기에 쉽다. 그러나 로프를 걸기 전에 금속 고리가 튼튼한지 살펴야 한다. 특히 용접한 곳을 살펴보고 용접한 곳이 볼트에 걸리지 않도록 돌려놔야 한다. 혹시 하강용 금속 고리가 약해보이거나 불안하면 금속 고리 옆에 카라비너를 걸어둔다. 카라비너 길이보다는 금속 고리의 길이가 짧아 하강할 때 무게는 금속 고리에 실리지만, 혹시라도 금속 고리가 부러졌을 때 카라비너가 로프를 지탱해준다. 확보물 두 개를 러너로 연결해서 하강할 때는 두 개 중에 한 개가 빠져도 로프가 러너를 빠져 나오지 않도록 바르게 걸어야 한다.

하강 로프 설치

로프를 두 줄로 걸어 하강할 때는 로프 한쪽 끝을 확보물에 건 다음 다른 로프 한쪽 끝을 매듭으로 연결한다. 이때 매듭은 되감기 8자 매듭이나 이중 피셔맨 매듭을 주로 쓰는데, 모두 강도가 높은 매듭이지만 이중 피셔맨 매듭은 힘을 받아 조여지거나 얼어붙었을 때는 풀기 어려운 단점이 있다. 매듭을 한 다음 반드시 매듭 끝부분을 옭매듭으로 마무리하는 것을 잊어서는 안 된다.

두 줄을 매듭으로 연결해서 확보물에 걸면 매듭은 확보물을 중심으로 왼쪽이나 오른쪽 중 어느 한쪽에 있게 된다. 하강한 다음 로프를 거둘 때는 매듭이 있는 쪽 로프를 당겨야 매듭이 확보물(또는 러너)에 걸리지 않고 빠져 나오므로 어느 쪽 로프를 당겨야 하는지 반드시 기억하고 있어야 한다.

로프를 아래로 던질 때는 로프를 나비모양 사리기(butterfly coil)로

로프 던지기

잘 사려서 두 개의 뭉치로 만든다. 그런 다음 하강 확보물 가까이 있는 중간 뭉치부터 아래로 던지고 나머지 뭉치를 따라서 던진다. 이런 방법은 로프가 엉키지 않고 잘 풀리게 할 뿐만 아니라 아래쪽의 나무나 틈새에 로프가 걸리지 않도록 해 준다. 로프를 던질 때는 다른 쪽 로프가 딸려가지 않도록 한쪽 로프를 잡아 주어야 한다. 로프를 던질 때는 "줄 내려갑니다."하고 큰 소리로 외쳐서 밑에 있는 사람들에게 알려 주어야 한다.

로프가 땅 바닥이나 다음 하강 확보지점에 닿았는지 반드시 살펴야 한다. 눈으로 확인할 수 없을 때는 로프 두 끝을 8자 매듭이나 옭매듭으로 만들어서 던진다. 이것은 하강하다 로프가 모자라 떨어지는 것을 막아준다. 그리고 하강기가 매듭을 빠져나갈 우려도 있기 때문에 자기 확보줄에 걸린 카라비너를 두 줄 사이에 걸고 내려오는 것이 안전하다.

하강 방법

하강의 기본 원리는 내려가는 사람과 로프에 마찰을 주어 하강 속도를 쉽게 늦춰주는 것이다. 이때 마찰이 너무 많이 생기면 하강이 힘들고, 반대로 너무 약하면 하강이 아니라 떨어지게 된다. 하강 방법은 몸과 로프의 마찰을 이용하는 S자 하강(Dülfersitz)과 기구를 이용한 하강이 있다.

S자 하강
S자 하강은 19세기 후반 독일의 한스 듈퍼(Hans Dülfer)가 고안한 하강법으로, 압자일렌(Abseilen : 독), 현수 하강(懸垂下降), S자 하강법 따

위로 부른다. 이 하강법은 기구를 쓰지 않고 몸에 오직 로프만을 감아서 내려가는 방법이므로 안전벨트나 하강기구가 없을 때도 하강할 수 있다.

먼저 하강 로프를 걸고 자기확보를 한 다음 하강 확보물과 마주 보고 서서 가랑이 사이에 로프를 둔다. 왼손으로 하강 지점의 로프를 잡고 오른손으로 등 뒤쪽 로프를 잡아 오른쪽 엉덩이 위로 올린 다음, 왼손으로 오른손에 있던 로프를 모아 잡는다. 로프를 오른쪽에서 왼쪽 가슴위로 비스듬하게 가로지르게 해서 왼쪽 어깨위로 넘긴다. 이렇게 넘긴 로프를 다시 오른손으로 잡아 오른쪽 겨드랑이 사이로 당겨 오른손과 로프가 오른쪽 허리정도에 놓이게 한 다음, 왼손으로 잡고 있던 몸 쪽 로프를 놓는다.

이렇게 하면 로프는 몸을 'S'자 모양으로 감게 된다. 이때 왼손은 느낌 손으로 몸 앞에 있는 로프를 가볍게 잡고, 오른손은 뒤쪽 로프를 잡은 멈춤 손으로 내려가는 속도를 조절한다. 하강 자세를 잡은 다음, 뒤쪽 로프를 잡은 멈춤 손을 느낌 손 쪽 로프와 같이 모아 잡고 느낌 손으로 하강 확보물에 걸린 자기 확보줄을 뺀다.

멈춤 손은 하강 속도를 조절하는데, 멈춤 손으로 잡고 있던 로프를 놓치면 바닥까지 떨어져 목숨을 잃을 수도 있다. 멈춤 손을 등 뒤쪽으로 벌리면 하강 속도가 빨라지고, 몸 앞쪽으로 감으면 하강 속도가 느려지며, 강하게 잡아주면 멈출 수 있다. 멈춤 손의 손바닥이 위로 향하도록 로프를 잡는 것이 가장 안정되고 편한 방법이다.

S자 하강은 몸의 자세를 바르게 해야 한다. 전체적인 자세는 몸이 바위를 마주 보고 있는 것이 아니라 왼쪽 어깨가 바위를 향하고 오른쪽 어깨가 아래쪽을 향하도록 옆으로 선다. 또한 로프가 감긴 오른쪽 다리는 반드시 왼쪽 다리보다 항상 아래에 있어야 한다. 오른쪽 다리가

S자 하강 순서

a 가랑이 사이에 로프를 넣고 왼손으로 하강 확보물 쪽 로프를, 오른손으로 아래쪽 로프를 잡는다.

b 왼손으로 오른쪽 다리에 걸린 로프 두 뭉치를 모아 잡고 왼쪽 어깨로 넘긴 다음, 오른손으로 아래쪽 로프를 다시 잡는다.

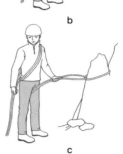

c 왼손으로 몸 쪽 로프를 잡고 하강 자세를 잡는다.

d 하강 확보물에서 자기확보 카라비너를 빼고 오른손으로 하강 속도를 조절하면서 하강을 시작한다.

왼쪽 다리보다 위에 있을 경우 수직에 가까운 민탈이나 하늘벽에서 로프가 다리에서 빠져 나오거나 몸이 뒤집혀 떨어질 수 있다.

사실 S자 하강은 로프가 몸을 감아 돌면서 생기는 마찰 때문에 상당히 고통스럽다. 따라서 로프의 마찰을 몸 전체로 골고루 나눠야 고통을 조금이라도 줄일 수 있다. S자 하강을 할 때 조심해야 할 것은 목 화상이다. 화상을 막기 위해서는 로프와 목이 바로 닿지 않게 옷깃을 세우거나 손수건 따위로 목을 감싸야 한다.

카라비너 하강법

카라비너 하강법(carabiner brake method)은 조금 복잡하지만 안전벨트와 로프, 그리고 카라비너 몇 개만으로 안전하고 편하게 하강할 수 있는 좋은 점이 있다. 하강 기구를 준비하지 못했거나 잃어버렸을 때, 혹은 마찰 때문에 고통스러운 S자 하강을 원하지 않는다면 카라비너 하강법을 반드시 알아두는 것이 좋다.

안전벨트에 잠금 카라비너 한 개, 또는 일반 카라비너 두 개를 여닫는 곳이 서로 반대 방향으로 향하도록 건다. 여기에 일반 카라비너 두 개를 여닫는 곳이 서로 반대가 되도록 건다. 여닫는 곳을 서로 반대로 하는 이유는 여닫는 곳의 강도가 약한 점을 보완하고, 우연히 열려서 로프가 카라비너를 빠져 나오는 것을 막기 위해서다. 다음 그림은 여닫는 곳의 상태에 따라 카라비너가 약해지거나 안전하게 거는 방법을 보여준다.

일반 카라비너 두 개를 안전하게 겹쳐 사용하는 방법

| 여닫는 곳이 서로 반대로 가장 안전하다. | 카라비너 하나가 돌아갔을 때 여닫는 곳이 같은 쪽에 있어서 조금 위험하다. | 여닫는 곳이 한쪽으로 엇갈려 있어서 위험하다. | 여닫는 곳이 같은 방향에 있어서 아주 위험하다. |

두 번째로 걸어 놓은 카라비너 두 개가 로프와 멈춤 카라비너가 자리 잡는 '길목' 카라비너가 된다. 하강 확보물을 마주보고 로프를 구부려 길목 카라비너 사이에 집어넣은 다음, 다시 길목 카라비너와 로프 사이에 멈춤 카라비너를 끼운다. 이때 멈춤 카라비너의 여닫는 곳이 모두 아래쪽으로 가도록 해야 카라비너 몸체에 로프가 걸리므로 더 안전하다.

굵기 11밀리미터 로프를 두 줄로 걸어서 하강할 때는 멈춤 카라비너를 한 개만 걸어도 충분하다. 그러나 민탈이나 하늘벽을 내려갈 때는 두 개를 걸어야 속도가 알맞다. 굵기 9밀리미터 더블 로프나 11밀리미

카라비너 하강법으로 로프를 거는 방법

안전벨트에 걸린 카라비너에 길목 카라비너 두 개를 여닫는 곳이 서로 반대가 되도록 건다.

길목 카라비너 사이로 로프를 끼우고, 여닫는 곳이 아래로 향하도록 멈춤 카라비너를 끼운다.

오른손(멈춤 손)으로 로프를 잡고 하강을 시작한다.

터 싱글 로프로 하강할 때는 멈춤 카라비너를 세 개 정도 걸어야 안전하다.

'O'형 카라비너는 길목용이나 멈춤 카라비너로 쓰기에 아주 좋다. 그러나 'D'형 카라비너는 로프를 끼울 수 있는 공간이 좁아 조금 불편하다. 카라비너 하강법은 간단한 마찰 원리를 이용하지만, 카라비너를 걸기가 까다로워 위험할 수도 있다. 길목용 카라비너는 반드시 두 개를 써야 하고 여닫는 곳도 반대로 향하도록 한다. 멈춤 카라비너는 여닫는 곳이 두 개 모두 아래로 향하도록 한다. 겨울철에 로프가 얼었을 때는 되도록 카라비너 하강법을 쓰지 않는 것이 좋다. 카라비너 하강법은 마찰력이 약해서 빠르게 미끄러져 내려간다는 점을 주의해야 한다.

8자 하강기 하강법

8자 하강기를 이용한 하강법은 지금까지 알려진 하강법 중 가장 많은 사람들이 쓰고 있는 하강법이다. 그만큼 안전하고 부드러운 하강을 할 수 있기 때문이다. 8자 하강기에 로프를 거는 방법은 하강 확보물에 걸린 두 줄을 8자 하강기 큰 구멍에 집어넣은 다음, 작은 구멍 뒤로 걸

친다. 그 다음 작은 구멍과 안전벨트를 잠금 카라비너로 걸면 된다. 하
강 확보물 쪽 로프를 느낌 손인 왼손으로 잡고, 아래쪽 로프를 멈춤 손
인 오른손으로 잡는다. 멈춤 손으로 로프를 뒤쪽으로 더 꺾거나 꽉 쥐
고 있으면 마찰이 커지고, 멈춤 손을 앞쪽으로 가져오면 마찰이 작아
진다. 하강로프가 굵어 로프가 잘 빠져나가지 않을 때는 하강로프를
직접 카라비너에 걸면 로프 마찰을 줄여 하강속도를 빠르게 할 수 있
다. 하강하다가 로프가 엉키거나 문제가 생겨서 잠깐 멈출 필요가 있
다면 멈춤 손 쪽 로프를 하강기와 로프 사이에 끼워 넣으면 멈출 수 있
다.

8자 하강기에 로프를 거는 방법

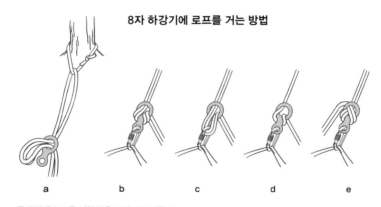

a b c d e

a 큰 구멍에 로프를 끼워 작은 구멍 뒤로 걸친다.
b 잠금 카라비너를 하강기 작은 구멍에 걸어 안전벨트에 건다.
c 로프가 잘 안 빠지면 큰 구멍에 끼운 로프를 카라비너에 걸어 쓰기도 한다.
d 굵은 로프는 싱글 로프로 걸어서 쓰기도 한다.
e 하강하다가 멈춰야 할 때는 멈춤 손 쪽 로프를 하강기와 로프 사이로 끼워 넣는다.

8자 하강기를 걸다가 이따금 실수로 하강기를 떨어뜨리는 일이 생긴
다. 이때는 안전벨트에 걸린 잠금 카라비너에 8자 하강기의 큰 구멍을
걸어 놓은 채 로프를 끼우면 하강기를 떨어뜨리는 실수를 줄일 수 있
다. 그림처럼 안전벨트에 걸린 잠금 카라비너에 8자 하강기의 큰 구멍

8자 하강기를 떨어뜨리지 않고 안전하게 거는 방법

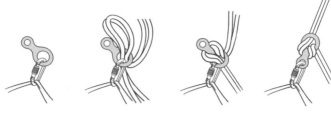

로프를 뺄 때는 걸었던 반대 순서로 하면 하강기를 놓치는 일이 없다.

을 걸어둔 채 로프 고리를 큰 구멍으로 끼워 넣은 다음, 작은 구멍 뒤로 걸치고, 느낌 손으로 로프와 하강기를 잡고 잠금 카라비너를 풀어 하강기의 작은 구멍에 카라비너를 다시 건다.

싱글 로프로 하강할 때는 마찰력을 높이기 위해 작은 구멍에 로프를 걸고 하강하는 방법이 있는데, 로프에 심한 마찰열과 꼬임이 생긴다. 요즘 8자 하강기는 여러 가지 크기와 모양으로 된 것들이 나오고 있다. 보통 사용하는 8자 하강기는 굵기가 10.5~11밀리미터 로프를 두 줄로 하강하기에 알맞은 구멍 크기로 만든 것이고, 구멍 지름이 작은 8자 하강기는 9밀리미터 더블 로프나 11밀리미터 싱글 로프 하강에 알맞도록 만든 것이다. 마찰력을 크게 하기 위한 타원이나 사각모양으로 된 8자 하강기도 있지만 일반적으로 사용하는 8자 하강기에 비해 크게 장점을 찾을 수 없다.

8자 하강기는 하강용으로 만든 것이지만 확보기구로도 많이 쓰고 있다. 대개 8자 하강기를 갖고 다닐 때는 작은 구멍에 카라비너를 걸어 안전벨트에 달고 다니는데 등반하면서 바위와 자주 부딪쳐 하강기가 약해질 수 있다. 따라서 8자 하강기 큰 구멍에 카라비너를 걸어 달고 다니면 흔들림이 적어 충격도 덜 하고 다른 금속 장비들과 부딪치는 경우도 줄어든다.

여러 가지 하강기구

한 때는 카라비너 하강법을 응용한 브레이크 바(brake bar)를 쓰기도 했지만, 이따금 부서지기도 하고 하강할 때 열이 많이 나는 단점이 있어 지금은 거의 쓰지 않는다. 브레이크 바와 비슷한 모양을 한 로봇 하강기도 많이 쓰였지만 로프가 얼었을 때 미끄러지는 단점이 있다.

최근 개발된 하강기 중에 튜브형 하강기는 무게가 45그램 정도로 8자 하강기(120그램)에 비해 아주 가볍고, 큰 마찰력을 얻을 수 있다. 또한 확보 기구로도 8자 하강기에 비해 좋은 성능을 갖고 있어 쓰는 사람들이 많다. 다만 하강기에 로프를 끼워 넣기가 조금 불편하고 두 줄 하강을 할 때 너무 뻑뻑하며 하강기에 열이 많이 난다. 튜브형 하강기에 로프를 걸 때는 튜브의 넓은 쪽이 안전벨트의 잠금 카라비너 쪽을 향하고 좁은 쪽을 위로 가도록 해야 바르게 멈출 수 있다.

또 다른 하강기구로 등반자 확보기구로도 같이 쓰는 그리그리(gri-gri)가 있는데, 자동정지 레버를 잡고 하강하다가 레버를 놓으면 바로 멈출 수 있는 뛰어난 장비다. 그리그리는 원래 확보기구로 만들어진 것으로 레버가 아주 민감해서 내려오는 속도를 잘 조절해야 한다.

하강기구 거는 높이

보통 하강기구는 잠금 카라비너를 써서 안전벨트에 건다. 따라서 하강기구는 배 정도 높이에 있게 된다. 왼손은 느낌 손으로 하강기 위에 있는 로프를 잡고, 오른손은 멈춤 손으로 하강기구 아래에 있는 로프를 잡아 하강 속도를 조절한다. 그러나 이런 방법은 경사가 완만한 곳에서는 편리하지만, 경사가 심한 곳이나 하늘벽에서는 하강속도가 빨라 한 손으로 속도를 조절하기가 쉽지 않다.

하강기구 거는 높이

하강기구가 얼굴 높이에 있어 하강기구와 로프 사이에 머리카락이 끼거나 하늘벽 턱 부분에 걸릴 수 있다.

하강 기구가 안전벨트와 너무 가까이 있으면 내려가는 속도를 조절하기가 어렵고 하늘벽에서 몸이 뒤로 젖혀져 불편하다.

민탈이나 하늘벽을 하강할 때는 짧은 러너를 써서 하강 기구를 가슴 높이까지 오도록 하면 두 손으로 하강기구 아래쪽 로프를 잡을 수 있기 때문에 내려가는 속도를 마음대로 조절할 수 있고 몸 균형을 잡기도 좋다. 그러나 하강 기구를 너무 높게 걸어 얼굴 높이까지 오면 하강 기구에 머리카락이 껴서 고생하게 된다.

하강 기술

하강 확보물에 로프를 걸고, 하강 자세를 잡았다면 출발하기 전에 모든 것을 다시 한 번 살펴봐야 한다. 안전벨트, 카라비너, 하강기, 로프 그리고 하강 확보물 등은 자기가 하강할 때뿐만 아니라 다른 사람이 하강할 때도 살펴봐야 한다.

하강 준비가 끝나면 확보 지점에서 자기 확보줄을 풀기 전에 옆에 있는 동료나 아래에 있는 동료에게 "하강!"이라고 소리쳐 자기가 하강을 시작하겠다는 것을 알려 주어야 한다. 이때 만약 동료가 "기다려!"하고 소리치면 하강을 시작해서는 안 된다. 동료가 하강해도 좋다는 "하강" 신호를 확실히 들은 다음 확보 지점에서 자기 확보줄을 빼고 하강을 시작한다.

하강을 시작할 때는 매우 조심해야 한다. 대부분 하강을 시작하면 곧바로 바위 턱을 내려서야 하는데, 턱 아래쪽은 경사가 갑자기 급해지기 때문에 자칫 균형을 잃기 쉽다. 로프에 몸을 완전히 실어 뒤로 넘어지듯 기댄 다음 바위 턱 끝부분을 발로 딛는다. 그 다음 발을 먼저 내리지 말고 멈춤 손 쪽 로프를 조금씩 풀어주며 뒤로 눕는 것처럼 더 기댄다. 몸무게는 발에 싣는 것이 아니라 로프에 실어야 하고, 충분히 뒤로 기대고 난 다음에 발을 조금씩 아래로 디디면서 천천히 로프를 풀어주며 내려간다. 하강을 위해서 로프를 조금씩 풀어주는 것이 아니라 몸무게 때문에 하강기에서 로프가 자연스럽게 빠져나가도록 로프에 매달려야 한다.

하강할 때는 내려가는 쪽을 보기 위해 몸을 비스듬하게 틀어줘야 한다. 느낌 손인 왼손은 로프를 꽉 잡는 것이 아니라 단지 균형을 잡는 데만 써야 한다. 멈춤 손인 오른손은 로프를 잡아주고 늦춰주면서 로프 마찰력을 조절한다. 빠른 속도로 내려가면 하강기에 마찰열이 생겨서 로프를 상하게 할 뿐만 아니라 갑작스런 위험에 대비할 여유가 없다. 펄쩍펄쩍 뛰거나 몸무게를 발에 싣고 로프를 조금씩 풀어주면서 하강을 하면 로프가 출렁거리고 하강 확보물에 충격이 가서 부담을 줄 수 있다.

민탈 또는 하늘벽에서 하강을 시작하기 위한 자세

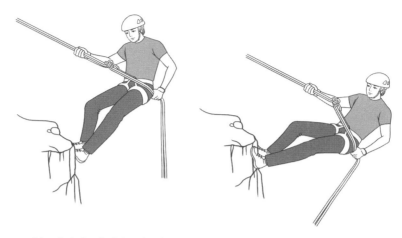

하늘벽에서 하강을 할 때는 특별히 주의해야 한다. 더구나 하강을 시작해야 하는 바로 아래에서부터 하늘벽으로 꺾인다면 갑자기 다리가 바위 턱 아래로 빠져 손과 하강기구, 얼굴 등이 바위에 부딪칠 수 있다. 따라서 이런 곳에서는 바위가 꺾이는 턱에 두 발을 딛고 로프를 조금씩 늦추면서 몸을 될 수 있는 대로 뒤로 충분히 눕힌다. 로프가 턱 부분을 넘어설 정도로 길어지면 오른 발을 조심스럽게 내리고 다시 다른 발로 따라 내려야 한다.

한 피치 하강을 마치고 아래쪽의 확보지점에 내려서면 로프에서 하강 기구를 빼기 전에 먼저 자기 확보를 한다. 그리고 로프에서 하강기구를 완전히 뺀 다음 "완료!" 라고 소리쳐 위에서 기다리고 있는 동료에게 '나는 안전하게 하강했다'고 알려 준다.

자기가 두 번째 하강지점에 가장 먼저 내려왔다면 위에 있는 동료가 내려오기 전에 다음 하강을 준비한다. 먼저 엉키거나 꼬여있는 로프를 잘 풀고 로프를 당겨야 할 줄을 하강지점 확보물에 걸어둔다.

로프에 몸무게를 싣고 내려오면 로프가 팽팽하게 당겨진 상태여서 카라비너에서 하강기를 빼내기 어렵다. 설령 힘을 써서 하강기를 빼더라도 늘어나 있던 로프가 순식간에 당겨져 로프와 하강기가 딸려 올라가고 하강기를 떨어뜨리는 일이 종종 있다. 따라서 한 피치를 하강한 다음에는 앉았다 일어나면서 팽팽하던 로프에 여유를 줘야한다. 하강 기구는 로프와의 마찰력으로 인해 하강기가 뜨거워져 있다. 로프에서 하강기를 빼낼 때는 잠금 카라비너에서 하강기를 뺀 다음 8자 하강기 큰 구멍을 잠금 카라비너에 다시 걸어놓으면 하강기를 놓치는 일이 없다. 튜브형 하강기에는 걸어둘 수 있는 고리가 달려있어 안전하지만, 잠금 카라비너에서 하강기를 뺄 때 고리까지 빠지지 않도록 조심해야 한다.

하강 도중 멈추기

하강 하다가 멈춰야 할 일은 많이 있다. 로프가 엉켜 있거나, 확보물을 걸거나, 구조를 해야 하거나, 사진을 찍는 등 하강을 멈춰야 할 때가 있다.

가장 손쉬운 방법은 멈춤 로프를 허벅지에 3~4번 감아주는 것이다.

하강 하다 멈추는 방법

| 허벅지에 로프를 감는 방법 | 로프를 허리 뒤로 돌려 매듭하는 방법. | 프루지크 매듭을 로프에 걸어 멈추는 방법. |

로프 잡아주기

먼저 내려온 사람이 로프를 잡아주
면 안전하게 하강시킬 수 있다.

옭매듭

감는 방향은 바깥에서 안으로 그리고 허벅지 깊숙이 감아야 안정감을 준다. 그림 b처럼 멈춤 로프를 등 뒤로 돌려 하강기 위에 매듭을 하는 방법도 있다. 그림 c와 같이 코드 슬링으로 프루지크 매듭을 하면 확실히 멈출 수 있다. 8자 하강기로 하강할 때는 멈춤 로프를 하강기와 로프사이 큰 구멍 반대쪽으로 꺾으면 간단하게 멈출 수 있다.

경험이 적은 사람이나 혹은 다친 사람을 안전하게 하강시키는 또 다른 방법으로 '로프 잡아주기'가 있다. 이 방법은 하강하는 사람의 아래쪽에서 멈춤 손 쪽 로프를 가볍게 잡아 주기만 하면 하강 속도를 조절하거나 멈출 수 있다.

로프 회수하기

마지막으로 내려오는 사람은 하강을 시작하기 전에 먼저 몇 가지를 살펴봐야 한다. 어느 쪽 로프를 당겨야 로프 매듭이 하강 확보물에 걸리지 않는지, 로프를 회수할 때 바위와 마찰이 없는지, 또한 나무, 덤불, 바위틈에 로프가 엉키거나 걸릴 염려는 없는지, 로프를 회수할 때 주위에 있는 돌이 떨어질 위험은 없는지 따위를 꼼꼼하게 살펴야 한다.

로프를 잘 회수하기 위해서는 마지막 하강자가 내려오면서 꼬이거나 엉킨 로프를 가지런하게 해야 한다. 자기 확보줄에 걸린 카라비너를 한쪽 로프에 걸고 내려오면 쉽게 해결할 수 있다.

하강을 마친 다음, 로프를 당길 때는 로프를 바위 면에서 멀리 떨어지게 하는 것이 좋다. 로프를 출렁거리게 위로 쳐주면, 힘들이지 않고 회수할 수 있다. 로프를 회수할 때는 천천히 부드럽게 당겨야 한다. 어느 정도 당기면 로프가 저절로 미끄러져 내려오는데, 이때 "줄 내려옵니다!"하고 소리쳐야 다른 사람들이 피할 수 있다.

로프를 회수하는 방법

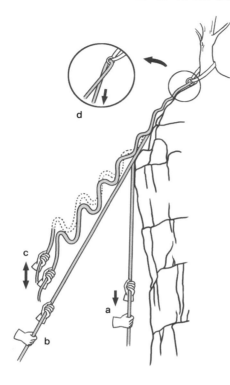

a 바위 바로 아래에서 로프를 당기면 힘이 많이 들고 로프가 상한다.

b 하강 확보물과 거의 일직선이 되게 멀리 떨어져서 당기면 로프가 잘 빠져 나온다.

c 로프를 당길 때 다른 사람이 반대쪽 로프를 출렁거리면 더욱 쉽게 회수할 수 있다.

d 하강 확보물 주변에 로프가 꼬여 있으면 두 줄을 하나씩 당겨봐서 잘 내려오는 쪽 로프를 당겨야 한다. 만일 꼬여 있는 위쪽 로프를 당기면 아래쪽 로프가 눌려져 잘 빠져 나오지 않는다.

로프 따라 오르기

로프를 회수할 수 없을 때나 어쩔 수 없이 로프를 따라 올라가야 하는 문제가 가끔 생긴다. 유마와 같은 어센더를 갖고 있다면 일은 조금 쉬워지지만 일반적으로 어센더를 갖고 다니는 사람은 그리 흔하지 않다.

따라서 항상 갖고 다니는 러너를 써서 로프를 따라 오르는 방법을 알아두면 많은 도움이 된다. 먼저 코드 슬링 두 개를 로프에 프루지크 매듭이나 바흐만 매듭을 해서 단단히 건다. 하나는 팔이 닿을 수 있는 길이로 안전벨트에 묶고, 다른 하나는 두 발을 걸 수 있도록 고리를 만들어 긴 러너로 묶는다. 위쪽의 매듭에 매달린 채, 아래쪽 매듭에 발을 걸어 몸을 들어 올린다. 위쪽의 매듭을 될 수 있는 대로 높이 올린다. 다시 위쪽의 매듭에 매달리면서 아래쪽 고리에 몸을 싣는다. 이 과정을 번갈아하면서 오른다.

로프 따라 오르기

a 위쪽 매듭에 매달린 다음 아래쪽 매듭에 무게를 싣는다.
b 위쪽 로프를 잡고 두 발을 펴고 일어나면서 위쪽 매듭을 될 수 있는 대로 높이 올린다.
c 오르다가 힘이 들면 러너에 매달려 편히 쉴 수 있다. 로프 끝은 안전벨트에 묶어놔야 안전하다.

암벽등반은 기본기술을 착실하게 배워야 여러 가지 응용기술을 쓸 때 잘
다듬어진 자세를 잡을 수 있다. 바위를 오를 때 기본이 되는 손 쓰기나 발
쓰기도 정확히 할 줄 모르면서 비탈이나 민탈, 틈새 등반을 잘하는 사람
은 아무도 없다.
이 장에서는 등반기술을 익히기 위해 반드시 알아야 할 등반기초이론에
대해 간단하게 설명한 다음, 손과 발을 쓸 때 알아야 할 움직임의 원리들
을 몸자세에 맞춰 설명한다. 그리고 비탈이나 민탈, 틈새에서 손 쓰기 기
술과, 발 쓰기 기술의 종류와 방법을 자세하게 알아보고, 그에 따른 여러
가지 응용기술과 암벽의 모양에 따라 달리 쓰이는 등반기술을 설명한다.

등반 준비

체력 조건

암벽등반에는 근력과 근 지구력, 순발력, 유연성, 그리고 여러 가지 등반기술이 필요하지만 이런 체력과 기술은 서로 다른 등반능력이라 기보다는 서로 도와주는 성격을 갖고 있다. 대부분 약한 체력을 기술로 메울 수 있으며, 모자란 기술을 어느 정도는 체력으로 보탤 수 있다. 그러나 아주 어려운 기술이 필요한 바위를 오를 때는 체력과 기술을 모두 잘 갖춰야 한다.

순발력과 유연성은 암벽등반을 쉽게 하는 중요한 요소로 몸이 부드럽지 못하면 필요 없는 몸짓을 하게 되고 힘을 헛되게 쓸 때가 많다. 또한 몸이 부드럽지 못한 사람은 홀드가 바로 눈앞에 있어도 그것을 잡거나 디딜 수 없는 경우가 많다. 따라서 부드러운 몸과 힘을 키우는 것이 암벽등반 수준을 빠르게 높이는 지름길이라고 할 수 있다.

정신 자세

등산이란 원래 모험에서 시작한 스포츠의 한 분야다. 따라서 산 정상에 오르기 위한 수단으로 여러 가지 등반방법이 발전해 왔다. 높은 산들의 정상을 차례로 오르자 이제는 더 어렵고 힘든 길을 오르기 위해 암벽등반은 빙벽등반이나 설벽등반과 함께 반드시 해야 하는 것이 되었다. 또한 훈련이나 연습으로 오르던 암벽등반은 그 자체가 하나의 목적이 되기 시작하였다.

바위를 잘 오르기 위해서는 체력과 기술뿐만 아니라 정신력과 의지가 필요하다. 낮은 곳에서는 과감하게 몸을 움직이면서도 높이 올라갈수록, 그리고 떨어지는 거리가 길어질수록 몸이 움츠러들어 움직임이 굳어지고 자세가 불안정해지는 것은 두려움 때문이다. 태어날 때부터 두려움이 많은 사람도 있지만 낮은 곳에서부터 차근차근 등반기술을 익히고 훈련하면 쉽게 해결할 수 있다. 정확한 등반기술과 강한 체력, 그리고 오르고자 하는 의지는 스스로에게 믿음과 자신감을 갖게 하고 안정된 등반을 이끌어 나갈 수 있다.

운동화나 일반 등산화 같이 암벽등반을 하는 데 맞지 않는 장비를 쓰면 기본기술을 채 익히기도 전에 자신감을 잃어버려 암벽등반을 그만두는 경우도 있는데, 처음부터 알맞은 장비를 갖춘 다음 등반기술을 배워나가는 것이 훌륭한 등반을 하기 위한 순서다. 이렇듯 암벽등반은 몸과 마음이 잘 어우러져야 하고, 움직임마다 힘의 집중력과 자신감이 필요하다. 이는 많은 등반과 연습을 통하여 얻을 수 있다.

다음으로 중요한 것은 안전에 대해서 스스로 깨닫는 일이다. 이것은 등반자의 체력적인 한계뿐만 아니라 올라가려고 하는 루트나 나쁜 날씨 또는 여러 가지 위험에 대해 깊이 생각해 무리하게 오르지 않는 것을 말한다.

기본 기술

등반기술 중에서 가장 기본이 되는 것은 균형을 잘 잡고 몸무게를 손과 발에 흩어지게 하는 것이다. 균형을 잘 잡기 위해서는 바위에 계속 매달릴 수 있도록 손과 발로 버텨야 하고 무게중심을 조심스럽게 옮겨야 한다. 보통 두 손과 두 발 중에서 한쪽 손 또는 한쪽 발을 하나씩 옮긴다. 나머지 손과 발은 그대로 바위를 잡거나 딛고 버틴다. 이 방법은 다음 홀드로 손이나 발을 옮기는 동안 안전하게 균형을 잡을 수 있는데, 이것을 '3지점 유지'라고 한다.

보통 편안한 자세는 여러 가지가 있지만 몸무게를 두 다리에 싣고 곧추 서서 수직으로 자세를 잡는 것이 가장 자연스럽게 균형을 잡을 수 있는 자세다. 이것은 손가락 위에 막대기를 세우기 위해서 막대기를 수직이 되도록 하는 것과 같은 이치로, 몸을 중력과 같은 방향으로 곧게 세웠을 때 발에 몸무게가 가장 많이 실려 암벽화의 마찰력이 커진다.

몸을 곧게 세우면 등반자의 얼굴이 바위에서 멀어지면서 눈으로 볼 수 있는 범위가 넓어지고 홀드를 찾기 쉽다. 대개 초보자들은 불안하기 때문에 바위를 안으려고 하는데, 그런 경우 몸의 균형이 깨지고 몸무게가 발에 곧바로 전해지지 않아서 미끄러지기 쉽다. 가장 안전하고 자연스러운 자세는 발에 몸무게를 싣고 똑바로

3지점 유지하기

서서 균형을 잡는 것이다.

"등반은 발로 하는 것이다."라는 말이 있다. 하늘벽을 오를 때를 빼고 서는 보통 발에 몸무게를 싣고, 손은 단지 하나의 발디딤에서 다음 발디딤으로 옮길 때 균형을 잡는 수단으로만 쓴다. 발에 몸무게를 싣기 위해서는 자세를 정확하게 잡고 무게중심을 될 수 있는 대로 아래쪽에 두어야 한다. 그러나 경사가 급한 바위에서는 엉덩이를 바위에 바싹 붙여야 작은 홀드에 몸무게를 싣고 견딜 수 있다. 될 수 있으면 팔은 곧게 펴서 매달리고 다음 발디딤으로 발을 옮길 때도 팔로 매달리지 않는 것이 중요하다.

다음으로 중요한 것은 몸을 움직이기 전에 미리 계획을 세우고 쓸데없는 몸짓을 피하면서 부드럽고 신중하게 오르는 것이다. 오르기에 급급해하지 말고 움직이기 전에 오르려고 하는 루트를 충분히 본 다음, 먼저 손과 발이 가야 할 홀드를 찾아보고 그 움직임과 순서들을 여러

균형 잡기와 몸무게 나누기

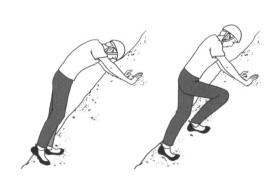

경사가 급하지 않은 바위에서는 홀드를 잡지 않고 손바닥으로 바위를 밀듯이 팔을 곧게 뻗는 것이 좋다.

손이나 발을 옮기기 전에 홀드를 먼저 찾아보고 한 손이나 한 발씩 옮긴다.

발디딤을 찾은 다음에 바로 일어서는 것보다는 먼저 옮긴 발에 몸무게를 싣고 일어선다.

비탈을 오르는 자세

높이 있는 홀드를 잡으면 몸이 늘어지면서 자세가 나빠지게 된다. 겁을 먹으면 무릎과 팔꿈치가 굽어지면서 엉거주춤한 자세가 된다.

가지로 따져본다.

　다음 발을 옮길 때, 몸무게를 한 순간에 옮기는 것이 아니라 바위와 더불어 발레를 하는 것처럼, 물 흐르듯이 자연스럽게 움직이도록 하고 움직이는 시간과 힘을 아껴야 한다. 팔이나 무릎을 구부린 채 어색하고 힘든 자세로 머뭇거리지 말아야 한다. 만일 발로 딛고서 쉴 곳이 없으면 두 발을 같은 높이에 디딘 채 자세를 되도록 자연스럽게 하며, 팔을 쭉 펴서 팔과 어깨의 힘이 덜 들도록 한다.

　홀드를 찾을 때는 크기도 중요하지만 잡거나 딛기 편안한 것을 골라야 한다. 보통 눈으로 살펴보면 알 수 있지만 홀드가 불안하거나 의심스러울 때는 발로 차거나 손으로 당겨봐서 점검한다. 그러나 홀드가 떨어져 나가서 아래에 있는 사람들에게 떨어지거나 균형을 잃을 경우를 생각해서 항상 주의해야 한다.

　홀드는 루트의 맥을 잇는데 중요한 것이지만 올라가고 있는 루트에서 멀리 떨어져 있다면 아무리 크고 확실한 홀드라도 쓸모없다. 따라서 작더라도 잡기 좋은 곳에 있는 홀드를 잘 이용하는 안목을 길러야 한다. 움직임이 크면 균형을 잡기 어렵고 힘이 많이 들어가는 반면, 짧은 동작은 많이 올라가지도 못하면서 힘만 낭비하게 된다. 머리 높이 정도에 있는 홀드는 좋은 자세를 잡을 수 있으며, 등반자의 얼굴이 바위에서 떨어져 다음 홀드를 찾는 데 도움을 준다. 하지만 루트의 어려운 정도에 따라 쓸 수 있는 홀드를 찾는 데 선택의 여지가 별로 없는 경우도 있다.

손 쓰기

홀드의 종류와 잡는 방법

홀드란 손으로 잡거나 발로 디딜 수 있는 바위의 울퉁불퉁한 부분을 말하는 것으로 바위 모양과 크기가 여러 가지인 만큼 홀드의 종류에도 여러 가지가 있다. 홀드를 손으로 잡으면 손잡이(hand hold), 발로 디디면 발디딤(foot hold)이라고 한다. 바위에서 하는 모든 움직임은 손잡이와 발디딤을 조화롭게 쓰는 것으로 이루어진다. 초보자가 보기에는 아무 것도 없는 바위 면을 경험 많은 사람들은 마술을 부리듯 홀드를 찾아가며 유유히 오르곤 하는데, 초보자와 경험자의 차이란 손잡이와 발디딤을 얼마나 잘 찾아내서 쓰는가에 달려 있다.

사람의 손가락 중에서 가장 힘이 센 손가락은 대개 엄지손가락이다. 그 다음에 가운데손가락(중지), 둘째손가락(검지), 넷째손가락(약지)의 순서이며 새끼손가락의 힘이 가장 약하기 마련이다. 홀드를 잡을 때 가장 많이 쓰는 손가락은 검지와 중지, 그리고 약지이지만 엄지와 새끼손가락을 잘 이용하면 더 효과적으로 홀드를 잡을 수 있다. 즉 검지, 중지, 약지의 세 손가락으로만 잡는 것에 비해 엄지를 검지에 붙이거나 검지위로 감싸 쥐면 훨씬 더 큰 힘을 얻을 수 있다. 하지만 손끝만 걸리는 정도로 작은 홀드는 손가락을 구부려서 잡아야 하므로 엄지를 쓰지 않는 것이 좋다. 엄지를 쓰면 손등이 굽어져서 오히려 버티는 힘이 떨어지기 때문이다. 그러나 일반적으로 엄지를 쓰면 큰 힘을 낼 수 있다. 또한 아주 작은 홀드를 잡을 때 손톱을 쓰면 손톱이 상하거나 뒤집어져 다칠 수도 있으므로 바위를 오를 때는 손톱을 짧게 깎는 것이 좋다.

그 외에도 홀드는 바위의 특성이나 마찰력, 강도 따위에도 많은 영향을 받는다. 예를 들어 석회암은 깨지기 쉽고, 화강암은 단단하다든지, 반려암은 마찰등반을 하기에 좋다는 점들을 말한다. 손으로 잡는 방법에 따라 잡는 홀드, 당기는 홀드, 구멍 홀드, 미는 홀드가 있으며, 바위의 경사에 따라 꺾인 홀드, 각진 홀드, 흐르는 홀드 등이 있다.

잡는 홀드

잡는 홀드(grip hold)에는 감싸 잡기, 당겨 잡기, 세워 잡기, 집어 잡기가 있다.

• 감싸 잡기(open grip)

큰 홀드나 둥근 홀드를 잡는 방법으로 홀드의 자연스런 굴곡을 손가락으로 감싸서 잡아당긴다. 이때 중요한 점은 손을 올려놓은 다음 바로 잡아당기는 것이 아니라 손가락으로 더듬어 홀드의 가장 잡기 좋은 부분을 찾아 바위를 감싸 잡아야 한다는 것이다. 큰 홀드를 잡을 때는 별로 차이가 없지만 홀드가 작거나 둥근 경우에는 손가락을 조금만 옆으로 옮겨도 버티는 힘에 많은 차이가 있다.

감싸 잡기로 홀드를 잡을 때는

감싸 잡기

손을 갈고리처럼 구부리고 손가락이 펴지지 않도록 팔뚝 근육으로 잡아야 하지만 실제 버티는 힘은 손 피부와 바위 사이의 마찰력이므로 손과 바위가 닿는 부분을 가장 넓게 해서 잡는다. 홀드가 너무 작아서 손가락을 모두 쓸 수 없을 때는 가장 강한 손가락으로 홀드를 먼저 잡는다. 감싸 잡기는 손가락 관절이나 근육에 가장 무리가 적은 홀드 기술로 될 수 있으면 자주 쓰는 것이 좋다.

• 당겨 잡기(cling grip)

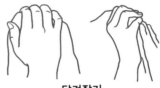

당겨잡기

손가락 끝이 조금 걸리는 아주 작은 홀드나 홀드 끝이 모난 경우에 쓰는 기술로 손가락의 둘째 마디를 뾰족하게 세워 홀드를 당기듯 매달린다. 이때 엄지손가락은 둘째손가락을 덮어 누르거나 옆에 붙여서 밀어주면 버티는 힘이 더 커진다.

당겨 잡기는 마치 암벽화 모서리로 가 딛기를 하는 것과 같아서 일단 몸무게를 실으면 손끝이 홀드 위에 단단히 얹힌다. 손가락의 둘째 마디가 꺾여있어 좁은 홀드에서 잘 매달릴 수 있지만 손가락의 두 번째 관절에 많은 힘이 실려 관절과 힘줄에 부상을 입을 수도 있다.

• 세워 잡기(vertical grip)

손가락의 첫째 마디와 둘째 마디를 구부려 홀드를 아래 방향으로 당기는 기술로 발끝 딛기와 비슷하다. 이 방법은 아주 작은 홀드를 잡을 때 쓰는데, 홀드가 날

세워잡기

카로운 경우 몹시 고통스럽고 때로는 아주 작은 홀드를 손톱으로 찍어 누르는 경우도 있다.

• 집어 잡기(pinch grip)

책꽂이에서 책을 뽑듯이 엄지손가락과 나머지 손가락으로 바위를 쥐는 기술로, 버티는 힘이 약하고 평소에 잘 쓰지 않는 근육을 사용하

게 된다. 한 손으로 쥐기에 두꺼운 홀드는 두 손으로 쥐기도 하고 아주 조그만 바위 돌기는 엄지손가락과 둘째손가락으로 꼬집어 쥐기도 한다.

집어 잡기

당기는 홀드

당기는 홀드(cling hold)에는 옆으로 당기기와 올려 당기기가 있다.

• 옆으로 당기기(side cling)

옆에 있는 모서리나 홀드를 자기 몸 쪽 방향으로 잡아당기는 기술이다. 이때 발은 반대 방향으로 밀어서 몸의 균형을 잡는데, 이를 '카운터 밸런스(opposition or counter balance)'라고 한다.

옆으로 당기기

• 올려 당기기(under cling)

손바닥을 위쪽으로 해서 덧바위나 홀드의 아래 부분을 당기는 기술로 자유로운 손이 위쪽을 잡을 때까지 균형을 잡는 수단으로 쓰인다.

올려 당기기

이 기술은 옆으로 당기기와 마찬가지로 카운터 포스를 이용한 것으로 손으로 당기는 방향과 발로 미는 방향이 서로 반대가 되어야 한다.

긴 덧바위 아래를 잡고 가로지르는 밀고 당기기 기술은, 올려 당기기 기술의 장점을 가장 잘 이용하는 등반 방법이다. 이때 팔을 곧게 뻗어야만 근육의 피로를 줄이고 뼈로 매달릴 수 있다. 팔 힘을 덜기 위해 발디딤을 되도록 잘 찾아 딛고, 손가락 끝으로 당기는 것 보다 손을 틈새 안으로 깊이 집어넣고 당기는 것이 좋다.

구멍 홀드

구멍 홀드(pocket hold)는 석회암이나 화산암에서 자주 볼 수 있는 크고 작은 구멍을 말하며, 이때 쓰는 기술을 구멍 잡기라고 한다. 보통 모든 손가락을 다 집어넣기 어려운 경우 가장 힘이 센 가운데 손가락부터 검지, 약지의 순서로 집어넣는다. 버티는 힘을 크게 하기 위해 구멍에 들어가지 않는 다른 손가락을 구멍에 집어넣은 손가락에 겹쳐 누르기도 한다. 손가락을 옆 방향으로 당길 때는 관절을 다칠 수도 있으므로 항상 손가락이 구부러지는 방향으로 당겨야 한다.

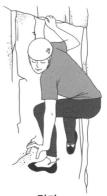

밀기

미는 홀드

미는 홀드(push hold)는 손가락이나 손바

닥, 또는 손끝으로 미는 홀드를 말하는데, 이런 홀드는 밀기도 하지만 아래쪽에서는 잡는 홀드나 당기는 홀드, 또는 밀고 당기기, 벌려 오르기의 홀드로 쓰기도 한다. 큰 홀드는 손바닥으로 누르고, 좁고 날카로운 홀드는 손가락이나 손가락으로 미는데, 이와 같은 기술을 '누르기(down pressure)'라고 하고, 팔을 곧게 편 채 팔꿈치를 고정시킨 다음 한 손으로 홀드를 누르면서 균형을 잡고 다른 손을 다음 홀드로 옮긴다.

경사에 따른 홀드
그 외에도 바위 경사에 따라 꺾인 홀드(incut hold), 각진 홀드(flat hold), 흐르는 홀드(sloping hold)로 나누기도 한다.

• 꺾인 홀드

잡기 좋도록 바위 면이 안으로 경사진 홀드를 말하는데, 꺾인 홀드는 가장 잡기 쉬운 홀드로 손가락 끝의 한 마디만 걸려도 아주 든든한 느낌을 준다. 꺾인 홀드는 몸이 올라가도 손가락이 잘 걸려 몸을 한 번에 많이 끌어올릴 수 있다.

• 각진 홀드

넓고 편평한 홀드로 아래쪽에서 매달리기는 좋지만 몸이 올라 갈수록 손가락이 빠지므로 몸을 너무 많이 올리지 않는 것이 좋다. 또한 각진 홀드는 발디딤으로 쓰기에도 좋다.

• 흐르는 홀드

바위 면이 아래쪽으로 흐르는 홀드를 흐르는 홀드라고 하는데, 홀드

바위 경사에 따른 홀드

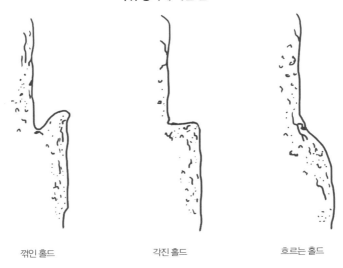

꺾인 홀드   각진 홀드   흐르는 홀드

로 쓰기에는 좋지 않다. 따라서 손으로 매달리기보다는 손바닥 마찰을 이용하여 몸무게를 분산시키거나 균형을 잡는 정도로 쓴다. 흐르는 홀드는 잡기에 좋지 않고, 위에서 내리누르는 미는 홀드로 이따금 쓰인다.

틈새와 끼우기

틈새(crack)란 바위에서 갈라진 틈을 말하는 것으로 틈새 크기에 따라 손가락 틈새, 손 틈새, 주먹 틈새, 어깨 틈새로 나눌 수 있다. 그리고 끼우기(jam)란 바위의 갈라진 틈새 속에 손이나 발, 다리 또는 몸을 집어넣고 비틀면서 버티는 것을 말한다. 끼우는 기술(jamming technique)은 손 끼우기(hand jam)와 발 끼우기(foot jam), 몸 끼우기(body jam)가 있다.

손가락 틈새

손가락 틈새(finger crack)란 손가락 끝이 들어가는 좁은 틈새로 손
가락을 끼우는 방법에 따라 손가락 끼우기, 반지 끼우기, 엄지 끼우기,
반 마디 끼우기, 손날 끼우기, 손가락 벌리기가 있다.

• **손가락 끼우기(finger jam)**

먼저 엄지손가락을 아래쪽에 두고 손가락들을 틈새에 집어넣은 다
음 손을 비틀어 손가락을 틈새에 꽉 끼게 한다.

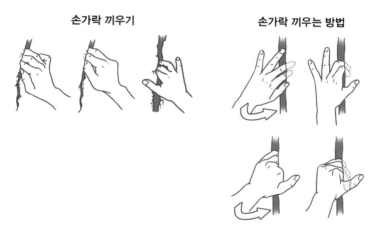

손가락 끼우기　　　　　　　　**손가락 끼우는 방법**

• **반지 끼우기(ring jam)**

좁은 틈새 안에서 엄지와 검지로 반지처럼 원을 만든 다음 손가락들
을 검지 위에 차곡차곡 쌓아 버티는 힘을 만든다.

반지 끼우기

- **엄지 끼우기(thumb lock)**

조금 넓은 틈새에서는 틈새 안에 엄지를 위로 향하게 옆으로 집어넣은 다음, 검지의 끝을 틈새 안에 집어넣어 엄지의 첫째 마디 위를 강하게 누른다.

엄지 끼우기

- **반 마디 끼우기(pinkie jam)**

작은 손가락을 틈새에 집어넣고 손톱을 위로 향하게 비튼 다음, 나머지 손가락들을 그 위에 차곡차곡 쌓는다.

반 마디 끼우기

- **손날 끼우기(jamming heel of hand)**

조금 더 넓지만 손이 완전히 들어가지 않는 틈새에 손목 바로 위까지 작은 손가락들을 집어넣는데, 이때 손목 바로 위에 있는 뼈로 매달린다.

손날 끼우기

- **손가락 벌리기(using counter pressure with thumb)**

엄지손가락을 아래로 해서 틈새의 한쪽 면에 댄 다음, 다른 손가락들로 반대쪽 면을 미는 짝힘 등반기술이다.

손 틈새

손 틈새(hand crack)란 손이 들어갈 수 있는 크기의 틈새로, 손 크기와 틈새의 모양에 따

손가락 벌리기

라 손을 끼워 넣는 방법이 다르다. 손 끼우기에는 엄지 위로 끼우기, 엄지 넣어 끼우기, 엄지 아래로 끼우기, 엄지 마주보고 끼우기가 있다.

• 엄지 위로 끼우기(thumb up jam)

틈새 안에 손을 끼워 넣은 다음 손에 힘을 주어 손바닥과 손등이 틈새 안에서 바위와 강한 마찰을 일으켜 버티는 기술이다.

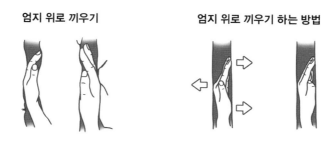

엄지 위로 끼우기   **엄지 위로 끼우기 하는 방법**

• 엄지 넣어 끼우기(with thumb tucked across palm)

조금 넓은 틈새에서는 손등과 손바닥의 두께를 두툼하게 해 버티는 힘을 크게 하는데, 틈새 안에서 엄지손가락을 손바닥 쪽으로 밀어 넣고 힘을 주면 더 확실하게 끼우기를 할 수 있다. 또는 손목을 단순히 일직선으로 하기 보다는 틈새 안에서 좌우로 비틀어 더 큰 효과를 볼 수 있다.

엄지 넣어 끼우기

• 엄지 아래로 끼우기(thumb down jam)

손을 끼울 때 손바닥의 방향을 엄지 위로 끼우기의 반대 방향으로 한다. 세로 틈새에서는 대개 엄지손가락을 위쪽으로 하는 것이 쉽고 편안한 자세인데, 이런 경우 손 높이가 머리보다 아래에 있을 때 많이 쓴다. 엄지손가락을 아래로 끼우는 기술은 머리 위에 있는 틈새에서 끼우기를 할 때 더 안전한데, 그 이유는 손을 좀 더 비틀 수 있고 끼우기 하는 방향으로 몸을 기울일 수 있기 때문이다.

엄지 아래로 끼우기

• **엄지 마주보고 끼우기(combining thumbs down and up jam)**

비스듬한 틈새에서는 두 손의 엄지손가락을 가운데로 모이도록 같이 잡을 수 있는데, 위쪽 손의 엄지를 아래로 하고 아래쪽 손의 엄지를

엄지 마주보고 끼우기

위로 향하도록 하는 것이 잡기 좋다. 체중을 싣고 매달릴 때 팔꿈치와 몸자세가 아주 중요하다는 것을 기억해야 한다. 몸이 위로 올라가면서 손을 충분히 비틀 수 있도록 어깨나 몸통을 돌리고, 끼우기 한 손이 빠지지 않도록 하기 위해서 아래쪽으로 힘을 주어야 한다.

주먹 틈새

주먹 틈새(fist crack)란 손과 손목이 들어가는 크기의 틈새를 말한다. 주먹 끼우기는 틈새 안에 손을 넣고 주먹을 힘껏 쥐면서 근육을 뭉

주먹 끼우기

주먹 끼우기 하는 방법

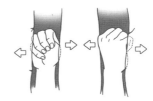

치게 해 틈새의 두 면을 눌러주는 끼우기 기술이다. 틈새에 따라 엄지를 안쪽이나 바깥쪽으로 할 수 있고 손바닥 면을 틈새의 앞쪽이나 뒤쪽 또는 양옆으로 향하게 한다. 이때 중요한 점은 손가락들을 모두 굽힌 다음 주먹을 힘껏 쥐고 근육들을 뭉치게 해서 틈새의 크기에 맞게 부풀려야 한다.

어깨 틈새

어깨 틈새(off width crack)란 주먹으로 끼우기에는 너무 큰 틈새로 팔이나 어깨, 엉덩이, 무릎을 이용하는 기술이다. 손 겹쳐 끼우기와 팔 펴서 끼우기, 팔 굽혀 끼우기 기술이 있다. 이보다 더 넓은 틈새에서는 손과 발을 양쪽 벽면에 넓게 벌려서 몸을 버티며 오르는 벌려 오르기(stemming)나 굴뚝 등반기술(chimney)이 필요하다. 이런 기술은 뒤에 응용기술 쪽에서 자세히 설명할 것이다.

• 손 겹쳐 끼우기(stacking)

주먹 틈새보다는 넓고 어깨가 들어가지 않는 틈새에서 이따금 손 겹쳐 끼우기를 한다. 대개 한 손은 주먹을 쥐고 다른 손은 손바닥을 펴서 손등을 바위에 붙이거나 주먹과 겹치게 해서 틈새 안에서 버티는 힘을 얻는다.

손 겹쳐 끼우기

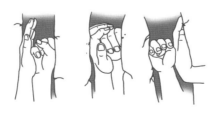

• 팔 펴서 끼우기(arm bar)

팔 전체와 어깨가 들어갈 정도로 넓고 깊은 틈새에서 쓰는 끼우기 기술이다. 틈새 안에 집어넣은 손은 손바닥과 팔꿈치로 두 바위 면을 반대로 밀고, 바깥쪽에 있는 손은 팔을 구부려 가슴 앞에서 바위를 밀거나 아래로 뻗어 손바닥으로 누르기를 한다. 손을 옮겨 끼우기 위해서는 발 끼우기나 무릎 끼우기 기술을 같이 써야만 한다.

팔 펴서 끼우기 하는 방법

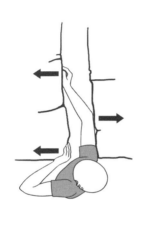

위에서 내려다본 자세

옆에서 본 자세

• 팔 굽혀 끼우기(arm lock)

팔 펴서 끼우기를 하는 틈새보다 더 넓은 틈새에서 쓰는 기술이다. 한쪽 팔을 굽혀 틈새 안에 끼워 넣고 손바닥으로 가슴 앞에 있는 바위를 밀면서 팔 뒤나 어깨로 뒤에 있는 바위를 받쳐준다. 다른 쪽 팔은 팔 펴서 끼우기를 할 때와 마찬가지로 팔을 굽혀 바위를 밀거나 손을 아래로 뻗어 손바닥으로 밀기를 한다. 이때 팔꿈치를 아래로 향하게 하거

팔 굽혀 끼우기

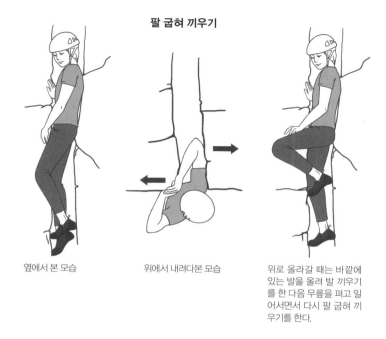

옆에서 본 모습   위에서 내려다본 모습   위로 올라갈 때는 바깥에 있는 발을 올려 발 끼우기를 한 다음 무릎을 펴고 일어서면서 다시 팔 굽혀 끼우기를 한다.

나 위로 쳐들어 끼우기도 하는데, 팔꿈치를 어깨와 나란하도록 끼우기를 했을 때 버티는 힘이 가장 크다.

발 쓰기

발디딤 쓰기

대부분 처음 바위를 하는 사람들은 막무가내로 오르려고 하는데, 이러한 행동은 암벽등반을 배우는데 별 도움이 되지 않는다. 등반 중에 바위를 껴안는가 하면 발을 홀드 위에 가만히 올려놓는 것이 아니라 바위를 차듯 하는데, 이러한 몸짓은 발을 믿지 못하기 때문이다. 초보자는 손발이 떨리고 신발은 미끄러지기 일쑤인데, 이때 당황하면 실수를 하게 될 뿐만 아니라 좋은 홀드를 찾을 여유가 없다. 따라서 긴장을 풀고 홀드를 신중하게 고르고, 가장 오르기 쉬운 선을 따라서 등반해야 한다.

좋은 손잡이나 발디딤을 만났을 때는 잠깐 멈추어서 마음을 가다듬는 것도 좋은 방법이다. 여유가 좀 있다면 발뒤꿈치로 서는 것도 좋다. 이렇게 뼈를 이용해 다리를 곧게 펴고 잠시 쉬면 그동안 긴장해 있던 장딴지 근육의 피로를 풀 수 있다. 흔히 초보자들은 홀드를 찾기 위해 위쪽만 살펴보는 경향이 있는데, 경험이 많은 사람들은 발쪽을 바라보면서 발디딤을 찾는다.

초보자가 자신의 발을 믿기까지는 조금 시간이 걸리지만, 곧 암벽화의 뛰어난 마찰력을 깨닫게 되면 홀드를 잘 디딜 수 있는 여러 가지 방법을 배울 수 있다. 발을 딛는 방법에는 기본적으로 마찰 딛기, 문질러 딛기, 가 딛기, 발끝 딛기, 발끝 걸기의 다섯 가지로 나눌 수 있다.

마찰 딛기(friction)

마찰을 이용하는 발 쓰기는 아주 간단하다. 먼저 가장 딛기 좋은 곳을 골라 그곳에 발을 올려놓은 다음 그 위에서 균형을 잡는다. 이때 암벽화 바닥을 바위와 많이 닿게 하면 마찰력도 그만큼 커진다. 마찰 딛기 등반기술은 바위 면의 울퉁불퉁한 곳, 거친 곳, 오목한 곳을 찾아서 발을 딛고 마찰을 크게 하면서 오르는 기술이다.

마찰 딛기

뒤꿈치를 들어 올리면 암벽화 창의 앞부분에 더 많은 힘을 줄 수 있다.

깊게 파인 홀드에서 딛기

발을 너무 깊게 집어넣으면 바위의 튀어나온 곳이 발목이나 정강이에 닿아 균형을 잡기 어렵다.

발 앞부분만 써서 얕게 딛고 무릎을 곧게 세운다.

아무리 빤빤한 바위일지라도 대부분 조금씩 굴곡을 이루고 있다. 발디딤이 작을 때 뒤꿈치를 들어 올리면 암벽화 창 앞부분에 더 많은 힘을 줄 수 있다. 경사가 일정할 때는 뒤꿈치를 내려서 바위와 암벽화 사이의 닿는 면을 크게 한다. 또한 그림과 같이 깊게 패인 홀드(bucket hold)을 딛고 설 때 발을 너무 깊이 집어넣으면, 바위의 튀어나온 곳이 발목이나 정강이에 닿아 균형을 잡기 어렵기 때문에 발 앞부분만 써서 얕게 딛고 무릎을 곧게 세워야 한다.

마찰등반을 할 때는 등반 형태가 어떻든 간에 몸무게를 균형 있게 발에 싣는 것이 가장 중요하다. 마찰 감각을 익히는 좋은 방법은 비탈에서 곧게 서 있다가 몸을 천천히 바위에 붙여보는 것이다. 이때 몸이 바위에 붙을수록 마찰력이 떨어진다는 것을 알 수 있다. 또한 바위 성분에 따라 마찰력이 달라지는데 매끄러운 석회암에서는 약 45도 경사만 되어도 많이 미끄럽다. 하지만 규암에서는 70도 경사에서도 잘 미끄러지지 않아 작은 홀드만 있으면 하늘벽에서도 마찰 딛기 등반을 할수 있다. 마찰 딛기 등반은 가장 자연스러운 것이며 어느 정도 경사에서 얼마나 큰 마찰력을 일으킬 수 있는가는 많은 경험을 통해서 얻을 수밖에 없다.

문질러 딛기(smearing)

둥근 홀드 위에서 암벽화로 바위 면을 문지르면서 암벽화 창과 바위의 마찰력을 크게 하는 기술이다. 홀드에 발을 그대로 문지르기보다는 약간 위쪽을 문지르면 몸무게 때문에 발이 아래로 조금 밀리면서 홀드에 잘 달라붙는

문질러 딛기

다. 경사가 심하지 않은 비탈(slab)의 작고 날카로운 홀드에서는 마찰 딛기와 문질러 딛기를 합친 방법이 가 딛기보다 훨씬 좋다.

가 딛기(edging)

암벽화 모서리를 바위의 각진 부분에 올려놓고 몸무게를 싣는 발 쓰기 기술을 말한다. 에지(edge)란 암벽화나 발디딤의 모서리 부분을 말하는데, 암벽화의 모서리 부분을 작은 홀드에 똑바로 올려놓고 몸무게를 실어 암벽화 창이 홀드에 딱 달라붙도록 발끝에 힘을 준다.

바위 모양에 따라 암벽화의 안쪽이나 바깥쪽을 써서 가 딛기를 한다. 발 모양이나 암벽화의 모양으로 볼 때 암벽화의 안쪽, 다시 말하면 엄지발가락 쪽 모서리를 써서 가 딛기를 하는 안쪽 가 딛기(inside edging)가 많이 쓰인다. 가 딛기를 할 때 가장 잘 딛는 방법은 발 안쪽의 튀어나온 곳에서부터 엄지발가락까지 이어지는 부분으로 딛는 것이다. 또한 발뒤꿈치를 발 앞쪽보다 높이면 발끝에 몸무게가 실려 정확도를 높여주지만 작은 홀드에서는 발이 빠질 수도 있으며, 뒤꿈치를 낮추면 장딴지에 힘이 덜 들어가므로 편안하게 자세를 잡을 수도 있다.

작은 모서리에서 가 딛기를 할 때 암벽화의 어느 부분을 쓰는 것이 가장 좋은지 알기 위해서는 많은 연습이 필요한데, 대부분 엄지발가락 쪽이 가장 민감하게 힘이 들어가는 것을 알 수 있다. 그러나 항상 엄지

발가락 부분으로 가 딛기를 하는 것은 아니며 작은 구멍에서 발끝 가 딛기(toe in edging)를 할 때는 강한 발가락 힘이 있어야 하고, 한쪽 다리를 다른 쪽 다리의 안쪽으로 옮겨서 옆으로 갈 때는 암벽화의 바깥쪽 모서리를 써야 한다. 바깥쪽 가 딛기(outside edging)는 대부분 새끼 발가락의 아래 부분으로 딛는데, 발 모양을 볼 때 다른 부분은 주로 근육이지만 이 부분은 뼈로 되어 있어 가장 단단하다.

가 딛기는 각진 바위 모서리 위에 올라서는 기본 기술이므로 정확하게 디뎌야 한다. 대부분의 바위 모서리들은 너무 작기 때문에 찾기 어렵지만 발을 정확하게 딛고 옮기는 것이 무엇보다 중요하고, 일단 몸무게를 실은 다음에는 발을 움직이지 말아야 한다. 일반적으로 각이 진 암벽화로 작은 바위 모서리 위에 서있는 것은 그리 쉽지 않은데, 그 이유는 몸무게를 실을 때 암벽화의 고무창이 조금 늘어나면서 둥글게 휘어져서 버티는 힘을 잃게 되기 때문이다. 따라서 대부분의 암벽화 창은 안정된 가 딛기를 하기 위해서 발바닥 모양을 따라 둥근 곡선을 이루고 있다.

가 딛기를 할 때 홀드는 각도에 따라 달라서 발디딤을 위한 완벽한 모서리는 거의 찾기 힘들다. 따라서 홀드의 경사에 따른 가 딛기를 잘

가 딛기의 여러 가지 방법

안쪽 가 딛기

발끝 가 딛기

바깥쪽 가 딛기

하기 위해서는 발목이 부드러워야 한다. 또한 몸무게를 실은 다음에는 발목의 각도를 일정하게 해야 한다. 바위 모서리가 너무 작을 때는 가 딛기가 사실상 시한폭탄과 같아서 너무 오래 서 있으면 발가락의 힘이 빠지거나 암벽화가 바위 모서리에서 벗어날 가능성이 높다. 결국 가 딛기를 잘하기 위해서는 일단 올려놓은 발을 움직이지 말고 다른 발과 몸을 옮기는 방법을 배워야 한다.

발끝 딛기(toeing)

발끝 딛기는 가파른 민탈의 아주 작은 홀드

발끝 딛기

에서 발끝으로 서는 기술로, 오래 서 있으면 종아리 근육에 심한 무리가 온다. 긴장 때문에 쌓인 피로는 다리 근육을 떨게 해서 몸의 균형을 잃기 쉽다. 이런 문제를 해결하는 가장 좋은 방법은 마음을 가라앉히고 딛고 있는 다리를 다른 쪽 다리로 바꾸거나 발뒤꿈치를 낮춘다든지 다리를 꼿꼿하게 세운다.

발끝 걸기(hooking)

발끝 걸기 방법에는 앞꿈치 걸기(toe hooking)와 뒤꿈치 걸기(heel hooking)가 있다. 발끝 걸기는 발을 손처럼 쓰는 기술로 경사가 90도를 넘지 않는 곳에서는 거의 쓸 일이 없다. 발끝 걸기의 기본자세는 발끝이나 뒤꿈치를 덧바위(flake)나 바위 혹, 또는 모서리의 뒷부분에 걸어서 발로 잡아당기면서 몸을 끌어올리는 것이다. 발끝 걸기를 할 때는 암벽화의 가죽부분으로 걸면 쉽게 미끄러지므로 바닥 창과 같이 고무창으로 만들어진 옆면을 써야 한다.

경사가 급한 암벽에서 가로지르기를 할 때나 몸이 바위에서 떨어지

발끝 걸기

려고 할 때는 손으로 홀드를 찾는 동안 몸의 균형을 잡기 위해 옆이나 허리 아래에 있는 홀드 또는 덧바위에 발끝 걸기를 하기도 한다. 발끝 걸기를 하는 방법에는 여러 가지가 있지만 발을 '제 3의 손'으로 쓰거나 균형을 잡는 기술로 쓰려면 부드러운 몸과 용기가 필요하다.

발 끼우기

틈새 속에 발을 끼워 넣어 발디딤을 만드는 발 끼우기에서는 끼운 다리를 틈새 쪽으로 틀어주면 버티는 힘을 더 크게 할 수 있다. 발 끼우기에서 중요한 것은 가 딛기나 발끝 딛기와는 반대로 뒤꿈치를 내려주는 것이다. 뒤꿈치를 올리면 발가락도 많이 아프고 몸의 자세도 좋지 않다.

발 끼우기는 손 끼우기와 마찬가지로 틈새의 크기와 모양에 따라 여러 가지 방법이 있는데, 보통 문질러 딛기, 앞꿈치 끼우기, 발 끼우기, 앞꿈치와 발 끼우기, 앞꿈치와 뒤꿈치 끼우기, 발과 무릎 끼우기, 발 겹치기로 나눈다.

• **문질러 딛기(smearing)**

틈새가 거의 없는 벙어리 틈새에서는 암벽화의 앞부분을 두 바위 면에 문질러 딛는다. 이 방법은 가로, 세로 틈새에서 모두 쓸 수 있지만 버티는 힘이 작아서 오랫동안 발디딤으로 쓰기는 어렵다. 따라서 벙어리 틈새에서 문질러 딛기를 할 때는 빠른 움직임이 필요하다.

문질러 딛기

• 앞꿈치 끼우기(toe jam)

앞꿈치 끼우기는 발전체가 들어가지 않는 좁은 틈새에서 발 앞부분을 옆으로 세워 틈새 안에 집어넣은 다음 비틀듯이 발끝을 밀어 넣어 암벽화와 틈새에서 생기는 마찰력으로 발디딤을 만드는 기술이다.

앞꿈치 끼우기

• 발 끼우기(foot jam)

틈새가 클 때는 발전체가 틈새 안으로 들어갈 수 있어 앞꿈치 끼우기와 같이 발을 옆으로 세워 발의 볼 부분을 틈새에 집어넣은 다음 비

발 끼우기

틀어 끼운다. 발을 너무 비틀어 틈새에 꼭 끼면 위로 올라서기 위해서 발을 빼야할 때 발이 빠지지 않아 균형을 잃을 수도 있는데, 이럴 때는 다시 내려와서 끼운 발을 조금 여유 있게 해 놓고 올라가야 한다.

• 앞꿈치와 발 끼우기(toe and foot jam)

틈새의 폭이 발의 볼 크기보다 조금 클 때는 틈새 안으로 발을 집어넣은 다음 발을 옆으로 돌려서 앞꿈치와 암벽화의 옆 부분으로 버티는 힘을 얻는다.

• 앞꿈치와 뒤꿈치 끼우기(toe and heel jam)

틈새가 발 길이 만큼 넓을 때는 앞꿈치와 뒤꿈치를 틈새에 끼워 넣어 버티는 힘을 얻는 앞꿈치와 뒤꿈치 끼우기를 한다. 그러나 이 방

앞꿈치와 뒤꿈치 끼우기

법은 자기 발길이 보다 틈새가 좁아야 발을 확실하게 끼울 수 있다. 또한 발이 길이 방향으로 끼게 되어 몸 전체를 옆으로 조금 돌려야 한다.

• 발과 무릎 끼우기(foot and knee jam)

틈새의 폭이 발길이 보다 넓을 때는 등반이 더 어려워진다. 손 끼우기도 쉽지 않고 알맞은 확보물을 걸기도 어렵다. 이런 넓은 틈새에서 발 끼우기 기술 밖에 쓸 수 없다면 어쩔 수 없이 발과 무릎을 틈새에 끼워 넣고 발과 무릎으로 서로 반대쪽 바위 면을 밀면서 버틴다. 하지만 암벽화를 비틀어 끼워서 얻는 힘보다 버티는 힘이 아주 작아 빨리 오르는 것이 힘을 아끼는 방법이다.

• 발 겹치기(foot stacking)

아주 넓은 틈새에서는 두 발을 겹쳐 끼우는 발 겹치기 방법을 쓴다. 틈새 안에 두 발을 같이 끼운 다음 한쪽 발은 틈새 벽면과 나란히 놓고 다른 발은 반대쪽 벽면과 발 사이에 끼워 넣어 버티는 힘을 얻는다. 물론 두 발을 틈새 안에 나란히 겹쳐 끼우는 방법도 있지만 그 정도 넓이의 틈새에서는 발을 길이 방향으로 끼우는 앞꿈치와 뒤꿈치 끼우기 방법이 더 안전하다. 발 겹치기의 단점은 두 발이 틈새에 같이 끼워져 있기 때문에 한쪽 발만 빼서 옮길 수 없으므로 두 손이 확실할 때만 움직일 수 있다는 것이다. 따라서 발 겹치기를 할 수 있을 정도로 넓은 틈새

발 겹치기

에서는 차라리 한쪽 다리와 엉덩이, 그리고 한쪽 어깨를 끼워 넣는 어깨 끼우기나 몸 끼우기 방법이 더 쉽다.

몸 쓰기

손과 발을 쓰는 방법 말고도 또 하나 중요한 기술로 몸의 움직임을 들 수 있다. 바로 균형 감각인데 정확한 균형 감각은 손과 발의 능력을 더욱 크게 해준다. 홀드가 사다리처럼 잘 만들어져 있다면 오르기도 쉬울 것이다. 그러나 바위 면에 있는 홀드의 높이나 모양은 제멋대로 생겼기 때문에 안정된 자세를 잡지 않으면 필요 이상으로 손힘이 많이 든다. 따라서 홀드 모양에 따라 몸을 왼쪽이나 오른쪽으로 치우치게 하기도 하고, 몸의 한 부분을 홀드와 반대로 뻗어 균형을 잡는 몸 가누기(counter balance) 방법도 쓴다. 또한 앞꿈치나 뒤꿈치를 홀드에 걸어 균형을 잡는 방법을 쓰기도 한다. 민탈이나 하늘벽에서는 몸이 벽 쪽에 가깝게 붙을수록 자세가 안정된다. 그러나 몸이 부드럽지 못하면 자세를 잡기 어렵다. 이러한 몸 쓰는 기술은 어떤 기술을 배워서 움직이는 것이 아니라 바위를 오르면서 스스로 깨달아 자연스럽게 몸에 배는 것이다.

응용기술

짝힘(opposition or counter balance)이란 어떤 특별한 몸짓을 뜻하는 것이 아니라 몸의 균형을 잡기 위해 서로 반대 방향으로 힘을 주는 것을 말한다. 짝힘 원리를 이용한 기술에는 바위 벌리기(outward pressure), 바위 모으기(inward pressure), 올려 당기기(under cling), 밀고 당기기(layback), 벌려 오르기(stemming) 같은 것들이 있다.

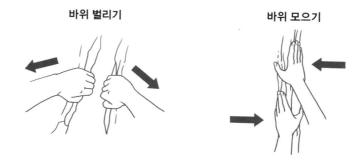

바위 벌리기   바위 모으기

예를 들면 세로 틈새에서 두 손을 써서 바위 안쪽에서 바깥쪽으로 바위를 벌려 반대 방향으로 작용하는 힘을 만드는 바위 벌리기나, 넓은 바위 면을 두 손으로 당기는 바위 모으기 방법을 들 수 있다.

꺾어 오르기(manteling)

맨틀(mantel)이란 선반과 같은 모양을 한 바위를 가리키는 말이다. 위쪽에 확실한 홀드가 없을 때 팔을 아래쪽으로 내리 누르면서 그 홀드에 발을 올려놓는 기술이다. 꺾어 오르기란 일반적으로 선반과 같은 홀드를 오를 때 쓰는 기술이지만, 홀드의 폭이 한 뼘도 되지 않는 좁은 홀드에서도 할 수 있는데 크게 네 가지 움직임으로 나눈다.

첫째, 두 손을 홀드에 올려놓고 몸을 끌어올릴 수 있는 가장 크고 평평한 곳을 찾는다. 이때 미리 생각해야 할 것은 홀드를 잡을 때 발을 올려놓을 공간을 남겨 놓아야 한다는 것이다. 홀드가 좁을 때는 손끝이나 손가락으로 누르기도 하고 홀드가 머리보다 위에 있으면 먼저 당겨잡기로 홀드를 잡아 위쪽으로 몸을 충분히 끌어올린 다음 아래쪽으로 눌러야 한다. 홀드가 좁아 두 손을 모두 올려놓기 어려울 때는 한 손은 다른 홀드를 잡거나 바위를 눌러 균형을 잡으면서 한 손만으로 꺾어오르기를 한다.

꺾어 오르기

둘째, 당겨 잡기로 홀드에 한 쪽 팔꿈치를 곧게 펴서 몸을 세울 수 있을 정도로 윗몸을 끌어올린다. 발디딤을 잘 쓰면서 몸을 끌어올리고 바위 면이 가파를 때는 팔꿈치를 세우기 전에 윗몸을 될 수 있는 대로 높이 끌어올리는 것이 중요하다. 팔꿈치를 곧게 펴지 못하면 몸무게를 버티기 위해 삼두근을 많이 쓰게 된다.

셋째, 팔꿈치를 곧게 편 손바닥으로 홀드를 누르면서 다른 손으로는 홀드를 잡아당긴다. 미끄럽고 둥근 홀드에서는 손바닥이 미끄러지기 쉬우니 조심해야 한다. 일단 몸을 끌어올린 다음에는 다른 손으로 홀드를 찾는다. 손바닥으로 홀드를 누를 때는 손목뼈를 쓰는 것이 가장 좋다.

마지막으로, 손으로 누르고 있는 홀드 위에 발을 올리고 발로 홀드를 누르면서 몸을 세운다. 이때 균형을 잡기 위해 손 근처 홀드에 발을 올려놓는 것이 좋고 때로는 발을 올려놓을 자리를 만들기 위해 손을 조금씩 옮겨야 할 때도 있다. 급하게 오르려고 하면 발이 빠질 수도 있으므로 팔꿈치를 곧게 편 손에서 치켜 올린 발쪽으로 몸무게를 천천히 옮기면서 부드럽게 몸을 세워야 한다. 발을 올릴 때 발꿈치로 홀드를 디디면 몸을 세우는 움직임이 아주 어렵고, 홀드에 무릎을 대면 다시 떼어서 발을 올리기가 힘들다.

홀드가 아주 좁으면 할 수 없이 손가락 끝이나 엄지손가락만으로 꺾어 오르기를 하기도 하고 손으로 누른 홀드가 아닌 다른 홀드에 발을 끌어올리는 경우도 많다. 꺾어 오르기의 기본자세는 홀드를 잡고 몸을 끌어올릴 때 윗몸을 충분히 끌어올리는 것과 한쪽 팔로 홀드를 누르면서 팔꿈치를 곧게 펴서 몸무게를 이동하는 것이다. 그리고 손으로 누르고 있던 홀드에 발을 올리면서 한쪽 팔과 발로 몸을 끌어올린다. 이때 다른 손은 주위의 홀드를 잡아당기면서 다른 발로 바위 면을 툭툭 차면서 오르면 움직임이 더 쉬워진다.

홀드 옆으로 발을 올려 일어서는 방법

밀고 당기기(layback)

짝힘을 이용하여 오르는 방법 중에서 밀고 당기기는 가장 멋진 등반 기술이다. 대부분 밀고 당기기는 손으로 홀드를 당기면서 발은 바위 면을 반대 방향으로 밀면서 올라가는 것이다. 이 기술은 덧바위나 직각 모서리를 이룬 곳의 틈새, 또는 발을 끼우기에는 깊이가 너무 얕은 틈

밀고 당기기

덧바위나 바위 모서리를 잡고 밀고 당기기를 하는 방법

틈새에서 한 쪽 모서리를 이용해 밀고 당기기를 하는 방법

새나 민탈에서 홀드나 틈새의 모서리들을 이용해서 몸을 기댈 때 자주 쓰지만 힘이 많이 드는 방법이라 될 수 있으면 빨리 움직이는 것이 좋다. 팔 힘이 많이 드는 것을 막기 위해서는 팔을 곧게 펴서 근육이 아닌 뼈 힘으로 오르는 것이 가장 중요하다. 두 손을 엇갈리게 하면서 위쪽을 잡을 수도 있고, 아래쪽 손을 위쪽 손의 가까운 곳에 잡은 다음, 다시 위쪽 손을 위로 올려 잡을 수도 있다.

손과 발의 간격이 좁을수록 힘이 많이 들어가므로 발을 너무 높이 올리지 않도록 하고 발디딤을 잘 써야 한다. 그러나 발디딤이 없을 때는 발을 높여 발과 바위의 마찰력을 높여야 한다. 오르다가 몸의 균형을 잃어서 몸이 돌아가는 경우가 있는데, 이때는 손과 발의 회전력(torque)을 높이거나 바깥쪽 발로 먼 쪽 벽을 비스듬히 밀어서 균형을 잡을 수 있다. 또한 몸이 돌아가는 것을 막기 위해 한쪽 손바닥으로 반대편 벽을 같이 밀거나 한쪽 발은 틈새 안에 끼우고 바깥쪽 발로 버틸 수도 있다.

　밀고 당기기를 할 때 반드시 알아야할 것은 힘을 아끼기 위해 팔을 곧게 펴고 틈새 모서리 중에서 날카롭고 잡기 쉬운 부분과 발디딤을 찾되, 일단 오르기로 결정했으면 매달려서 발디딤을 찾기보다는 주저하지 말고 빨리 오르는 것이다.

　벌려 오르기(stemming)

　벌려 오르기는 넓은 두 바위 면에서 두 손이나 두 발, 또는 한 손과 한 발을 반대 방향으로 힘을 주어서 홀드나 발 홀드가 없는 가파른 바위를 오르는 방법이다. 대개 벌려 오르기는 굴뚝(chimney)이나 아귀벽(diedre)을 오를 때 사용하는 방법이다.

　한쪽 발로 홀드를 누르면서 다른 발이나 손으로 다른 홀드에 반대 방향으로 힘을 주기도 한다. 홀드 사이의 간격이 넓거나 가파른 민탈에서 벌려 오르기를 할 때는 다음 홀드를 잡기 위해 한쪽 홀드에서 손을 뗄 때 몸이 바위 바깥으로 돌아가지 않도록 조심해야 한다. 이럴 때

벌려 오르기

는 반대쪽 손과 발에 강한 힘을 주거나, 더욱 확실한 홀드를 잡고 있는 손의 반대쪽 다리로 몸무게를 실어 준다. 다른 방법은 두 다리를 꼬아서 몸의 균형을 잡을 수도 있는데, 이와 같은 방법을 몸 가누기(counter balance)라고 한다.

뛰어 잡기(lunge)

한 홀드에서 다른 홀드로 몸을 날려 잡는 등반 기술을 뛰어 잡기라고 한다. 이 기술은 가까운 거리를 뛰어 오르는 것부터 바위에서 몸을 완전히 날려 온 힘을 다해 뛰어올라 홀드를 잡는 것에 이르기까지 여러 가지 방법이 있다.

뛰어 잡기를 하기 위해서는 힘과 정확한 시간 그리고 완벽한 움직임과 자신감이 있어야 하는데, 주로 하늘벽에서 좋은 홀드를 잡고 있다가 잡기 좋은 홀드로 손을 길게 뻗은 다음 몸을 날릴 때 쓴다. 가끔 발이 허공에 떠 있는 채 오로지 팔 힘만을 써서 할 때도 있지만, 대개는 팔로 홀드를 잡아당기면서 발로 홀드를 차는 몸짓을 같이한다. 가장 좋은 방법은 뛰어 올랐을 때 가장 높이 올라간 곳(dead point)에서 순간의 무중력 상태를 이용하여 손을 홀드에 정확하게 올려놓는 것이다. 똑바로 매달려 있는 경우에는 상당히 안정돼 있지만 위로 올라갈수록 몸이 홀드에서 바깥쪽으로 향하기 때문에 홀드를 잡고 있는 손은 점점 나빠진다. 바로 이런 이유 때문에 움직임이 큰 뛰어 잡기는 팔을 완전히 뻗은 채 시작한다.

가로지르기(traverse)

바위를 올라가거나 내려오는 대신 옆으로 가로지르는 것도 등반하는 데 반드시 필요한 기술이다. 이때 사용하는 기본 기술로는 손 쓰기

가로지르기

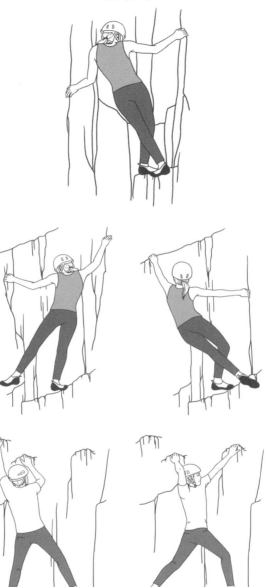

와 발 쓰기 기술이 모두 필요하고 밀고 당기기, 올려 당기기, 옆으로 당기기, 발 바꾸기 등도 쓴다. 또한 손을 뻗는 길이가 길 때는 짝힘을 이용한 몸 가누기 기술도 필요하다.

먼저 등반자는 바위 쪽을 보고 두 손과 두 발을 번갈아 쓰면서 손과 발을 옮긴다. 이때 홀드를 잡거나 디디면서 손과 발을 모으기도 하고 홀드가 좋을 때는 엇갈리게 해서 잡거나 밟기도 한다. 가파른 곳에서는 팔을 굽힌 채 홀드를 잡고 있으면 아주 힘들기 때문에 될 수 있으면 팔을 펴서 몸을 바위에서 충분히 떨어지게 한다.

손만을 써서 옆으로 가로지르는 손 가로지르기(hand traverse) 방법은 발디딤이 없거나 아주 작을 때 쓰는 방법이다. 이때는 발을 밀고 당기기나 올려 당기기처럼 바위를 향해 밀어주면서 균형을 잡고 손은 홀드를 차례로 잡거나 엇갈리면서 홀드를 따라 짧게 옮겨간다. 이때 발을 높이고 무게 중심을 낮추면 발이 바위를 더 효과적으로 밀 수 있다.

옆으로 가로지르는 등반은 비탈이나 민탈, 틈새 따위를 곧장 오르는 것보다 훨씬 어렵고 마음도 불안하다. 그것은 홀드를 찾기도 어렵고 옮길 때마다 균형을 잡기가 쉽지 않기 때문이다. 더구나 옆으로 가로지르기를 하다가 떨어지면 몸이 시계추처럼 한쪽으로 튕겨지면서 바위와 부딪칠 수 있어 위험하기도 하다. 따라서 가로지르기를 할 때는 항상 확보물을 자주 걸어 떨어질 것에 대비해야 한다.

등반 기술

기본기술을 익히면 그것들을 조합해서 여러 가지 방법으로 바위를 오를 수 있다. 그러나 대부분의 등반에서는 순수한 손 쓰기나 발 쓰기 같은 기본기술보다는 여러 가지를 합친 기술이 필요하다. 이런 모든 움직임을 통해서 물 흐르듯이 부드러운 몸짓으로 올라가는 것이 중요하다. 그러면 이런 복합 및 응용기술들이 바위 모양에 따라 어떻게 쓰이는지 자세히 알아본다.

비탈 등반(slab climbing)

슬랩 등반이라고도 하는 비탈 등반은 약 50~70도 정도로 기울어진 바위를 손과 발의 마찰력을 이용해서 오르는 것으로 주로 마찰 딛기, 문질러 딛기, 가 딛기 같은 발기술을 쓴다. 노련한 등반자는 오르는 동안 리듬이 끊어질 때까지 멈추지 않고, 바위에서 어느 정도 떨어진 채 아주 작은 홀드까지 찾아내는 좋은 눈과 판단력을 갖고 있다. 훌륭한 야구 선수들은 방망이로 공을 때리는 순간까지 공을 놓치지 않고 본다. 마찬가지로 경험 많은 등반자들은 일단 하나의 홀드를 고른 다음에는 손과 발을 끝까지 본다.

비탈은 대체로 경사가 약해서 격렬한 힘보다는 균형과 마찰력을 필요로 한다. 따라서 비탈은 초보자들이 발 쓰기, 손 쓰기, 몸의 움직임을 배울 수 있는 좋은 장소다. 한 번에 한 가지 동작만을 하면서 3지점 유지로 균형을 잡고 손보다는 발을 잘 쓰는 것이 중요하다.

비탈 등반

비탈 등반의 기본자세는 두 팔을 어깨넓이 정도로 벌려 곧게 펴고 손바닥을 바위 면에 붙여 몸의 좌우 균형을 잡는 것이다. 경

사가 급해져 발의 마찰력으로 오르기가 어려워지면 손가락으로 바위 면의 미세한 홀드를 잡아 몸의 균형을 잡고 몸무게를 두 발과 두 손에 분산시킨다.

발은 바위 면과 수직이 되도록 바위 면에 딛는데 발가락 끝과 발가락 관절부위, 다시 말해 발 앞부리로 딛고 무릎을 곧게 펴고 선다. 몸은 엉덩이를 바위 면 쪽으로 약간 당기듯이 해야 하는데, 이때 몸무게가 손보다는 발쪽에 실리도록 한다. 팔에 힘이 들어갈 정도로 몸무게를 손으로 버티면 암벽화의 마찰력도 떨어지고 자세도 불안해져 등반이 힘들어진다. 눈은 좋은 홀드를 찾기 위해 아래쪽을 보고 이따금 올라갈 곳을 살펴서 나아갈 방향을 결정해야 한다.

안정된 자세를 잡은 다음에는 두 발을 번갈아 디디며 오르기 시작한다. 발을 딛는 높이는 무릎 정도가 좋은데, 그 이유는 발을 딛고 일어서는 것이 가장 자연스러운 높이가 되기 때문이다. 발을 너무 높이 올리면 그만큼 올라서기가 어렵고, 반대로 발을 조금씩 올린다면 등반 속도가 느려 시간이 많이 걸린다. 홀드를 찾을 때는 바위 면이 울퉁불퉁한 곳이나 거친 곳을 고른다. 좋은 발디딤을 찾아 일단 발을 옮긴 다음에는 처음 디딘 상태가 가장 안정된 자세. 불안감 때문에 발을 더 듦거려 도리어 자세를 흩뜨려서는 안 된다.

다음에는 몸 균형을 잡기 위해 손을 위로 올려 손바닥으로 바위 면을 밀거나 손끝으로 바위의 작은 돌기를 잡는데, 이때 조심할 것은 손을 너무 높이 올리지 말고 어깨 높이 정도로 잡아야 한다. 손을 너무 높이 올리면 몸이 바위에 가깝게 붙어 자세가 나빠지고 따라서 암벽화의 마찰력도 떨어진다. 몸의 균형을 잡은 다음에는 아래쪽 발에 있던 몸무게를 위쪽 발로 천천히 옮긴다. 몸무게를 옮겼으면 무릎을 곧게 펴서 두 손과 한 발로 선다. 이때 몸무게는 두 손보다는 한 발에 많이 실어야 안정되고 편안한 자세를 잡을 수 있다. 두 손과 한 팔로 역삼각형의 안정된 자세를 만들고 나면 다른 한 발로 여유 있고 정확한 발디딤을 찾아 디딜 수 있다.

민탈 등반(face climbing)

페이스 등반이라고도 하는 민탈 등반은 모든 등반 중에서 가장 시원스러워 보이는 등반기술로 중요한 원칙은 비탈 등반과 마찬가지로 발에 몸무게를 싣고 정확하게 몸의 자세를 잡는 것이다. 90도를 넘지 않는 민탈 등반에서는 마치 땅 위를 걸을 때처럼 몸을 곧게 세우면 몸무게가 바로 발에 실려 암벽화의 마찰력이 커진다. 또한 손은 균형을 잡는 정도로만 쓰고 될 수 있는 대로 몸무게는 발에 싣고 오른다.

민탈 등반에서 발 쓰기의 기본기술에는 마찰 딛기과 가 딛기, 문질러 딛기, 발끝 딛기, 발끝 걸기 같은 여러 가지 기술을 쓰지만 바위 모양이나 높이, 크기, 손 자세에 따라 여러 가지로 달라진다. 민탈 등반은 아주 어렵고 까다로운 기술이어서 한 피치로 쉽게 설명하기는 어렵다. 그렇지만 원리를 이해하고 연습을 많이 한다면 누구나 훌륭한 민탈 등반을 할 수 있다.

암벽등반을 처음 하는 사람들은 홀드나 자기 발을 믿지 못하기 때문에 당황하고 쓸데없이 힘을 다른 곳에 쓴다. 따라서 긴장을 풀고 안정된 자세로 조심스럽게 홀드를 찾고 가장 무리가 없는

민탈 등반

선을 따라서 올라야 한다. 이런 선을 쫓아 오르다 보면 때로는 가려고 했던 방향에서 멀리 떨어져 있는 좋은 홀드를 포기하고 더 어려운 자세를 잡아야 할 때도 있다. 민탈 등반을 부드럽게 하기 위해서는 서로 멀리 떨어져 있는 커다란 홀드 사이를 한 번에 오르려고 하지 말고 여러 번의 동작을 통해 조금씩 움직이는 것이 좋다.

민탈 등반기술은 부드럽고 우아하게, 그리고 되도록 힘을 아끼면서 오르는 것이다. 그러기 위해서는 정확하고 신중하게 홀드를 찾고 뼈로 매달리면서 올라야 한다. 의심스러운 홀드를 뛰어 오르듯이 움직이는 것보다는 균형을 잡으면서 천천히 오른다. 좋은 홀드나 스탠스를 만났을 때 잠깐 호흡을 가다듬고 오르고자 하는 방향의 홀드를 찾으면서 어떠한 손기술과 발기술을 쓸 것인가를 생각해야 한다. 발이 자꾸 미끄러지는 것은 두려움과 긴장 때문이다.

민탈 등반을 잘하기 위해서는 별로 높지 않은 민탈에서 아주 작은 홀드에 발을 딛고 몸무게를 다른 발로 옮기는 연습을 하거나 어려운 자세를 잡아 보는 것도 좋다. 또한 손을 쓰지 않고 낮은 비탈을 오르내리면서 정확하고 부드럽게 움직이도록 훈련한다. 어떤 방법을 써서라도 오르겠다는 생각보다는 정확하고 올바른 방법으로 오르겠다는 자세만이 좋은 등반기술을 빨리, 그리고 쉽게 배우는 지름길이다.

어려운 정도를 결정하는 것은 바위 경사도가 아니라 홀드나 홀드의 모양과 크기, 높이, 등반거리 그리고 등반자가 마음으로 느끼는 불안감, 또는 고도감 같은 여러 가지 문제가 복합되어 있다. 그러나 민탈에서는 팔 힘을 훨씬 많이 써야 하고, 아주 어려운 길에서는 작은 구멍 홀드에 손가락 하나만을 걸고 몸을 끌어올려야 할 때도 있다.

경사가 급한 민탈에서는 비탈 등반과는 달리 발에 몸무게를 싣기 위해 윗몸을 바위 쪽에 붙여야 한다. 윗몸을 끌어올리는 몸짓을 자주 해야 하는 민탈 등반에서 가장 중요한 것은 팔 힘을 아끼는 것이다. 경사가 급할수록 팔을 더 많이 써야하지만 지나치게 팔 힘만으로 매달리거나 당기지 않도록 될 수 있는 대로 발로 오르도록 노력한다. 높이 있는 홀드를 잡으려고 몸을 너무 길게 뻗으면 발디딤이 불안해지고 몸 균형이 깨지며 오르기가 훨씬 힘들어지므로 폭이 큰 몸짓을 하는 것보다는 작은 몸짓을 여러 번 나누어 하는 것이 좋다. 또한 요가와 같이 뒤틀린 자세는 될 수 있으면 하지 말고 어쩔 수 없을 때는 되도록 빨리 자연스러운 자세로 돌아와야 한다.

쉴 수 있는 좋은 홀드에서는 그냥 지나치지 말고, 긴 거리를 오르는 동안 쉬기에 알맞은 홀드를 찾지 못하면 적어도 가장 좋은 홀드에서 멈추어서 두 팔의 근육을 번갈아가며 풀어 준다. 훌륭한 등반자는 가장 적게 힘을 쓰면서 자연스럽고 쉬운 길을 그려 나가는 사람이다. 아무리 등반을 잘하는 사람일지라도 팔에만 의지해 오를 수 있는 사람은 아무도 없다.

틈새 등반(crack climbing)

암벽에서 가장 눈에 뛰는 것은 땅에서 정상까지 자연스럽게 이어진 틈새들이다. 암벽등반 역사를 보면 대부분 처음 올라간 길은 이런 틈새를 따라 이루어졌다.

크랙 등반이라고도 하는 틈새 등반은 틈새 안에 손과 발, 또는 몸을 끼워 넣어 버티는 힘을 만들어 오른다. 대부분의 손 끼우기 기

틈새 등반

술은 틈새의 크기에 따라 여러 가지 기술로 자신의 손에 알맞게 써야 하고, 틈새 안에서 생기는 짝힘을 이용해서 끼운 손이 빠지지 않도록 한다. 틈새가 좁아지는 곳에서는 거친 부분을 찾아 힘을 주거나 비틀어서 손과 발을 끼워 넣는다. 넓은 틈새에서는 손과 발을 뒤틀거나 겹치고, 더 넓은 틈새에서는 쐐기 모양이나 서로 반대 방향으로 힘을 주는 것이 가장 좋은 방법이다. 사람마다 손과 발의 크기가 다르기 때문에 어떤 크기의 틈새에 특정한 이름을 붙이거나 특별한 기술을 써야 한다는 것은 있을 수 없다.

가장 오르기 편한 틈새 등반기술은 몸 한 쪽으로 끼우기를 하고 반대쪽으로 민탈에 있는 홀드를 잡거나 딛는 것이다. 틈새가 좁고 얕아 손 끼우기가 어려울 때는 짝힘을 이용한 바위 벌리기를 할 수도 있다. 덧바위 같은 틈새에서는 밀고 당기기로 오르거나, 한 손으로는 밀고 당기기를 하면서 다른 손으로 민탈에 있는 홀드를 잡을 수도 있는데, 이것은 밀고 당기기와 민탈 등반을 같이 쓰는 방법이다. 아귀벽에서는 주로 벌려 오르기를 많이 하고 바위 면에 홀드가 거의 없을 때는 아귀벽 사이의 틈새를 이용해서 손으로는 당기거나 끼우기를 하고 발로 홀드를 디디면서 오르는 기술들을 알맞게 섞어서 쓸 수 있다.

정상적으로 끼우기를 하기에는 넓고, 굴뚝 등반기술을 쓰기 좁은 틈새에서는 어깨 틈새 기술을 쓴다. 이 기술은 틈새 옆으로 서서 몸의 한 쪽 부분을 틈새 안으로 집어넣는데, 틈새의 폭과 기울기, 바위 면에 있는 홀드의 모양에 따라 몸의 어느 쪽을 틈새에 끼워 넣을 것인가를 결정한다. 한 쪽 다리를 틈새에 넣고 무릎을 구부려 발끝과 뒤꿈치를 끼우거나, 발과 무릎 또는 발과 엉덩이 사이의 짝힘을 이용해서 오른다. 팔을 끼우는 방법은 몸 한 쪽을 틈새에 끼워 넣고 팔꿈치와 어깨로 틈새의 한쪽 벽을 밀면서 손바닥으로는 반대쪽 벽면에 힘을 준다. 될 수 있으면 어깨를 밀어 넣고 팔은 어깨에서 아래로 비스듬하게 쭉 펴서 바위 면을 미는데, 이와 같은 자세를 '팔 펴서 끼우기(arm bar)'라고 한다.

이와 비슷한 등반 자세로 '팔 굽혀 끼우기(arm lock)'가 있는데, 어깨를 틈새 안쪽 바위 면에 기댄 채 팔꿈치를 완전히 접은 다음 손바닥으로 반대쪽 바위 면을 강하게 밀어 준다. 틈새 밖에 있는 팔은 아래쪽을 향해 힘을 주어 밀거나 팔꿈치를 접어서 틈새의 모서리를 잡는다. 몸을 틈새 안에 끼운 채 오르기 위해서는 바깥쪽에 있는 다리를 위로 옮겨서 발끝이나 뒤꿈치로 틈새 안쪽 바위 면을 밀면서 버텨야 한다. 이 자세에서 다리를 펴고 일어선 다음 안쪽에 있는 팔과 다리로 끼우기를 하고 바깥쪽 팔을 위로 옮긴다. 때에 따라서 바깥쪽 발로 틈새 밖에 있는 발디딤을 디딜 수 있지만, 이런 몸짓 때문에 몸이 틈새 밖으로 빠져나오지 않도록 조심해야 한다.

틈새 등반에서 끼워 넣는 부분과 힘의 방향에 따라 버티는 힘이 달라져 끼우기를 정확하게 하기 위해서는 틈새의 모양과 힘의 방향을 잘 생각해서 그에 맞는 기술과 방향으로 끼우기를 해야 한다. 더구나 조심해야 할 것은 끼우기를 한 채 매달려 있다가 다음 몸짓으로 바꿀 때, 그동안 버티고 있던 힘의 방향이 바뀌면서 버티는 힘이 약해질 수 있다는 점이다. 따라서 끼우기를 할 때는 다음 움직임까지 생각해서 끼우기를 한 다음, 일어설 때 몸무게가 실려 더 든든하게 버틸 수 있도록 해야 한다.

굴뚝 등반(chimney climbing)
굴뚝(chimney)이란 몸이 들어갈 수 있을 정도로 큰 틈새를 말하는데, 틈새의 크기에 따라 몸이 간신히 들어갈 수 있는 크기는 좁은 굴뚝(squeeze chimney), 몸이 들어간 상태로 발에서 엉덩이까지 폭보다 작은 크기는 중간 굴뚝(standard chimney or knee chimney), 중간 굴뚝보다 큰 것은 넓은 굴뚝(bridge or foot-back chimney)이라고 한다. 침니 등반이라고도 하는 굴뚝 등반기술은 모두 짝힘의 원리를 이용하며 틈새가 넓어질수록 안정성은 떨어지지만 오르기는 더 쉬워진다.

좁은 굴뚝에서는 몸 전체를 쐐기 모양으로 굴뚝 안에 집어넣고 꿈틀거리며 오른다. 두 다리와 두 팔을 넓게 벌리고 발은 굴뚝 안에 있는 발디딤을 밀고 팔은 팔꿈치를 펴거나(arm-bar) 접은 상태(arm-lock)로 손가락을 아래쪽으로 뻗은 채 손바닥으로 앞에 있는 바위 면을 밀어 올리면서 조금씩 올라간다. 한쪽 발은 굴뚝과 나란하게 놓은 다음 다른 쪽 발을 직각으로 구부려 버티는 힘을 얻는다(T-bar).

중간 굴뚝에서는 몸을 움직일 수 있는 충분한 공간이 있으며, 두 무릎으로 앞에 있는 벽을 밀고 엉덩이와 등 전체로 뒤에 있는 벽을 밀어

좁은 굴뚝 등반

좁은 굴뚝에서는 한쪽 발은 굴뚝과 나란하게 놓고, 다른 쪽 발을 직각으로 구부려 버틴 다음, 손바닥으로 앞쪽 벽을 밀면서 몸을 올린다.

중간 굴뚝에서 등-발 오르기

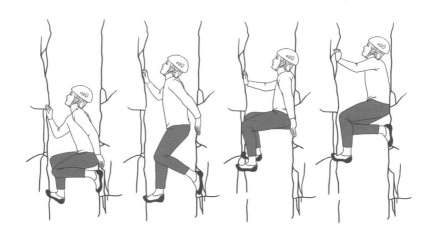

서 무릎과 발의 짝힘으로 버티는 힘을 만든다. 이와 같이 등과 무릎을 써서 굴뚝을 오르는 기술을 '등-무릎 오르기(back and knee)'라고 한다.

등과 엉덩이를 벽에 기대고 두 손으로 한 쪽 벽을 밀거나 한 손은 앞에 있는 벽을, 다른 손은 뒤쪽 벽을 밀어서 버티는 힘을 만들 수도 있다. 발과 무릎을 위로 옮기는 동안 등과 팔로 몸무게를 버티고 다시 등과 팔을 옮기는 동안 발과 무릎으로 바위를 밀면서 오르는 움직임을 계속한다. 틈새가 더 넓어지면 등과 엉덩이를 벽에 기대고 손과 발로 양쪽 바위벽을 밀면서 오르는데, 이와 같이 등과 발을 쓰면서 굴뚝을 오르는 기술을 '등-발 오르기(back and foot)'라고 한다.

넓은 굴뚝에서는 굴뚝의 바깥쪽이나 안쪽을 보면서 벌려 오르기를 한다. 이때 두 손과 두 발에 짝힘을 주면서 팔과 다리를 번갈아 움직이거나 또는 같이 움직인다. 순수한 마찰력으로 오를 때는 팔 다리를 똑바로 뻗는 것이 중요하고, 굴뚝 안쪽에 홀드가 있을 때는 벽 쪽 뿐만 아

넓은 굴뚝에서 벌려 오르기

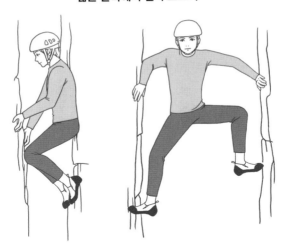

니라 아래쪽으로도 힘을 준다.

　대부분의 굴뚝은 안으로 들어갈수록 좁아져 안전하게 느껴지지만 굴뚝 안쪽에 꼭 끼면 오르기가 힘들어지므로 될 수 있는 대로 올라가기 쉬운 바깥쪽에서 오른다. 굴뚝 모양이 곧게 뻗어 있지 않고 비스듬하게 누워 있을 때는 바위 면이 누운 쪽으로 등과 엉덩이를 붙여야 힘이 덜 든다. 굴뚝 끝에서 비탈이나 민탈로 바뀌면서 다른 등반기술로 바꾸는 것은 생각보다 어려워 사고력과 창의력이 있어야 한다. 굴뚝을 오를 때는 소매가 긴 옷을 입고 무릎에 보호대로 보호해 준다.

　굴뚝을 오를 때는 배낭이 아주 거추장스럽기 마련인데 배낭을 멘 채 바위에 등을 대면 배낭도 상하고 오르기에도 불편하다. 따라서 좁은 굴뚝에서는 배낭 홀드에 긴 러너나 자기확보줄을 길게 연결해 안전벨트에 매달고 오르거나 따로 로프에 매달아 위에서 당겨 올린다. 중간 굴뚝에서는 배낭을 앞으로 메고 오를 수도 있는데, 배낭이 클 때는 앞이 안보여 발디딤을 찾기 불편하고 발의 움직임을 방해하기도 한다. 넓은 굴뚝을 벌려 오르기로 오를 때는 배낭을 등에 메고 오르는 것이 가장 편하다.

아귀벽 등반(diedre climbing, dihedral, open book climbing)

디에드르라고 부르는 아귀벽이란 책을 펼쳐서 세워놓은 모양을 하고 있는 바위를 가리키는 말이다. 바위의 두 면이 90도를 전후로 하여 만나고 그 사이에 반드시 틈새가 있어 틈새 등반을 하거나, 두 바위 면을 이용해 두 손과 두 발을 양 쪽으로 밀면서 벌려 오르기를 하기도 한다. 아귀벽에서는 보통 두 바위 면이 만나는 곳에 있는 틈새를 이용하여 끼우기를 한다.

밀고 당기기로 오르기도 하는데, 손가락을 넣을 수 없는 벙어리 틈새에서는 손으로 양쪽 바위 면을 조금 아래쪽으로 밀면서 벌려 오르기를 해야 한다. 발 역시 바위 면의 좋은 홀드를 찾아 딛고 두 발을 서로 반대쪽으로 밀듯이 해서 버티는 힘을 얻는다. 아귀벽의 벌어진 정도가 좁을 때는 굴뚝 등반기술로 오를 수도 있다. 틈새가 넓으면 손 끼우기나 팔 펴서 끼우기, 팔 굽혀 끼우기로 오르기도 한다.

아귀벽 등반

모서리 등반(kante climbing)

아귀벽과는 반대로 두 바위 면이 90도 이하로 만나 마치 말 등처럼 생긴 암벽의 긴 모서리를 오르는 것을 모서리 등반 또는 칸테 등반이라고 한다. 모서리는 바위가 누워 있는 경사에 따라 오르는 방법도 여러 가지가 있다. 경사가 급하지 않은 곳에서는 말 등에 올라타듯이 모서리에 걸터앉아 다리와 허벅지 안쪽의 마찰을 이용해서 오를 수도 있고, 두 발을 바위 면에 대고 쪼그려 앉아 토끼뜀 뛰듯 오를 수도 있다.

모서리가 날카롭고 손으로 잡기 좋을 때는 두 손으로 모서리에 매달려 한쪽 바위 면에서 비탈 등반을 하기도 하고, 민탈이나 하늘벽처럼 생긴 모서리에서는 모서리 부분을 이용해 밀고 당기기로 오르기도 한다. 그러나 이런 곳을 오를 때는 몸의 균형을 잡기가 아주 어렵고 상당한 기술이 있어야 한다.

하늘벽 등반(overhang and roof climbing)

하늘벽과 천장은 여러 가지 여건에 따라 다르지만 많은 힘이 필요하다는 점을 빼고는 경사가 급한 민탈 등반이나 틈새 등반에서 필요한 기술들과 크게 다르지 않다. 하늘벽을 오를 때 대체로 중요한 점은 자세를 잘 잡는 것과 힘을 아끼는 것이다.

하늘벽에서는 발에 몸무게를 직접 실을 수는 없지만 발 쓰기는 다른 어떤 것보다 중요한 기술이다. 눈으로 보는 것과는 달리 아무리 좋지 않은 발디딤이라도 잘 디디면 팔 힘을 많이 줄일 수 있으므로 반드시 찾아서 써야 한다. 발에 몸무게를 싣기 위해서는 발이 엉덩이보다 높이 올라가기도 하고 균형을 잡기 위해서 손과 발을 반대로 잡거나 디뎌야 하며 발을 꼬아주거나 몸을 옆으로 돌려야 천장에 매달려 있을 수 있다.

경사가 심하지 않은 하늘벽에서는 발뒤꿈치를 깔고 앉듯이 해서 매달리기도 하는데, 이때 홀드는 반대쪽 손으로 잡고 있어야 균형을 잡

하늘벽 등반

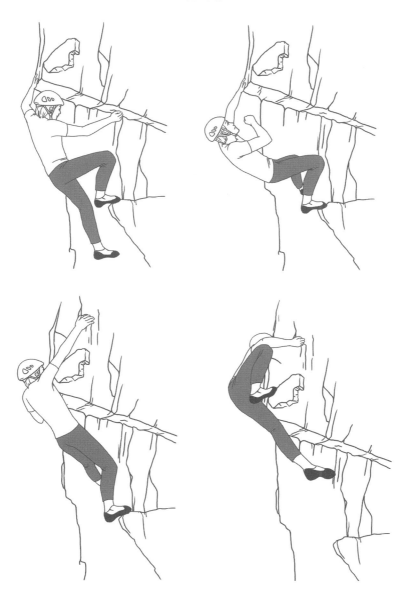

바위턱 올라서기

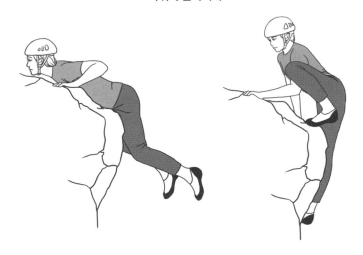

기 좋다. 힘을 아끼기 위해 될 수 있으면 발에 몸무게를 실으면서 팔을 곧게 편다. 가장 좋은 방법을 말하자면 손은 단지 발로 몸을 올리는 동안 바위에서 떨어지지 않도록 잡아주는 일을 하도록 한다. 그러나 한쪽 팔을 지나칠 정도로 길게 내뻗으면 다른 쪽 팔에 힘이 들어가지 않는다. 어쩔 수 없이 팔을 구부려야 할 때는 손을 되도록 어깨 가까이에 붙이고 팔꿈치도 옆구리에 가깝게 붙이도록 한다. 예를 들어 철봉에서 한 손으로 턱걸이를 하는 움직임을 생각하면 쉽게 이해할 수 있을 것이다.

제6장
확보물 설치와 선등

암벽등반의 기본기술과 확보방법, 하강방법을 익힌 사람은 실제로 바위를 오를 준비가 되어 있는 사람이다. 그러나 떨어질 것에 대한 준비 없이 무조건 올라간다고 해서 등반을 잘한다고 말할 수는 없다. 확보물 설치는 나무와 볼더 같은 자연 확보물이나 너트, 볼트, 피톤 같은 인공 확보물을 써서 안전장치를 하고 떨어질 것에 대비해서 미리 대비하는 기술이다. 선등이란 로프를 매달고 루트를 오르면서 안전을 위해 확보물을 걸고 앞장서서 오르는 것을 말하며, 선등자가 확보물을 걸고 오르는 동안 확보자는 선등자가 떨어질 것에 대비해 확보를 봐준다. 따라서 두 사람 이상이 팀을 이루어 안전하게 등반하려면 확보기술과 선등기술 그리고 확보물 설치 기술을 잘 알고 있어야 한다. 이 장에서는 확보물의 종류와 확보물 설치에 관련된 기술을 설명하고, 마지막으로 선등할 때 알아야 할 지식과 주의할 점들을 알아본다.

자연 확보물

확보물은 크게 자연 확보물과 인공 확보물로 나눌 수 있는데, 자연 확보물은 자연적으로 만들어진 바위나 나무를 이용한다. 자연 확보물이 없을 때는 볼트, 피톤, 너트나 프렌드 같은 인공 확보물을 박거나 걸어서 떨어질 것에 대비해야 한다.

가장 좋은 확보물은 루트가 있는 곳, 다시 말하면 루트를 오를 때 쉽게 이용할 수 있는 나무, 관목, 모난 바위, 쐐기돌, 바위 구멍, 덧바위, 보울더들과 같은 자연 확보물이다. 이런 자연 확보물을 이용하는 기본 기술은 확보물의 크기나 모양만 다를 뿐 모두 같은 것으로, 자연 확보물에 러너를 두르고 카라비너를 걸어 로프를 통과시키면 된다.

나무와 관목

나무나 큰 관목은 가장 안전하고 자주 쓰는 자연 확보물로 얼마나 튼튼한가는 나이와 뿌리의 발달 정도로 판단한다. 나무 굵기를 살펴보고 뿌리가 약하거나 땅에 얕게 박혀 있는지를 확인한다. 흔들었을 때 뿌리가 흔들리거나 먼지가 나면 확보물로 쓰지 말아야 한다. 관목을 확보물로 쓸 때는 특별히 조심하고 주위에 있는 다른 확보물을 찾아본다.

지렛대 작용으로 인해 나무나 관목이 꺾이거나 부러지는 것을 막기 위해 러너는 될 수 있는 대로 아래쪽에 두른다. 그러나 큰 나무에서는 로프가 바위의 날카로운 곳에 걸리는 것을 막기 위해 줄기 위쪽이나 큰 가지에 설치하는 것이 바람직하다.

선등과 확보물 설치

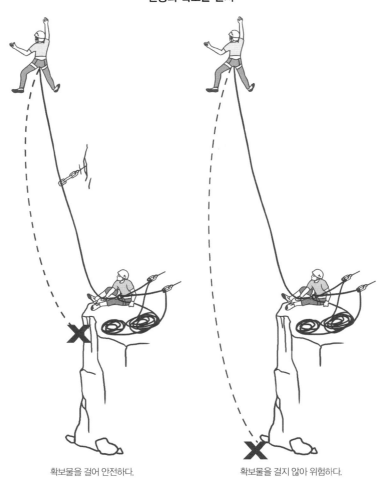

확보물을 걸어 안전하다.　　　　확보물을 걸지 않아 위험하다.

모난 바위와 덧바위

　모난 바위는 러너를 걸 수 있을 정도로 큰 바위에서 튀어나온 작은 바위로 암각이라고 하며, 자연 확보물 중에서도 많이 쓴다. 덧바위는 큰 바위에서 따로 떨어진 물고기 비늘 모양의 바위로 역시 자연 확보물로 자주 쓴다. 이렇게 바위로 된 자연 확보물을 쓸 때는 안전한지 살펴봐야 하는데, 처음에는 가볍게 밀거나 당기면서 차츰 힘을 준 다음 마지막으로 손이나 발로 차서 튼튼한지 살펴본다. 만일 모난 바위나 덧바위가 움직이거나 속이 빈 소리가 나면 쓰지 말아야 하고, 러너를 걸 때는 거스 히치 매듭을 써서 꽉 조여지도록 건다.

　모난 바위나 덧바위는 아래쪽으로 당길 때는 러너가 움직이지 않다가도 위나 옆으로 당기면 느슨해지는 경우가 있는데, 이런 것들은 어느 한쪽 방향으로만 힘을 받는다. 이런 문제를 해결하기 위해서는 러너가 제 자리에 있도록 등반장비나 배낭을 러너에 걸어서 무게를 주거나 긴 러너를 써서 로프가 흔들리더라도 러너가 모난 바위에서 빠져 나오지 않도록 걸어둔다.

모난 바위에 러너를 설치하는 방법

거스 히치 매듭을 바르게 걸어 러너가 꽉 조여질 수 있다.

거스 히치 매듭을 잘못 걸어 러너가 꽉 조여질 수 없다.

쐐기돌

쐐기돌은 바위 틈새에 낀 크고 작은 돌을 말하는데, 때에 따라 아주 좋은 확보물이 될 수 있다. 먼저 쐐기돌이 틈새에 확실하게 끼어 있는지, 틈새와 쐐기돌의 닿는 곳이 잘 부서지지 않는 바위인지, 쐐기돌 바로 아래쪽 틈새가 넓어져서 빠질 염려는 없는지, 선등자가 떨어질 때 생기는 충격을 견딜 수 있을 정도로 튼튼하게 박혀 있는지 자세하게 살펴본다.

쐐기돌에 러너 두르기

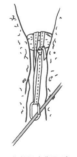
러너를 넓게 두르는 방법

쐐기돌 한쪽에 거스 히치를 하는 방법

러너가 아래로 힘을 받을 때 쐐기돌에 꽉 죄거나 끼지 않도록 쐐기돌 둘레에 러너를 건다. 거스 히치 매듭이 아니라 단순히 쐐기돌에 러너를 둘러 카라비너를 걸 때는 러너 한쪽 끝을 꼬아서 카라비너를 걸어야 러너 한쪽이 쐐기돌에서 빠져도 카라비너가 떨어지지 않는다. 또한 쐐기돌과 틈새가 닿는 둘레에 거스 히치 매듭으로 러너를 두르면 쐐기돌이 빠지지 않는다.

바위 덩어리

바위 덩어리란 원래 있던 큰 바위에서 따로 떨어진 작은 바위를 말하는데, 단단하게 고정되어 있고 움직일 수 없을 정도로 무겁다면 확보물로 쓸 수 있다. 바위에 기대 있거나 경사진 곳에 걸쳐 있어서 위험해 보이는 바위 덩어리는 확보물로 쓰지 않는 것이 좋다. 바위 덩어리 둘레에 러너를 두

바위 구멍에 러너 설치하기

를 때는 지렛대 작용을 줄이고, 러너가 벗겨지지 않도록 될 수 있는 대로 아래쪽으로 건다. 바위 덩어리를 확보물로 쓸 때, 바위가 느슨해지면 다른 사람들에게 큰 위험을 줄 수 있어 특별히 주의한다.

다른 자연 확보물

자연이 만든 바위 구멍과 바위 혹, 그리고 두 바위가 맞닿는 곳 역시 바위상태가 좋다면 훌륭한 확보물이 된다. 그러나 두 바위가 맞닿는 곳을 쓸 때는 떨어지는 충격 때문에 바위가 움직이지 않을지 꼼꼼하게 살펴보아야 한다.

자연 확보물을 쓸 때 주의할 점

① 확보물에 목숨을 맡기기 전에 보이지 않는 모든 위험을 생각해 본다. 나무와 바위를 밀고, 당기고, 두드리고, 찔러보고, 차보고, 흔들어서 튼튼하고 약한 곳을 정확하게 살핀다.

② 확보물을 검사할 때 아래쪽에 사람이 있다는 사실을 기억하고 바위가 떨어지지 않도록 조심한다.

③ 바위 모양새와 상태를 강도에 따라 정확히 확인한다.

④ 확보물이 단지 한 방향으로만 힘을 받는지, 아니면 여러 방향으로 힘을 받을 수 있는지를 확인해서 러너를 건다. 나무와 같이 여러 방향으로 힘을 받는 것은 가장 훌륭한 자연 확보물이다.

⑤ 러너를 거는 가장 좋은 방법을 생각해 본다. 보통 확보물 둘레에 러너를 걸 때 거스 히치 매듭을 하거나, 확보물에 두른 러너의 두 끝을 카라비너로 건다. 러너의 두 끝을 카라비너로 걸 때는 충격이 카라비너 여닫는 곳이나 옆으로 가지 않도록 러너를 충분히 길게 한다. 또는 러너를 다시 풀어서 확보물 둘레에 직접 묶어준다. 모난 바위에서는 클로

브 히치 매듭으로 러너를 걸 수도 있다.

⑥ 카라비너의 여닫는 곳은 아래쪽으로 향하도록 하고, 떨어질 때 카라비너가 열리지 않는 방향으로 건다. 만일 힘을 받아서 카라비너가 열릴 위험이 있다면 잠금 카라비너를 쓰거나, 카라비너 두 개를 써서 여닫는 곳이 반대가 되도록 건다.

⑦ 러너가 닿는 날카로운 곳에는 부드러운 것으로 덧댄다.

나무에 러너를 두르는 방법

거스 히치로 두르기

러너 두 끝을 카라비너로
걸기

확보물 둘레에 고리를 지어
다시 매듭하는 방법

모난 바위에 러너를 거는 방법

클로브 히치로 묶기

모난 바위에 그냥 걸어서 쓰기

인공 확보물

자연 확보물이 없거나 있더라도 상태가 나쁠 때는 인공 확보물을 쓴다. 인공 확보물에는 너트(nut), 프렌드(friend), 볼트(bolt), 피톤(piton) 등이 있다. 선등자는 바위를 오르면서 이런 확보물을 바위에 박거나 걸고 러너를 건 다음 카라비너를 써서 로프를 통과시킨다.

확보물을 걸고 다시 빼는 기술은 확보를 하면서 오르는 등반에서 중요한 것이다. 너트는 볼트나 피톤과는 달리 걸거나 빼기가 쉽고, 바위에 상처를 남기지 않기 때문에 자연을 망가뜨리지 않고 클린 클라이밍 위해 반드시 필요한 장비다.

인공 확보물 종류

너트에는 쐐기 너트와 캐밍 너트가 있는데, 쐐기 모양은 틈새 사이에 들어간 확보물이 쐐기처럼 틈새에 끼워지면서 등반자가 멈출 수 있도록 잡아준다. 캐밍 모양은 충격을 받으면 틈새 안에서 캠이 벌어지면서 바위에 더 튼튼하게 맞물리는 캐밍 작용으로 등반자를 안전하게 잡아준다.

쐐기 모양에는 작은 너트, 테이퍼 또는 스토퍼 등과 같이 바위에 닿는 면이 일정한 것과, 슬라이더, 퀵키, 로큰 롤러, 볼 너트 같이 스프링이 달린 것, 그리고 넓은 틈새에서 크기를 여러 가지로 조절할 수 있는 것으로 나눌 수 있다.

캐밍 모양에는 헥센트릭, 티톤, 트라이 캠, 그리고 여러 종류의 프렌드와 TCU(Tri Cam Unit)가 있고 헥센트릭, 티톤, 트라이 캠은 쐐기 너트로 쓰기도 한다.

쐐기 너트

너트의 기원은 쐐기돌에 슬링을 묶어서 쓴데서 찾을 수 있다. 처음에는 일반 공업용 볼트에 끼워서 쓰는 너트 구멍에 코드 슬링이나 웨빙을 러너로 묶어서 쓴 것이 육각형 너트인 헥센트릭의 시작이라고 할 수 있다. 너트는 1960년대 초 영국에서 처음 쓴 것으로 알려져 있고, 1970년대 초 미국 취나드사(요즘의 블랙 다이아몬드사)에서 스토퍼와 헥센트릭을 대량으로 만들 때부터 피톤을 대신할 수 있는 암벽장비로 두드러졌다.

처음 만들어진 너트는 대부분 쐐기처럼 생긴 간단한 모양이었는데 요즘 쐐기 모양 너트는 세 가지로 나눌 수 있다. 3~20밀리미터 크기의 틈새에 쓸 수 있는 테이퍼, 10~70밀리미터 범위의 헥센트릭, 그리고 70밀리미터를 넘는 틈새에서 쓰는 튜브 너트가 있다.

너트 몸체와 연결된 러너는 너트가 처음 나왔을 때는 여러 가지 굵기의 코드 슬링을 썼지만, 요즘에는 가장 큰 테이퍼를 빼고는 대부분 가는 와이어를 꼬아서 쓴다. 작은 너트는 얇지만 강한 와이어로 용접을 하거나 너트와 함께 녹여서 만들기 때문에 너트 몸체보다 더 강한 강도를 갖고 있다. 어떤 것들은 강한 황동이나 스테인리스 스틸로 만들기도 하지만 떨어질 때 바위가 약하면 주변 바위가 깨지는 일이 있다.

• 테이퍼

테이퍼에는 곧은 모양, 휘어진 모양, 옵셋 모양 그리고 작은 너트들이 있으며 너트를 만드는 회사마다 생긴 모양이 조금씩 다르다. 직선형 테이퍼는 처음 나온 것으로, 앞면과 옆면이 사다리꼴 모양이며 간격이 일정하게 좁아지는 틈새에서 쓰기 좋다.

곡선형 테이퍼는 곧은 모양 테이퍼를 조금 바꾼 것으로 한 면은 오목

여러 가지 종류의 테이퍼

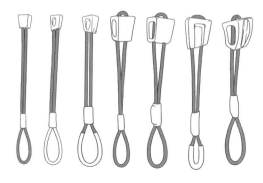

하고 다른 면은 볼록해서, 틈새에 집어넣은 다음 잡아당길 때 적당하게 움직이면서 볼록한 면이 캐밍 작용을 한다. 이것은 아래쪽으로 간격이 좁아지고 특히 궁형 틈새에 잘 맞는다. 테이퍼의 곡선은 만드는 회사마다 조금씩 다르고 보통 휘어진 면이 밋밋할수록 틈새에서 빼내기 쉽다.

옵셋형 테이퍼는 작은 크기에서만 모양이 바뀌는 것인데, 모든 면이 일정하지 않은 사다리꼴 모양으로 끝이 좁아진다. 이것은 일정하지 않은 사다리꼴에서는 한 쪽 모서리가 다른 쪽 모서리보다 더 좁아진다는 점에서 창안해낸 것으로 곧은 테이퍼나 휘어진 테이퍼로는 걸기 어려운 속이 빈 덧바위 틈새에서도 쓸 수 있다. 그러나 대체로 닿는 면이 확실하지 않으면 생각보다 쉽게 빠진다.

• 작은 너트

작은 너트에는 호주의 R. P 너트, 영국 와일드 컨트리사의 H. B, 미국 블랙 다이아몬드사의 스틸 너트가 있다. 황동(brass)에 저온 용접봉을 써서 스테인리스 와이어를 붙인 것이다. 강도는 크기가 3밀리미터일 때 250킬로그램 정도이고, 10밀리미터일 때 약 800킬로그램인데, 3밀리미터 너트는 몸무게가 60킬로그램인 사람이 민탈에서 1~2미터 정도만 떨어져도 부서지기 쉬우므로 두 개 이상을 러너로 연결해 거는 것이 바람직하다. 주로 몸무게 정도만 버틸 수 있는 인공등반이나 큰 벽 등반에서 많이 쓴다.

• 튜브 너트

튜브 너트는 블랙 다이아몬드사에서 처음 만들었는데, 원통 2개가 나사식으로 물려 있어 길이를 자유롭게 조절할 수 있고 10센티미터가 넘는 넓은 틈새에서도 쓸 수 있다.

캐밍 너트

• 헥센트릭

보통 헥센트릭이라고 부르는 육각형 너트는 블랙 다이아몬드사에서 육각형 모양을 조금 달리해서 만든 제품이다. 헥센트릭은 다른 쐐기들과는 달리 두 가지 크기의 틈새에서 쓸 수 있고, 설치 방법을 달리해 쐐기 너트로 쓸 수도 있다.

블랙 다이아몬드사의 헥센트릭

헥센트릭에 사용하는 러너는 보통 나일론 제품의 코드 슬링을 묶어 두는데, 러너가 상하거나 끊어지는 일이 구멍 주위의 모서리에서 주로 생긴다. 헥센트릭마다 구멍 크기에 맞는 코드 슬링을 써야 하며, 헥센트릭의 면과 바위 면이 맞닿게 설치한다.

• 티톤

티톤은 T자 모양의 너트로 틈새 모양에 따라 여러 가지로 쓰는데, 틈새의 간격이 나란한 곳이나 위가 좁고 아래가 조금 넓은 곳에서도 쓸 수 있다. 테이퍼보다 버티는 힘은 크지만 양쪽 모서리가 쉽게 닳는다. 티톤을 설치하는 방법은 틈새에 조금 비스듬히 끼운 다음 러너를 당겨 캠의 원리로 조금 돌아가게 해서 틈새에 단단히 끼우면 된다.

• 트라이 캠

트라이 캠은 미국 로우사 제품으로 한 손으로 쉽고 안전하게 걸 수 있어 다른 쐐기 너트로는 걸기 어려운 곳에서도 쓸 수 있다. 이것은 삼각형의 모양을 조금 바꾼 것으로, 세 곳이 바위 면에 닿아 캠에 달려있는 러너를 아래로 당기면 캠이 돌아가면서 틈새에 단단히 박히며, 빼기도 쉽다. 트라이 캠은 몸체를 손으

로우사의 트라이 캠

로 직접 잡거나 발로 건드리면 빠질 수도 있으므로 트라이 캠에 매달릴 때는 반드시 러너만을 잡아 당겨야 한다.

• 스프링이 달린 캐밍 기구

스프링이 달려있는 캐밍 기구(S.L.C.D, Spring Loaded Camming Devices)는 1970년대 초에 미국의 그레그 로우(Greg Lowe)가 처음 개발했지만 상품화에는 성공하지 못했다. 그 후 1978년 레이 자딘(Ray Jardine)이 개발한 와일드 컨트리사의 프렌드는 틈새에서 안전하고 믿음직한 확보를 할 수 있게 만들면서 암벽화와 더불어 현대 암벽등반에 혁명을 일으켰다.

프렌드는 중심축을 따라 돌아가는 네 개의 캠으로 이루어져 있는데, 바깥쪽 캠 두 개는 안쪽의 캠 두 개와 반대방향으로 돌면서 서로 어긋나는 짝힘을 만들어 홀드를 당길수록 캠이 많이 벌어진다. 와일드 컨트리사의 프렌드뿐만 아니라 휴 배너사의 쿼드 캠(Quad Cam), 블랙 다이아몬드사의 캐머롯(Cammalot), 콜로라도 커스텀 하드웨어사의 에일리언 Ⅱ(Alien Ⅱ), 메톨리우스사의 T.C.U(Tri Camming Unit), 리버티사의 프로 기어(Pro-Gear)나 스파이더(Spider), 와이어드 블리스사의 T.C.U 같이 모양을 조금씩 달리한 모든 종류의 S.L.C.D 확보기구는 회전운동을 왕복운동으로 바꾸어 주는 캐밍 원리가 기본이다.

프렌드는 보통 자루가 곧은 것(막대형)과 휘어지는 것(철선형)의 두 가지로 나눌 수 있다. 자루가 곧은 것을 프렌드라 부르고, 와이어로 된 것은 플렉시블 프렌드 또는 테크니컬 프렌드라고 한다. 프렌드의 곧은 자루는 알루미늄 합금으로 항상 한쪽 방향으로 힘을 받는다. 따라서 가로 틈새에 걸었을 때는 강도가 약해지고, 자루의 폭이 넓어서 좁은 틈

S.L.C.D의 종류

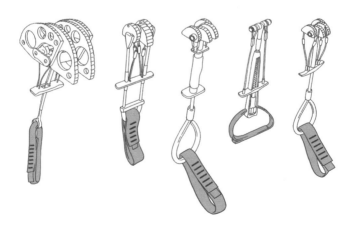

새나 구멍에 끼우기 어려운 단점

스프링이 달린 쐐기 너트

이 있다. 플렉시블 프렌드는 곧은
자루 프렌드보다 튼튼하지 않지
만 곧은 자루 프렌드가 갖지 못한 장점이 있어서 가로 틈새나 구멍에
도 안전하게 걸 수 있다.

그러나 캠이 네 개인 프렌드는 크기를 더 이상 줄일 수 없어 20밀리
미터가 안 되는 좁은 틈새에서는 쓸 수 없다. 이런 문제를 보완한 것이
스티브 바이른(Steve Byrne)이 개발한 T.C.U로 캠을 세 개로 만들어 프
렌드의 머리 폭을 줄였다. T.C.U는 캠 자체 모양 때문에 10밀리미터 보
다 작은 것은 만들지 못한다. 10~17밀리미터 크기 제품에 대한 강도는
약 1,000킬로그램 정도다.

테이퍼와 S.L.C.D의 장점을 합친 슬라이더, 퀵키, 로큰 롤러, 로우 볼
등은 와이어에 달린 쐐기와 쐐기면을 따라 움직이는 또 다른 쐐기가
스프링이 달린 와이어로 조정된다. 이러한 확보기구들은 좁고 얕은 틈
새에는 사용하기 좋지만 구조가 불안정하여 약간의 충격에도 쉽게 빠
져버리는 단점이 있어 크게 믿을만한 것은 못된다.

확보물 설치

확보물을 능숙하게 설치하기 위해서는 확보물의 여러 가지 장단점
과 정확하게 설치하는 방법을 알아야 한다. 모든 확보기구는 틈새 크
기와 모양에 따라서 여러 가지로 쓸 수 있도록 만드는데, 확보물을 설
치하기 전에 바위 면이 단단한지 살피고 틈새의 크기나 모양을 보아 어
떤 확보물을 쓰는 것이 좋을지 결정해야 한다. 푸석 바위나 풍화작용
이 심해서 바위상태가 좋지 못한 곳에는 확보기구를 걸어서는 안 되

고, 바위 본체와 덧바위 사이에 확보물을 걸 때는 바위를 두들겨 봐서 상태를 점검해야 한다.

쐐기 너트

쐐기 너트는 틈새가 아래쪽으로 좁아지는 곳에 걸 수 있도록 위쪽은 두껍고 아래로 갈수록 얇아진다. 또한 넓은 면과 좁은 면이 있는데 두 쪽을 모두 쓸 수 있지만 넓은 면이 바위에 닿았을 때 안전하게 걸린다.

또한 쐐기 모양의 확보물을 걸 때는 바위 면에 쐐기가 닿는 곳을 되도록 크게 하는 것이 중요하다. 쐐기 너트들은 틈새에 걸었을 때 일부분만 닿아 쉽게 움직이지만, 등반자가 떨어질 때처럼 큰 충격을 받으면 너트가 아래쪽으로 당겨지면서 틈새에 쐐기처럼 작용해 단단하게 박힌다. 쐐기 너트는 곧은 것과 휘어진 것, 그리고 위에서 봤을 때 직사각형과 사다리꼴이 있으며 작은 너트는 대부분 곧은 모양이고 큰 것 중에는 휘어진 모양이 많다.

곧은 너트는 대개 바위 면이 고른 틈새에는 잘 맞지만 불규칙한 틈새에서는 닿는 면이 작고, 휘어진 너트는 세 군데가 닿아서 안정성이 있

쐐기 너트의 넓은 면과 좁은 면 걸기(옆에서 본 그림)

넓은 면으로 걸면 든든하다.

좁은 면으로 걸면 조금 불안하다.

다. 그러나 너무 확실하게 박히면 틈새에서 빼내기 힘들다.

헥센트릭도 위에서 아래로 좁아지는 것은 쐐기 모양으로 쓸 수 있고, 옆면을 이용해서 쐐기 너트로 걸 수도 있다.

• 세로 틈새

세로 틈새는 쐐기 너트를 쓰기에 가장 좋은 곳이다. 세로 틈새의 좁아지는 곳에 너트를 넣고 확실히 걸리도록 아래로 당긴다. 바위 면이 무른 틈새에서는 곧은 너트가 좋고, 바위 면이 단단하고 조금 휜 틈새에서는 휘어진 너트가 잘 맞는다. 쐐기 너트는 보통 한쪽으로만 힘을 받지만 틈새에 깊숙이 집어넣어 정확하게 걸면 여러 방향으로 힘을 받을 수 있다.

나란한 세로 틈새에서는 바위와 닿는 면이 작아서 아래로 큰 힘을 받으면 바위를 부서뜨리며 빠지는 단점이 있다. 이 문제를 해결하기 위

너트 겹치기

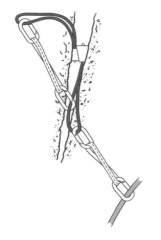

해서 너트 두 개를 서로 반대 방향으로 설치하는 너트 겹치기 방법을 쓰기도 하는데, 너트를 두 개 겹쳐 걸거나 너트 두 개가 연결되어 있는 너트 스택(chalk stack)을 쓴다. 너트를 겹쳐서 설치하는 방법은 나란한 틈새에서 두 개의 너트 중에 큰 너트를 아래쪽으로 힘을 받도록 놓고, 작은 너트를 큰 너트와 바위 사이에 거꾸로 끼운 다음 큰 너트를 아래쪽으로 당기면 쐐기 작용이 커진다. 두 개의 너트를 겹쳐서 걸 때는 카라비너로 두 개를 모두 걸어 놓아야 너트가 바위에서 빠져도 잃어버리지 않는다. 크기가 다른 너트 두 개를 러너 하나로 묶은 너트 스택은 크기가 서로 다른 너트 중 작은 것을 위에 달아 각각 보통 너트로 쓰기도 한다.

• 가로 틈새

가로 틈새에도 쐐기 너트를 걸 수 있다. 이때는 틈새가 바위 바깥쪽으로 좁아지는 곳에 깊이 건 다음 잘 박히도록 밖으로 당긴다.

가로 틈새에서는 확실히 박혀 있다면 여러 방향으로 힘을 받아서 튼튼한 확보 지점이 될 수 있지만 너트의 캐밍 작용으로 바위가 깨지거나 바위 모서리의 날카로운 곳 때문에 러너가 끊어질 수 있으므로 주의해서 건다. 바위 질이 좋은 가로 틈새에 휘어진 너트를 쓸 때는 캐밍 작용이 생기도록 걸어야 잘 빠지지 않는다.

가로 틈새에 너트 걸기

• 나팔 틈새

바깥쪽으로 벌어진 나팔 틈새에서는 윗면이 사다리꼴 모양으로 생긴 것이 좋다. 너트의 좁은 면을 바위와 닿게 하면 접촉면이 많아져서 튼튼하게 걸 수 있다. 그러나 안쪽으로 벌어진 나팔 틈새는 보기에는 좋을지 몰라도 너트를 걸었을 때 쉽게 빠질 수 있어 될 수 있으면 이런 곳에는 걸지 않는 것이 좋다.

터널 틈새에 너트 걸기

• 포켓

포켓에서는 쐐기 너트를 쓰기 어렵다. 이따금 틈새가 터널 모양으로 맞물려 있을 때는 너트가 위로 힘을 받도록 하거나 아래로 힘을 받도록 할 수도 있으며 러너를 위아래로 통과시켜 걸기도 한다. 이때 러너가 코드 슬링으로 된 것보다는 와이어로 된 너트를 쓰는 것이 걸기에 편하다.

캐밍 너트

헥센트릭, 티톤, 트라이 캠과 같은 캐밍 너트는 힘을 받으면 회전운동을 하도록 틈새 안에 건다. 가장 먼저 나온 캐밍 너트는 서로 마주보고 있는 면의 길이가 같은 정육각형으로 일정한 크기의 틈새에만 걸 수 있었지만, 블랙 다이아몬드사의 헥센트릭은 마주보고 있는 면의 길이가 서로 달라서 여러 가지 크기의 틈새에 쓸 수 있다. 헥센트릭은 캐밍 각도를 달리할 수 있고 좁은 틈새와 넓은 틈새에 같이 쓸 수 있으며 쐐기 너트로도 걸 수 있다.

반면에 티톤이나 트라이 캠은 그 모양에 맞춰 일정한 크기의 틈새에

트라이 캠의 캐밍 원리

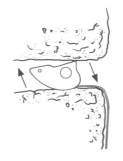

기본 캐밍 원리   캠과 쐐기 작용   틈새에 트라이 캠 걸기

서만 쓸 수 있다. 트라이 캠은 헥센트릭과는 전혀 다른 삼각형 모양이며 쓰이는 범위도 넓다. 트라이 캠을 설치하는 방법은 세로 틈새에서는 캠의 휘어진 면에 있는 홈 사이로 러너를 아래쪽으로 내린 다음 휘어진 꼭짓점(fulcrum)이 바위 면에 닿게 트라이 캠을 세워서 건다.

가로 틈새에 트라이 캠을 걸고 바로 위로 올라갈 때는 꼭짓점을 아래쪽으로 하는 것이 좋고, 옆으로 가로지르거나 비스듬하게 올라갈 때는 꼭짓점을 위쪽으로 하는 것이 더 안전하다. 아래쪽으로 좁아지는 틈새에서는 트라이 캠을 거꾸로 세워서 걸면 쐐기 작용만으로도 튼튼하게 걸린다. 트라이 캠은 작은 구멍이나 나팔 틈새에서도 쓸 수 있는데, 주의할 점은 두 줄의 나란한 캠 레일과 꼭짓점이 모두 바위 면에 닿게 해서 안정되게 걸어야 한다. 또 얼음이 있는 틈새나 얼음과 바위가 섞인 틈새에서도 다른 어떤 확보물보다 튼튼하게 걸 수 있다. 트라이 캠은 틈새가 너무 넓으면 빠질 수 있고 지나치게 꼭 맞으면 오히려 캐밍 작용이 일어나지 않는다.

· 세로 틈새

폭이 일정하고 너무 넓지 않은 세로 틈새에서 캐밍 너트는 훌륭한 확
보물이 된다. 바위와 닿는 면이 가장 넓도록 너트를 걸되 무게가 실리
면 캐밍 작용이 일어날만한 여유가 있어야 한다. 너트가 너무 작으면
너트 모서리만 바위와 닿아서 충격을 받을 때 너트 모서리가 부서질
수도 있고, 너무 헐겁게 걸면 로프 움직임 때문에 빠질 수도 있다. 따라
서 너트가 힘을 받고 있지 않을 때 제 위치를 잡도록 정확히 걸어야 한
다. 틈새가 넓은 세로 틈새에서는 쐐기 너트와 헥센트릭을 겹쳐서 쓸
수도 있다.

세로 틈새에 헥센트릭 걸기

헥센트릭이 너무 작아 캐밍 작용
이 일어나지 않는다.

헥센트릭과 바위가 닿는 면이 가
장 크다.

· 가로 틈새

가로 틈새에서도 캐밍 너트를
쓸 수 있다. 너트 슬링이 아래쪽보
다는 위쪽을 향하도록 걸어야 캐
밍 작용을 일으킬 수 있고, 옆으
로 힘을 받아 너트가 돌아가지 않
도록 조심해야 한다. 틈새 안쪽이

가로 틈새에 헥센트릭 걸기

너무 넓으면 캐밍 작용이 일어나지 않으므로 주의한다.

• 나팔 틈새

나팔 틈새에 헥센트릭을 걸면 바위와 닿는 면이 작기 때문에 불안하고, 트라이 캠은 나팔틈새에서 이따금 쓰기도 하지만, 닿는 면이 작아 빠지지 않도록 꼼꼼하게 걸어야 한다.

• 포켓

깊은 포켓에서는 트라이 캠을 쓸 수 있지만 틈새에 깊이 집어넣어야 로프가 움직여도 빠지지 않는다. 트라이 캠은 포켓에 캐밍 작용 없이 쐐기 모양으로도 걸 수 있다.

스프링이 달린 쐐기 너트

스프링이 달린 쐐기 너트에는 슬라이더, 퀵키, 로큰 롤러, 로울러 등이 있는데, 이런 확보 장비들은 좁은 틈새에서 너트 겹치기 작용을 한다. 크고 작은 두 쐐기가 서로 반대쪽으로 움직이고 스프링이 달린 홀드로 작은 쐐기를 조절한다. 홀드를 당기면 작은 쐐기가 아래로 내려와 좁은 틈새에 맞고, 홀드를 놓으면 작은 쐐기가 위로 올라가 넓은 틈새에 맞는다. 등반자가 떨어져 충격이 전해지면 두 쐐기가 바위에 겹치기 작용을 일으켜 튼튼하게 박힌다. 세로 틈새에서는 쐐기 너트를 설치하는 것보다 한 손으로 스프링이 달린 쐐기 너트를 거는 것이 훨씬 더 쉽다.

보통 와이어로 만든 자루는 부드러워서 가로 틈새에서도 걸기 좋지만 지나치게 꺾이면 작은 쐐기와 연결된 얇은 와이어가 틈새에 물려 제대로 움직이지 않을 수도 있으므로 가로 틈새에 걸 때는 자루가 틈새

스프링이 달린 쐐기 너트의 종류

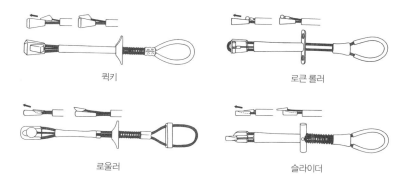

퀵키

로큰 롤러

로울러

슬라이더

모서리에 닿아 지나치게 꺾이지 않도록 한다. 퀵키는 작은 쐐기가 움직이는 방향이 일정해서 나란한 틈새에 알맞고, 로큰 롤러와 로울러는 작은 쐐기가 돌아갈 수 있어 나팔 틈새나 불규칙한 틈새에 잘 걸린다.

스프링이 달린 캐밍 너트

프렌드가 나오면서 자유등반 영역은 끝이 없을 정도로 넓어졌다. 한 손으로 간편하게 걸 수 있고 쓸 수 있는 폭이 아주 크기 때문에 너트만으로는 오르지 못했던 어렵고 힘든 루트도 오를 수 있게 되었다.

캐밍 너트를 걸기 위해서는 모든 캠을 중간 정도 폭으로 조정하여 틈새에 끼우고, 자루는 떨어지는 방향으로 향하도록 한다. 따로따로 움직이는 캠들은 각각 틈새 크기에 맞게 벌어지면서 맞물린다. 그러나 캠들이 지나치게 균형을 잃으면 캐밍 작용이 없어지므로 쌍을 이루는 캠들이 대칭을 이루고 있는가를 살펴봐야 한다.

바위와 접촉하는 캠의 이빨은 그다지 큰 역할을 하지 못하며, 바위를 움켜잡는 힘은 순수한 캐밍 작용으로 물리도록 설계되었다. 따라서 화강암이나 석회암, 얼음, 콘크리트 같이 물리는 면이 매끄럽고 부

스프링이 달린 캐밍 너트(S.L.C.D)걸기

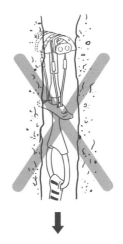

캠이 알맞은 폭으로 벌어져 있고 자루 방향이 힘을 받는 방향과 같아 안전하다.	캠이 지나치게 오므라들어 알맞은 캐밍 작용이 일어나지 않고 빼기 어렵다.	캠이 지나치게 벌어져 알맞은 캐밍 작용이 일어나지 않고 충격이 전해지면 쉽게 빠진다.

드러운가에 관계없이 캠이 움직인다. 또한 스프링이 달린 캐밍 너트 (S.L.C.D) 등을 걸 때는 다음과 같은 점에 유의해야 한다.

• 스프링이 달린 캐밍 너트를 걸 때 유의할 점

① 모든 캠들이 바위와 잘 닿을 수 있는 곳을 고른다.

② 캠이 지나치게 오므라들면 틈새 속에 꽉 끼워져 캐밍 작용이 일어나지 않고 빼기도 어렵기 때문에 한 치수 작은 캐밍 너트를 건다.

③ 캠이 지나치게 벌어져 캠의 양쪽 모서리만 바위에 닿으면 캐밍 작용이 일어나지 않고 떨어질 때 충격 때문에 바위에서 빠질 수 있으므로 더 큰 캐밍 너트를 건다.

④ 캠의 자루 방향이 떨어지는 방향과 같지 않으면 충격 때문에 캠이 돌아가면서 빠질 수 있다.

• 세로 틈새

세로 틈새에서 스프링이 달린 캐밍 너트는 쐐기 너트보다 훨씬 쉽고 빠르게 걸 수 있고 더 안전하다. 캐밍 너트를 올바르게 건다면 충격이 자루 축으로 전해져 큰 강도를 나타낸다. 그러나 충격방향에 비해 자루를 너무 위쪽으로 세워서 걸거나, 틈새 안으로 깊이 집어넣으면 떨어지는 충격으로 캠이 돌면서 틈새에서 빠질 수 있다.

• 가로 틈새

가로 틈새와 비스듬한 틈새에서도 S.L.C.D를 쓸 수 있지만 자루가 부러지지 않도록 주의해야 한다. 곧은 자루가 가로 틈새의 모서리를 벗어나지 않을 정도라면 별다른 위험은 없지만, 틈새가 얕아 자루가 밖으로 빠져나오면 충격이 전해질 때 자루가 틈새 모서리에 부딪쳐 바위가 깨지거나 자루가 부러진다. 이럴 때는 자루가 부드럽게 휘어 힘을 받는 방향에 맞출 수 있는 플렉시블 프렌드를 쓰거나, 자루 끝과 중간에 러너를 연결해 설치하는 방법이 있다. 자루 가운데에 있는 작은 구

가로 틈새에 S.L.C.D 걸기

멍에 코드슬링이나 웨빙을 묶어 자루가 부러지지 않도록 할 수 있는데, 원래 달려 있는 쐐기 러너보다 길이를 조금 짧게 해서 자루보다는 캠에서 직접 힘을 받도록 하고, 원래의 쐐기 러너도 로프에 같이 걸어 안전성을 높인다.

• 나팔 틈새

나팔 틈새에서도 캠이 따로 움직여서 바위 모양에 알맞게 걸리지만 틈새가 너무 많이 벌어졌을 때는 캠이 지나치게 벌어져 로프가 움직일 때 돌면서 빠질 위험이 있다.

• 포켓

모든 캠이 바위와 맞닿을 수 있을 만큼 깊은 포켓에서는 스프링이 달린 캐밍 너트를 쓸 수 있다.

프렌드와 T.C.U를 틈새에 걸었을 때 나타나는 커다란 차이점은 다음과 같다. 프렌드는 흔들리면 틈새 안으로 들어가고 T.C.U는 좌우로 움직이면 캠이 점점 돌아간다.

또한 아래가 넓어지는 틈새에서는 로프의 움직임 때문에 프렌드가 쉽게 빠질 수도 있다. 따라서 등반할 때 로프 움직임으로 전해지는 흔들림을 될 수 있는 대로 줄이기 위해 확보물에 퀵드로나 긴 러너를 연결해서 쓴다.

등반하다 비를 맞은 후 젖은 채 보관하거나 오랫동안 쓰지 않을 때는 확보 기구에 녹이 슬어 캠이 잘 움직이지 않고 쓸 수 없게 된다. 이럴 때는 석유나 휘발유에 담가 녹과 찌꺼기를 닦아낸 다음 자동차용 윤활유나 재봉틀 기름을 쳐준다.

확보물 걸 때 주의할 점

① 바위 모양과 상태를 잘 살핀다.

② 틈새의 크기, 모양, 방향에 따라 어떤 너트를 쓸 것인지 정확하게 판단한다. 판단이 정확할수록 빨리 걸 수 있고, 힘이 빠지거나 떨어질 가능성이 줄어든다.

③ 될 수 있으면 가장 큰 너트는 나중을 생각해서 남겨둔다.

④ 바위 특성과 충격 방향, 그리고 충격 강도를 미리 생각해서 너트를 건다. 걸어놓은 너트가 의심스러울 때는 또 다른 너트를 끼우거나 다른 곳에 건다.

⑤ 너트를 제대로 걸었는지 다시 살펴보고 충격 방향으로 당겨봐서 안전한지 확인한다.

⑥ 로프 움직임 때문에 너트가 빠지지 않도록 한다. 대개 너트와 로프를 러너와 카라비너로 이으면 로프 움직임의 영향을 줄일 수 있다. 더구나 와이어 너트는 로프의 움직임 때문에 쉽게 빠질 수 있으므로 반드시 카라비너와 러너를 걸어 쓴다.

⑦ 대부분의 너트는 한쪽 방향으로만 힘을 받으므로 바깥쪽이나 위쪽으로 충격이 전해져도 빠지지 않도록 건다. 다른 방향으로 충격을 받을 가능성이 있다면 여러 방향으로 힘을 받을 수 있도록 너트를 여러 개 건다.

⑧ 뒤에 올라 올 사람을 생각해서 안전하고 쉽게 뺄 수 있도록 건다.

쐐기 인자

너트에 충격이 전해지면 도끼로 장작을 팰 때 도끼날이 장작을 벌어지게 하는 것처럼 바위를 벌리는 힘이 생긴다. 이렇게 너트가 바위를 벌어지게 하는 힘을 쐐기 인자(wedging factor)라고 하며, 쐐기 인자의

쐐기 인자

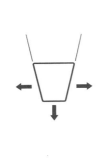  

너트의 경사각과 바위를 벌리는 힘

좁은 너트는 경사각은 작고 바위를 벌리는 힘은 크다.

넓은 너트는 경사각은 크고 바위를 벌리는 힘은 작다.

크기는 너트 면의 각도로 결정된다. 쐐기 각도가 작으면 쐐기 인자는 커져서 바위에 더 많은 힘을 주고, 반대로 쐐기 각도가 크면 쐐기 인자가 작아져서 바위를 벌어지게 하는 힘도 작아진다.

바위와 너트 사이의 마찰력도 쐐기 인자에 영향을 준다. 울퉁불퉁한 바위는 마찰력을 크게 해서 쐐기 인자를 줄이고 진흙이나 식물들은 너트를 미끄럽게 해서 마찰력을 작게 하면서 쐐기 인자를 커지게 한다. 또한 충격이 크면 클수록 쐐기 인자도 커진다.

쐐기 인자가 바위를 벌어지게 하는 힘에 어떤 영향을 미치는지 실제로 예를 들어보자. 쐐기면의 각도가 14.4도인 너트는 너트에 전해지는 충격의 4배 힘으로 틈새를 벌린다. 만일 60킬로그램의 등반자가 이런 너트에 매달린다면 벌어지는 힘은 240킬로그램이 된다. 쐐기면의 각도가 4.5도인 너트의 경우에는 쐐기 인자가 더욱 커져서 충격의 12배가 된다. 따라서 60킬로그램의 등반자가 너트에 매달리면 720킬로그램의 벌어지는 힘이 생긴다.

덧바위에 너트를 걸 때는 쐐기 인자가 더 중요하다. 바위를 벌리는 힘은 덧바위를 바깥쪽으로 밀어내서 다른 확보물들을 느슨하게 만들고 심지어는 바위를 깨뜨리면서 확보 지점을 망가뜨릴 수 있다. 덧바위는 바위와 맞닿는 곳이 벌어지는 힘에 가장 잘 견디므로 바위 끝에 좁은(쐐기 인자가 큰) 너트를 걸기보다는 바위와 맞닿는 가까운 곳에 넓은(쐐기 인자가 작은) 너트를 설치하는 것이 바람직하다. 또한 S.L.C.D 확보 기구는 바위를 벌리는 힘이 아주 커서 덧바위 같은 곳에 걸 때는 주의해야 한다.

볼트

볼트(bolt)는 바위에 구멍을 뚫어 박는 확보물이다. 볼트에 달린 고리에는 카라비너를 걸 수도 있고, 러너를 걸어 로프를 통과시키거나 확보 지점으로 쓴다. 볼트의 안전도는 볼트의 재질과 바위의 단단하고 무른 정도, 볼트를 박는 사람의 기술 같은 여러 가지 요인에 달려 있다. 루트에 이미 박혀 있는 모든 볼트는 항상 조심스럽게 살펴보고, 의심해보는 것이 바람직하다. 볼트가 푸석 바위가 아닌 단단한 바위에 박혀 있는

볼트와 피톤

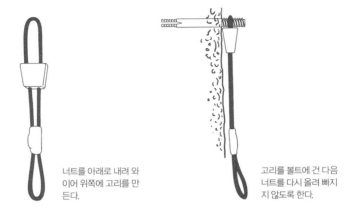

고리가 없는 볼트에 와이어 너트 걸어 쓰기

너트를 아래로 내려 와
이어 위쪽에 고리를 만
든다.

고리를 볼트에 건 다음
너트를 다시 올려 빠지
지 않도록 한다.

지, 고리가 바위 면과 잘 붙어 있는지, 또는 녹슬어서 끊어질 염려는 없
는지, 고리에 금이 가 있지는 않은지 확인한다.

　고리가 없는 볼트에서는 이따금 와이어가 달린 너트를 쓰기도 한다.
너트의 머리 부분을 아래로 조금 내려 위쪽에 만들어진 와이어 고리
를 볼트 머리에 건 다음 볼트에서 빠지지 않도록 너트 머리 부분을 다
시 당겨 올린다. 이 방법은 인공등반에서 등반자가 직접 매달릴 때는
안전하지만 자유등반에서는 로프의 움직임 때문에 너트가 빠질 가능
성이 크므로 급할 때가 아니면 쓰지 않는다. 때로는 고리가 끊어진 볼
트에 가는 코드 슬링을 써서 클로브 히치 매듭을 하거나, 구멍에 코드
슬링을 끼워 넣어 임시 고리를 만들어 쓰기도 한다.

선등

　확보물의 종류와 원리, 설치하는 방법을 알고 있다면 이제는 선등할
준비가 되어 있다. 그러나 테이퍼와 헥센트릭, 프렌드를 구별할 수 있다

는 것과 그 확보물들을 그에 맞는 틈새에 바르게 설치하는 것에는 큰 차이가 있다.

후등자는 위에서 확보를 봐주기 때문에 떨어지는 것에 대한 두려움도 없고 확보물을 걸면서 올라가야 하는 번거로움도 없다. 또한 올라갈 길을 살피고 어디서 피치를 끊어야 할지 고민할 필요도 없다. 그러나 앞장서서 올라갈 때는 스스로 올라갈 길을 찾아야 하고 떨어질 것에 대비해서 확보물을 걸어야 한다. 확보물을 걸 때는 전체 피치를 생각해야 하고, 지금 건 확보물이 등반 전체에 어떤 영향을 미칠 것인지 생각해야 한다. 또한 알맞은 러너를 걸어 로프 끌림을 줄여야 하고 로프가 얼마나 남아 있는지, 어디에서 피치를 끊어야 할지, 후등자가 확보물을 잘 뺄 수 있을지 등의 여러 가지 문제를 생각해야 한다. 이런 기술들을 익히면 바위에서 떨어지는 것을 두려워할 필요가 없다. 확보물을 정확하게 걸고 알맞은 등반기술을 침착하게 쓸 수 있다면, 뒤따라 올라갈 때는 느낄 수 없는 기쁨과 즐거움을 맛보게 될 것이다.

확보물 설치 간격

등반경험이 많지 않은 사람들은 떨어지는 것에 대한 두려움 때문에 안전한 곳에서도 확보물을 걸어 많은 장비와 시간을 헛되게 쓰고, 부드럽게 이어지는 암벽등반의 매력을 잃어버리게 된다. 어떤 사람들은 자신들의 힘이나 담력을 뽐내기 위해 확보물을 걸지 않고 올라가는데, 그들은 중력의 법칙이 무엇인지 모르는 사람들이다. 그러나 올바른 생각을 할 수 있고 정확한 판단을 내릴 수 있는 사람들은 자신의 능력과 루트의 성격, 쓸 수 있는 장비, 필요한 시간, 확보물을 언제 어디에 걸어야 할지 신중하게 결정한다.

확보물을 설치하는 간격이 멀면 떨어지는 거리가 길어지고, 가까우면 필요 이상으로 힘이 들고 시간도 많이 걸린다. 확보물 설치 간격은 루트의 위험성에 따라 다르지만 어려운 곳에서는 2~3미터마다 한 개씩 설치하는 것이 안전하고, 쉬운 곳이라고 해서 확보물 설치하는 일을 소홀히 해서는 안 된다. 가장 좋은 원칙은 불안할 때마다 설치하는 것이다. 그리고 언제 걸어야 하는가에 대한 판단은 확보물의 안전성, 즉 불안하게 걸린 확보물과 확실하게 걸린 확보물에 따라 달라져야 한다.

추락계수와 확보물 간격

선등자가 떨어질 때 받는 힘은 추락계수가 클수록 더 크다. 확보지점과 선등자 사이의 거리가 길수록 로프가 많이 늘어나므로 로프가 짧을 때보다 더 많은 힘을 흡수할 수 있어 추락계수는 작아진다. 따라서 추락계수가 작은 피치의 끝 부분에서는 피치의 시작부분 보다 확보물을 덜 걸면서도 추락계수를 높이지 않고 오를 수 있다.

선등자는 추락계수가 가장 큰 경우를 만들지 않기 위해 등반을 시작하면서 곧바로 가까운 곳에 확보물을 건다. 그 다음부터는 추락계수가 1을 넘지 않도록 로프 길이와 떨어지는 거리를 생각해서 알맞은 간격으로 확보물을 건다. 한 피치를 시작하면서 적어도 10미터를 오르기 전까지는 확보물을 자주 건다. 10미터를 넘어서면 다음 10미터까지 오르는 동안은 추락계수가 1을 넘지 않는다. 피치의 첫 부분에서 떨어지면 선등자와 확보물에 더 많은 힘이 전해지므로 될 수 있으면 확보물을 자주 설치하는 것이 안전하다.

확보물 설치할 곳 고르기

선등하면서 어려운 곳을 만나면 확보물을 설치할 필요를 느낀다. 이럴 때는 안전하지 못한 어려운 곳에서 걸기보다는 바로 아래에 있는 편하고 안전한 곳에서 충분한 여유를 갖고 확보물을 건다. 만일 확보물을 걸만한 좋은 틈새가 없다고 판단되면 다시 내려와서 확보물을 걸고 오르거나, 힘이 빠지기 전에 재빨리 걸어야 한다. 그러나 대개 힘들고 급하게 걸기보다는 더 위쪽에 안전하게 걸 수 있는 곳까지 계속 올라가는 것이 좋다. 안전한 곳에 오르면 확보물을 확실하게 걸고 잠깐 쉬면서 다음 확보물 걸 곳을 미리 봐두고 그곳에 맞을 만한 장비를 찾아둔다. 또한 후등자를 생각해서 빼내기 편한 곳에 확보물을 걸어야 한다.

확보물과 로프 잇기

확보물에 로프를 거는 방법은 간단하지만 아주 중요하다. 확보물과 로프를 잇는 순서는 인공 확보물-퀵드로-로프의 순서나 자연 확보물-러너-퀵드로-로프의 순서로 건다. 자연 확보물에 러너를 쓰는 이유는 로프의 움직임으로 확보물에 나쁜 영향이 미치는 것을 줄여주고 로프가 카라비너를 통과할 때 마찰을 작게 해서 로프 끌림을 줄이기 위한 것이다.

확보물에 로프 걸기

인공 확보물에 로프 걸기

자연 확보물에 로프 걸기

확보물에 카라비너 걸기

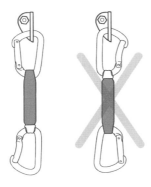

먼저 여닫는 곳을 위쪽으로 잡고 건다.
여닫는 곳을 위쪽으로 두면 로프를 걸
거나 뺄 때 불편하다.
카라비너를 확보물에 건 다음 180도
돌려 여닫는 곳이 아래쪽, 그리고 바깥
쪽으로 향하도록 걸어 놓아야 로프를
걸거나 빼기가 쉽다.

• **카라비너**

　카라비너는 등반에서 꼭 필요한 중요한 연결 장비다. 카라비너의 안
전성은 어떻게 걸려있고 어떤 목적으로 쓰는가에 달려있다. 카라비너
는 보통 여닫는 곳이 아래쪽으로 그리고 바깥쪽으로 향하도록 끼운
다. 그렇게 하면 카라비너가 바위에 닿아도 여닫는 곳이 우연히 열리
지 않고 러너나 로프를 쉽게 걸거나 뺄 수 있다. 더구나 여닫는 곳이 열
린 채 충격을 받으면 카라비너 강도가 약해져 부러질 수도 있다. 카라
비너에 로프를 걸 때는 로프가 진행하는 방향을 생각해서 꼬이지 않
도록 건다.

퀵드로에 로프 걸기

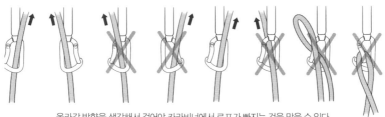

올라갈 방향을 생각해서 걸어야 카라비너에서 로프가 빠지는 것을 막을 수 있다.

알맞은 길이로 러너 걸기

러너 길이가 알맞아 카라비너와 로프가 상하지 않는다.

러너가 짧아 카라비너가 부러질 수 있다.

카라비너와 카라비너를 체인처럼 걸면 로프의 움직임이나 떨어질 때 생기는 충격으로 여닫는 곳이 우연히 열릴 수도 있어 항상 러너를 같이 써야 한다. 더 안전하게 걸어야 할 때는 잠금 카라비너를 쓰거나 카라비너 두 개를 여닫는 곳이 서로 반대가 되도록 해서 건다. 확보물에 러너를 직접 걸기보다는 카라비너로 건 다음에 거는 것이 좋다. 더구나 와이어가 달린 너트에 러너를 걸 때는 와이어가 러너를 끊을 수도 있어서 반드시 카라비너를 건 다음에 러너를 걸어야 한다. 어쩔 수 없을 때는 러너를 겹쳐 걸기도 하지만, 절대로 거스 히치 방법으로 걸어서는 안 된다.

볼트나 피톤 같은 확보물에 카라비너를 직접 걸 때는 여닫는 곳을 바깥쪽으로 향하도록 건다. 그 이유는 특정한 방향으로 떨어질 때 카라비너가 빠질 위험이 있기 때문이다. 볼트나 피톤 같은 고정 확보물을 잘못 박아두면 카라비너가 부러질 수 있다. 이럴 때는 러너를 써서 카라비너를 보호해야 한다.

자연 확보물인 나무, 모난 바위, 쐐기돌 같은 것에 러너를 둘러 확보

지점으로 쓸 때는 러너의 길이가 충분히 긴 것이 좋다. 어쩔 수 없이 짧은 러너를 걸어야 한다면 무게가 카라비너의 여닫는 곳이나 옆으로 걸리지 않도록 해야 한다. 따라서 러너에 카라비너를 더 걸거나, 좀더 긴 러너를 써서 거스 히치 매듭으로 걸어 두는 것이 안전하다. 러너가 모자랄 때는 너트에 묶여진 너트 슬링도 유용하게 쓸 수 있다.

퀵드로에 걸려있는 카라비너에 로프를 걸기 위해서는 많은 연습을 해야 한다. 어려운 루트에서 한 손으로 바위에 매달린 채 다른 한 손만으로 로프를 걸기 위해서는 지구력과 순발력, 그리고 카라비너에 로프를 거는 요령이 필요하다. 조급한 마음으로 서두르다 보면 카라비너에 걸지도 못하고 로프가 늘어진 채 떨어질 수 있다.

대개 퀵드로 한쪽에는 카라비너를 잡아두기 위한 고무줄이 있는데, 이는 어려운 곳에서 카라비너에 로프를 걸 때 카라비너가 돌아가지 않도록 잡아주는 역할을 한다. 따라서 로프를 빠르게 걸 수 있도록 고무줄로 묶여진 카라비너를 아래쪽으로 걸고 한 손으로 카라비너와 로프를 같이 잡고 로프를 걸어야 한다.

카라비너의 여닫는 곳이 왼쪽으로 걸려 있을 때는 가운데 손가락으로 카라비너를 잡아 움직이지 않도록 하고, 엄지와 검지로 여닫는 곳을 누르면서 건다. 반대로 여닫는 곳이 오른쪽으로 걸려 있을 때는 엄

카라비너에 로프 걸기

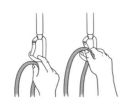

여닫는 곳이 왼쪽에 있을 때 로프 거는 방법

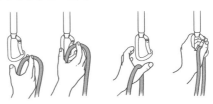

여닫는 곳이 오른쪽에 있을 때 로프 거는 방법

194   암벽등반

지로 카라비너를 잡고서 검지와 중지로 잡고 있던 로프를 여닫는 곳으로 밀어 넣는다. 이 방법은 왼손으로 바위에 매달린 채 오른손으로 로프를 거는 방법이고, 왼손으로 로프를 걸기 위해서는 앞에서 설명한 방법과 반대로 한다.

• 러너

등반할 때 쓰는 러너에는 매듭을 해서 쓰는 것과 박음질한 것을 쓰는 것 두 가지가 있다. 박음질한 러너는 강하고 가볍고 산뜻한 느낌을 주면서 등반할 때마다 살펴보고 묶을 필요가 없지만 장비에 직접 매듭해서 걸어야 할 때 풀어서 다시 묶을 수 없다. 반면에 매듭을 해서 쓰는 러너는 값이 싸고 카라비너를 쓰지 않고도 직접 확보물에 묶을 수 있지만 산뜻하지 못하고 매듭한 곳을 자주 살펴봐야 한다.

퀵드로를 쓸 때는 확보물에 거는 카라비너를 여닫는 곳이 바위 쪽으로 향하도록 해서 후등자가 회수하기 쉽도록 한다. 로프에 거는 아래쪽 카라비너는 여닫는 곳을 바깥쪽으로 향하게 해서 로프를 걸거나 빼기 쉽게 하고 떨어질 때 여닫는 곳이 홀드에 눌려 열린 채 있거나 로프가 빠지지 않도록 한다.

확보물에 러너를 설치하는 방법에는 여러 가지가 있다. 러너 매듭을 푼 다음 확보물에 직접 묶는 방법과 러너를 거스 히치로 거는 방법, 확보물에 두르는 방법 그리고 충격을 흩어지게 하는 방법도 있다. 이렇게 설치하는 방법에 따라 장단점과 쓰는 곳이 조금씩 다른데, 확보물에 바로 매듭해서 묶는 방법은 등반 중에는 거의 쓸 수가 없다. 그 이유는 매듭을 하기 위해서는 두 손을 다 써야 하고 그러기 위해서는 서 있는 곳이 넓고 안전해야 하기 때문이다. 따라서 러너를 매듭해서 묶어두는 방법은 안전한 확보지점에 러너를 묶어둘 때 가장 많이 쓴다.

러너를 거스 히치로 걸거나 확보물에 두르는 방법은 언제 어디서나 쉽고 빠르게 할 수 있는데, 거스 히치로 러너를 걸면 힘을 받고 있을 때 러너가 조여져 나무와 모난 바위, 쐐기돌처럼 움직이지 않는 확보물에 걸 때 많이 쓴다.

러너를 확보물에 둘러서 카라비너로 설치하는 방법은 러너가 서로 걸쳐지는 곳이 없어서 거스 히치로 거는 방법보다 더 안전하지만 모난 바위나 쐐기돌처럼 러너를 조여서 걸어야 하는 곳에서는 러너가 쉽게 움직여 빠질 수도 있다. 더구나 나무에 러너를 둘러 선등자 확보를 볼 때는 나무 밑동에 걸었던 러너가 나뭇가지로 올라와 위험할 수도 있다. 또한 러너에 걸었던 카라비너를 빼면 러너가 묶여져 있는 고리가 없어 초보자가 잘 모르고 러너에만 자기 확보를 했을 때 사고가 날 우려도 있다. 따라서 이 방법은 충격이 많이 올 수 있는 확보지점에만 안전하게 걸어서 써야 하고 러너에 걸어놓은 카라비너를 잠금 카라비너 같은 것을 사용하여 쉽게 뺄 수 없도록 해야 한다.

로프 끌림 줄이기

선등자와 확보자 사이에 있는 로프가 중간 확보물 때문에 많이 꺾이면 카라비너와 로프 사이의 마찰력 때문에 로프 흐름이 순조롭지 못해서 선등자는 마치 아래로 당겨지는 듯한 느낌을 받는다.

로프 끌림은 여러 가지 문제를 일으킨다. 선등자의 움직임을 방해하고, 균형을 잃게 할 수도 있으며, 로프를 끌어올리는 일을 어렵게 만들기도 한다. 또한 마찰력이 커져 선등자가 떨어질 때 맨 위에 걸어둔 확보물에 전달하는 충격을 크게 한다.

선등자는 확보물을 설치하는 기술뿐만 아니라 떨어질 때 생기는 충격과 충격 방향이 확보물 전체에 미치는 영향을 미리 짐작해야 한다.

사람들은 대개 다음 확보물을 설치하는 데만 신경을 써서 전체 등반이 확보물에 어떤 영향을 미치게 될지는 생각하지 않는다. 지금 걸어놓은 확보물은 튼튼하고 안전하게 보일지 모른다. 그러나 전혀 생각지 못한 방향으로 충격을 받아 확보물이 제 역할을 못할 수도 있다. 이런 것을 미리 짐작해서 확보물을 설치하는 것이 선등자의 책임이고 등반능력이다.

선등자가 떨어지면 맨 위에 걸어둔 확보물은 떨어지는 충격과 확보자가 떨어지는 등반자를 멈추기 위해서 잡아당기는 두 가지 힘을 받는다. 선등자가 떨어질 때 가장 위에 걸어둔 확보물이 약하면 그 충격으

로프 끌림

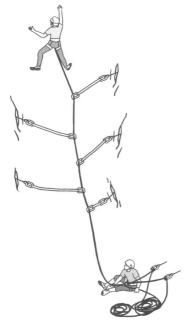

확보물과 로프 사이에 긴 러너를 걸어
로프를 직선에 가깝도록 한다.

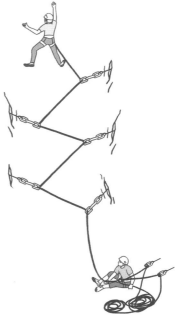

로프가 지그재그로 꺾여 로프 끌림이
심하다.

선등자가 떨어질 때 확보물에 전해지는 충격 방향

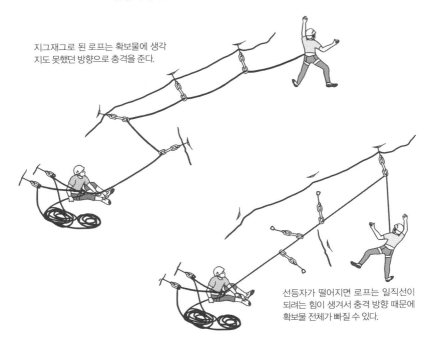

지그재그로 된 로프는 확보물에 생각
지도 못했던 방향으로 충격을 준다.

선등자가 떨어지면 로프는 일직선이
되려는 힘이 생겨서 충격 방향 때문에
확보물 전체가 빠질 수 있다.

로 확보물이 빠지는데, 이때는 바로 아래에 있는 확보물을 믿을 수밖에
없다. 그러나 지그재그로 걸려있는 확보물에서는 생각지도 못했던 충
격 방향 때문에 확보물들이 돌아가고 어느 것도 믿을 수 없게 된다. 따
라서 로프의 움직임을 부드럽게 하고 확보물들을 안전하게 걸어두기
위해서는 긴 러너를 써서 될 수 있으면 로프가 꺾이는 것을 줄이거나
올라가는 방향이 바뀌는 곳에서 피치를 끊는다. 긴 러너를 걸면 로프
가 직선으로 있을 수 있지만 선등자가 떨어지는 거리가 길어져 위험할
수도 있다. 따라서 이럴 때는 로프 끌림으로 생기는 위험과 긴 러너를
걸었을 때 생기는 위험을 따져봐서 어느 정도의 로프 끌림은 그냥 두어
야 한다.

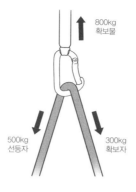

선등자가 떨어질 때 가장 위에 걸려있는 확보물이 받는 힘

지퍼 효과

　확보물을 걸 때 생각해야 할 또 다른 문제는 등반자가 떨어질 때 생기는 충격으로 로프가 당겨지면서 확보물에 영향을 주는 방향이다. 확보자가 바위에서 멀리 떨어진 채 확보를 볼 때 선등자가 떨어지면 확보자와 첫 번째 확보물 사이에서 로프가 직선을 이루며 갑자기 팽팽해진다.

　이렇게 팽팽해진 로프는 첫 번째 확보물을 바깥쪽으로 당기려는 힘을 만들고 틈새에 걸려있는 확보물이 돌면서 빠질 수 있다. 또한 첫 번째 확보물이 빠지면서 로프는 확보자와 두 번째 확보물 사이에 당기는 힘을 만들어 계속해서 그 위에 걸어둔 확보물들을 차례로 뽑아버리는데, 이런 현상을 지퍼 효과(zipper effect)라고 한다. 지퍼 효과는 등반 중에 만나는 하늘벽이나 옆으로 가로지르는 루트에서도 일어날 수 있다.

　지퍼 효과를 막기 위해서는 자연확보물이나 볼트, 피톤 같이 충격 방향에 영향을 받지 않는 확보물을 쓰는 것이 가장 좋다. 그러나 루트에 확보물이 원하는 곳마다 있는 것은 아니다. 따라서 틈새에 확보물을 걸 때는 오르는 루트와 나란하도록 확보물 두 개를 서로 반대 방향으로 같이 설치하는데, 하나는 떨어지는 등반자를 잡아줄 수 있도록

지퍼 효과

확보자가 바위에서 멀리 떨어진 채 확보를 볼 때 선등자가 떨어지면 그 충격 때문에 첫 번째 확보물이 빠지고, 계속해서 그 위에 걸어둔 확보물들이 차례로 빠질 수 있다.

아래로 힘을 받는 확보물을 걸고, 다른 하나는 로프가 당겨지면서 지퍼 효과가 생길 때 확보물들을 보호할 수 있도록 위로 힘을 받는 확보물을 걸어 두 확보물을 러너 하나로 모아 로프에 걸어두면 지퍼 효과를 막을 수 있다.

하늘벽이나 로프가 많이 꺾이는 곳에서도 이와 같은 방법으로 확보물 두 개를 같이 걸어두면 안전하다. 더 확실한 방법은 피치가 시작되는 곳 바로 아래에서 바위 쪽에 바짝 붙어 확보를 보면 지퍼 효과를 막을 수 있지만 떨어지는 돌이나 장비에 맞을 위험도 있고 선등자가 오르는 모습을 살피기 어렵다. 따라서 등반을 시작하기 전에 쐐기 너트나 캐밍 너트를 등반 시작하는 곳에 거꾸로 걸거나, 틈새에 확보물 두 개를 반대 방향으로 걸어 로프를 걸어두면 지퍼 효과를 막을 수 있다.

특별한 곳에서 확보물 설치

하늘벽에 확보물을 걸 때도 앞에서 설명한 것과 같이 확보물을 걸었을 때의 결과를 여러 가지로 따져봐서 걸어야 한다. 로프가 하늘벽 턱 부분에 걸리면 강한 끌림 현상이 생기고 선등자가 떨어질 때 날카로운 바위 모서리 때문에 로프가 끊어질 수 있다. 따라서 하늘벽 아래에 확보물을 걸 때는 긴 러너를 걸어 로프가 꺾이지 않도록 하고, 짧은 하늘벽에서는 확보물을 하늘벽 위에 걸기도 한다.

선등자는 어려운 곳을 오르기 전과 오른 다음에 확보물을 걸어 자신뿐만 아니라 후등자까지 안전하게 오를 수 있도록 마음을 써야 한다. 더구나 후등자가 시계추처럼 옆으로 가로지르면서 떨어질 위험이 있는 곳에는 확보물을 더 자주 걸어야 한다. 시계추처럼 옆으로 처박히면서 떨어질 때는 다칠 위험뿐만 아니라 올라가야할 길을 벗어나 다시 돌

하늘벽 아래에 확보물 걸기

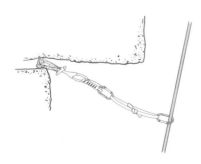

러너를 길게 걸면 로프가 부드럽게 움직인다.

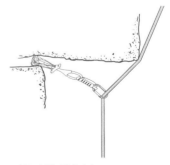

로프가 하늘벽에 걸려 로프 끌림이 많이 생기고, 선등자가 떨어질 때 날카로운 바위 모서리 때문에 로프가 끊어질 수도 있다.

옆으로 가로지르기를 할 때 확보물 걸기

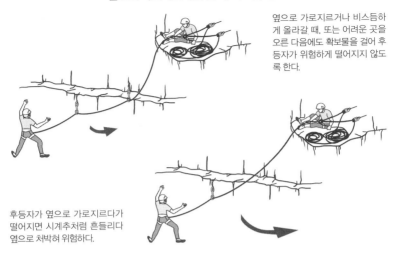

옆으로 가로지르거나 비스듬하
게 올라갈 때, 또는 어려운 곳을
오른 다음에도 확보물을 걸어 후
등자가 위험하게 떨어지지 않도
록 한다.

후등자가 옆으로 가로지르다가
떨어지면 시계추처럼 흔들리다
옆으로 처박혀 위험하다.

아오기 어려울 수도 있다. 따라서 옆으로 가로지르는 곳이나 비스듬하
게 올라가는 루트를 선등할 때는 후등자의 처지에 서 확보물이 후등자
에게 미칠 영향을 따져보고 걸어야 한다.

　여러 방향으로 확보물 설치

　확보물 두 개를 걸어서 서로 연결하면 확보물 한 개만 걸었을 때보다
훨씬 안전하다. 이런 기술은 보통 여러 방향으로 전해오는 충격을 이겨
낼 수 있도록 확보물을 서로 반대 방향으로 설치하는 방법과, 두 개의
확보물에 충격을 흩어놓을 때 쓰는 충격 나누기 방법이 있다.

　대개 너트 확보물은 아래 방향으로만 힘을 받도록 설치하여 오직 한
방향에 대해서만 충격을 견딜 수 있다. 보통 등반자는 아래로 떨어지기
때문에 특별한 문제는 없다. 그러나 이따금 너트가 위쪽이나 옆으로
당겨질 때가 있는데, 확보물이나 확보물 위에서 루트의 방향이 바뀔 때

로프가 꺾이면서 너트를 틈새 위쪽이나 바깥쪽으로 당기기 때문이다. 어떤 때는 위쪽에 있는 너트에 충격이 가면서 아래쪽의 너트를 위쪽이나 바깥쪽으로 당기기도 한다.

이런 문제를 없애기 위해서 필요한 것이 아래, 위, 또는 바깥쪽의 어느 방향으로 당겨지든 간에 견딜 수 있는 여러 방향 확보물을 설치하는 것이다. 가장 확실한 방법은 큰 나무, 바위 구멍, 볼트, 피톤 같은 여러 방향 확보물을 쓰는 것이다. 주위에 이런 확보물이 없을 때는 틈새에 확보물 두 개를 서로 반대 방향으로 걸어서 생각지도 못한 방향으로 전해지는 충격에 견딜 수 있도록 해야 한다. 이 방법은 쐐기 너트를 걸 때 많이 쓴다.

여러 방향 확보물은 세로 틈새에서 불안전하게 걸린 너트를 더 안전하게 하거나, 지퍼 효과를 막기 위해서 첫 번째 확보물을 걸 때 자주 쓴다. 먼저 아래쪽으로 힘을 받도록 틈새에 너트 하나를 걸고, 그 아래에 또 다른 너트를 위쪽으로 힘을 받도록 건다. 너트 슬링 하나하나에 카라비너를 걸고 긴 러너를 아래쪽에 걸린 카라비너에 건 다음, 그 러너를 위쪽 카라비너에 클로브 히치나 하프 클로브 히치 매듭을 해서 두 너트를 팽팽하게 당겨지도록 러너를 묶는다. 이렇게 하면 두 너트 사이에 당기는 힘이 생겨 서로를 잡아준다. 이 방법은 특히 아래쪽 너트가 빠지는 것을 막아준다. 그런 다음에 남아있는 긴 러너에 카라비너를 걸어 너트 연결 방향과 나란하게 로프를 건다.

또 다른 방법은 두 너트를 이을 때 러너를 묶지 않고 위쪽 카라비너에 걸쳐놓는 방법인데 앞의 방법보다 두 가지 단점이 있으므로 될 수 있으면 하지 않는 것이 좋다. 첫 번째 단점은 위쪽 너트에 두 배의 힘이 간다는 것이다. 그 이유는 위쪽의 너트에 러너를 묶지 않아서 러너가 자유롭게 움직여서 도르래와 같은 역할을 하기 때문이다. 두 번째 단점

세로 틈새에 여러 방향 확보물 걸기

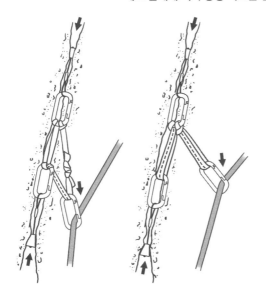

긴 러너로 카라비너 양쪽에 클로브 히치 매듭을 해서 너트를 팽팽하게 묶는다.

긴 러너를 아래쪽 카라비너에 건 다음, 위쪽 카라비너에 클로브 히치 또는 하프 클로브 히치 매듭을 해서 너트를 팽팽하게 묶는다.

짧은 러너 두 개를 써서 하나는 너트 두 개를 팽팽하게 당겨 묶고, 다른 하나는 위쪽 카라비너에 걸어 로프를 통과시킨다.

긴 러너로 아래쪽 카라비너에 건 다음 위쪽 카라비너에 옭매듭을 해서 너트를 팽팽하게 묶는다.

은 아래쪽에 있는 너트가 힘없이 빠질 수 있다는 것이다. 이것은 아래쪽 확보물이 단단히 걸렸거나 로프에 당기는 힘이 있을 때는 틈새에 걸려 있지만, 그렇지 않을 때는 쉽게 빠져버린다.

가로 틈새에서 쐐기 너트가 빠질 가능성이 있다면 너트 두 개를 서로 당겨지도록 반대로 걸어야 한다. 이렇게 하면 충격을 받았을 때 너트들이 바깥쪽, 아래쪽으로 당겨지면서 틈새에서 빠져나오지 않고 충격을 견디는 힘이 생긴다. 먼저 너트 두 개를 바깥쪽과 아래쪽의 충격에 견딜 수 있도록 틈새에 안전한 각도로 걸어야 하는데, 어느 하나라도 충격을 견딜 수 없다면 실패할 수 있다.

너트를 러너로 잇는 방법에는 두 가지가 있다. 한 가지 방법은 긴 러너를 한 쪽 너트 슬링에 있는 카라비너에 걸고 다른 쪽 러너의 카라비너에 긴 러너를 걸친 다음, 긴 러너 끝에 또 다른 카라비너를 걸어 로프를 건다. 너트 머리 부분이 틈새 안으로 들어가서 어느 정도 바깥쪽 방향으로 각도를 이루고 있는지 확인한다. 만일 그렇지 못하다면 충격을 받을 때 너트가 돌면서 틈새 밖으로 빠져나올 수 있다. 또 다른 방법은 너트 두 개를 카라비너 하나로 연결하는 것이다.

어떤 방법을 쓰든지 두 가지 중요한 점을 기억해야 한다. 첫째, 두 개의 너트는 대체로 마주보아야 하지만 너트를 틈새 안쪽으로 집어넣어서 어느 정도 틈새 바깥으로 힘을 받도록 각도를 준다. 적어도 너트 하나는 바깥쪽과 아래쪽의 충격에 견딜 수 있어야 빠지지 않는다. 둘째, 너트 슬링 사이의 각도를 될 수 있으면 작게 해야 한다. 두 너트가 서로 연결되어 충격을 받을 때는 러너 사이의 각도가 힘을 결정한다. 각도가 클수록 너트는 더 많은 충격을 받고 확보물이 빠지거나 러너가 끊어져서 확보에 실패하기 쉽다. 따라서 러너 각도는 반드시 90도를 넘지 않도록 걸어야 하고 45도 정도가 가장 좋다. 너트 슬링이나 와이어에 긴 러너를 더 걸면 각도가 작아져서 떨어질 때 너트에 전해지는 힘을 줄일 수 있다.

충격 나누기

큰 충격이 올 수 있거나 확보물이 의심스럽다면 선등자는 확보물 두 개를 서로 가깝게 걸도록 한다. 이렇게 하면 위쪽의 확보물이 빠지더라도 아래쪽 확보물이 떨어지는 선등자를 잡아준다. 또 다른 방법은 확보물 두 개를 긴 러너를 써서 균등 연결법으로 연결해 충격을 두 확보물에 흩어지게 하는 것이다.

확보물 두 개를 균등 연결법으로 설치하는 방법은 한 손으로도 할 수 있는데, 긴 러너 하나로 충격을 확보물에 골고루 나눌 수 있도록 걸어야 한다. 너트마다 카라비너 하나씩을 걸고 그 카라비너에 긴 러너를

충격 나누기 방법

확보물 사이에 걸린 러너 가운데를 한 번 꼬아서 카라비너를 걸어야 충격이 각 확보물로 고르게 나눠진다.

확보물 사이 러너 두 줄에 카라비너를 같이 걸면 어느 한쪽이 빠지면 확보에 실패한다.

걸어 카라비너 사이에 있는 러너 한 쪽을 180도 꼬아서 고리를 만든 다음, 그 고리와 아래쪽 러너에 또 다른 카라비너를 걸어 로프를 통과시킨다.

로프에 충격이 오면 러너에 걸린 카라비너가 충격 방향에 맞추어 움직이면서 확보물마다 고른 힘을 받도록 러너가 저절로 움직여서 충격을 흩어지게 한다. 주의해야 할 것은 카라비너가 꼬인 러너의 한쪽 고리에서 다른 쪽 고리로 움직이도록 걸어야 한다. 만일 러너 한쪽을 꼬아서 걸지 않고 단순히 카라비너를 러너에 두 줄을 같이 건다면 어느 한 쪽 확보물이라도 바위에서 빠졌을 때 확보물이 카라비너 사이로 빠져 나오면서 확보에 실패하게 된다.

필요한 장비 갖추기

지금까지는 암벽을 앞장서서 오르는 데 필요한 확보물의 종류와 확보물을 설치하는 방법을 배웠다. 그러나 실제로 등반을 하기 위해서는 어떤 종류의 장비들을 얼마나 갖추어야 할 것인지 판단을 하기가 어렵다. 이따금 가본 산이나 잘 알려진 곳을 올라갈 생각이라면 문제는 간단하다. 안내 책자와 다른 사람들의 도움말을 들어 암벽의 모양, 틈새의 크기, 루트에 박혀 있는 확보물 수, 올라갈 피치의 길이, 어려운 정도 등 여러 가지 조건에 따라 필요한 장비를 갖추면 된다.

그러나 그런 정보를 얻기 어려운 곳을 처음 오른다거나 여러 날 동안 머물면서 루트를 오른다면 문제는 다르다. 장비를 너무 많이 갖고 다니면 성가시고 필요 이상으로 힘들어진다. 또한 장비를 너무 적게 갖고 다니면 등반을 할 수 없거나 확보물 없이 오르는 위험한 행동을 하게 된다.

보통 선등자는 너트 한 꾸러미와, 카라비너, 러너들을 항상 갖추고 있어야 한다. 어떤 종류의 장비를 얼마나 갖추어야 하는가에 대한 해답은 없지만 몇 가지 생각해야 할 것이 있다. 먼저 등반에 필요한 너트의 크기를 정확히 알기는 어려우므로 여러 가지 크기와 모양, 그리고 쓰는 범위가 큰 너트 한 꾸러미를 준비한다. 카라비너는 대개 확보물 한 군데 마다 적어도 두 개의 카라비너를 써야 하고, 떨어질 때 여닫는 곳이 우연히 열릴 수 있는 곳이나 더 안전하게 해야 할 곳을 생각해서 잠금 카라비너와 여분의 카라비너를 준비한다.

러너는 세 가지 길이를 준비하는데, 짧은 것(퀵드로), 중간 것(보통 쓰는 러너), 긴 것(나무에 두르거나 균등 연결법으로 걸 때 사용하는 긴 러너)들이 여러 개 필요하다. 확보물마다 보통 러너를 하나씩 설치하는 데, 로프를 직선으로 만들기 위해서는 알맞은 러너를 골라서 걸어야 한다. 그리고 피치를 시작하는 곳과 끝나는 곳에서 확보 보기 위해서 긴 러너와 미리 생각하지 못했던 확보물에 설치하기 위해서 남겨 놓을 러너가 필요하다. 후등자는 등반을 하면서 선등자가 걸어둔 확보물을 회수해

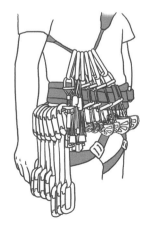

야 하는데, 너트를 빼기 어려울 때가 있다. 이럴 때를 생각해서 후등자는 너트 회수기를 갖고 다니는 것이 좋다.

등반자는 너트, 카라비너, 러너, 너트 회수기 말고도 확보기구, 분통, 장비걸이 그리고 떨어지거나 위급한 때를 생각해서 로프에 매듭을 할 수 있는 코드 슬링을 갖고 다니는 것이 바람직하다. 또한 세 명 이상 등반할 때는 마지막 후등자가 올라오기 전에 선등자가 다음 피치 등반을 시작할 때도 있어서 아래 피치에 썼던 장비를 넘겨받지 못할 때가 있다. 따라서 여러 사람이 같이 등반할 때는 적어도 두 피치에 장비를 걸어둘 수 있을 정도로 장비를 충분히 준비해야 한다.

일단 갖고 올라갈 등반 장비를 골랐으면 등반할 때 쉽게 쓸 수 있도록 장비 걸이나 안전벨트에 가지런히 걸어서 갖고 다녀야 한다. 자주 쓰는 확보물은 어깨에서 한쪽 팔 아래로 두를 수 있는 러너나 장비 걸

등반 장비 갖고 다니는 방법

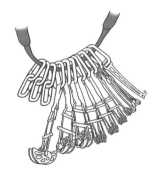

긴 러너를 연결 고리 모양으로 만들기

옮매듭을 한다.   뜨개질 하듯이 러너를 계속 맨다.   마지막 고리에 카라비너를 건다.

이에 걸어두면 편하다.

퀵드로에는 양쪽에 일반 카라비너를 걸어서 쓰는데, 여닫는 곳이 서로 반대쪽으로 있도록 걸고 고무줄이 달려 있는 쪽을 아래로 늘어지게 해야 확보물에 퀵드로를 걸 때 고무줄이 있는 쪽 카라비너가 아래쪽에 있게 되고 로프를 걸기 쉽다.

어깨에 두를 수 없을 정도로 짧은 러너는 안전벨트에 달려있는 장비걸이 뒤쪽에 거스 히치로 걸어놓고 어깨에 두를 수 있는 러너들은 한데 모아서 장비걸이와 반대로 비스듬하게 어깨에 두른다. 이때 장비걸이나 배낭을 먼저 멘 다음에 러너를 어깨에 둘러야 등반하면서 한 손으로 러너를 빼서 쓸 수 있다.

나무에 두르거나 균등 연결법으로 쓸 러너는 너무 길어서 그냥 갖고 다니기는 불편하므로 두 줄로 겹쳐서 어깨에 두르거나 카라비너로 러너의 두 끝을 걸어서 어깨에 두른다. 이때 주의할 점은 카라비너로 걸기 전에 러너를 한번 꼬아서 러너가 벗겨지더라도 카라비너가 빠지지 않도록 해야 한다. 이런 방법으로 러너를 쓸 때는 카라비너를 러너 한쪽 끝에서 빼서 당기면 된다. 긴 러너를 갖고 다니는 또 다른 방법은 긴 러너 한쪽 끝에 옮매듭으로 고리를 만든 다음, 고리에 뜨개질을 하듯이 러너를 얽히도록 만들면 된다.

2부
스포츠클라이밍

제7장

훈련 개요

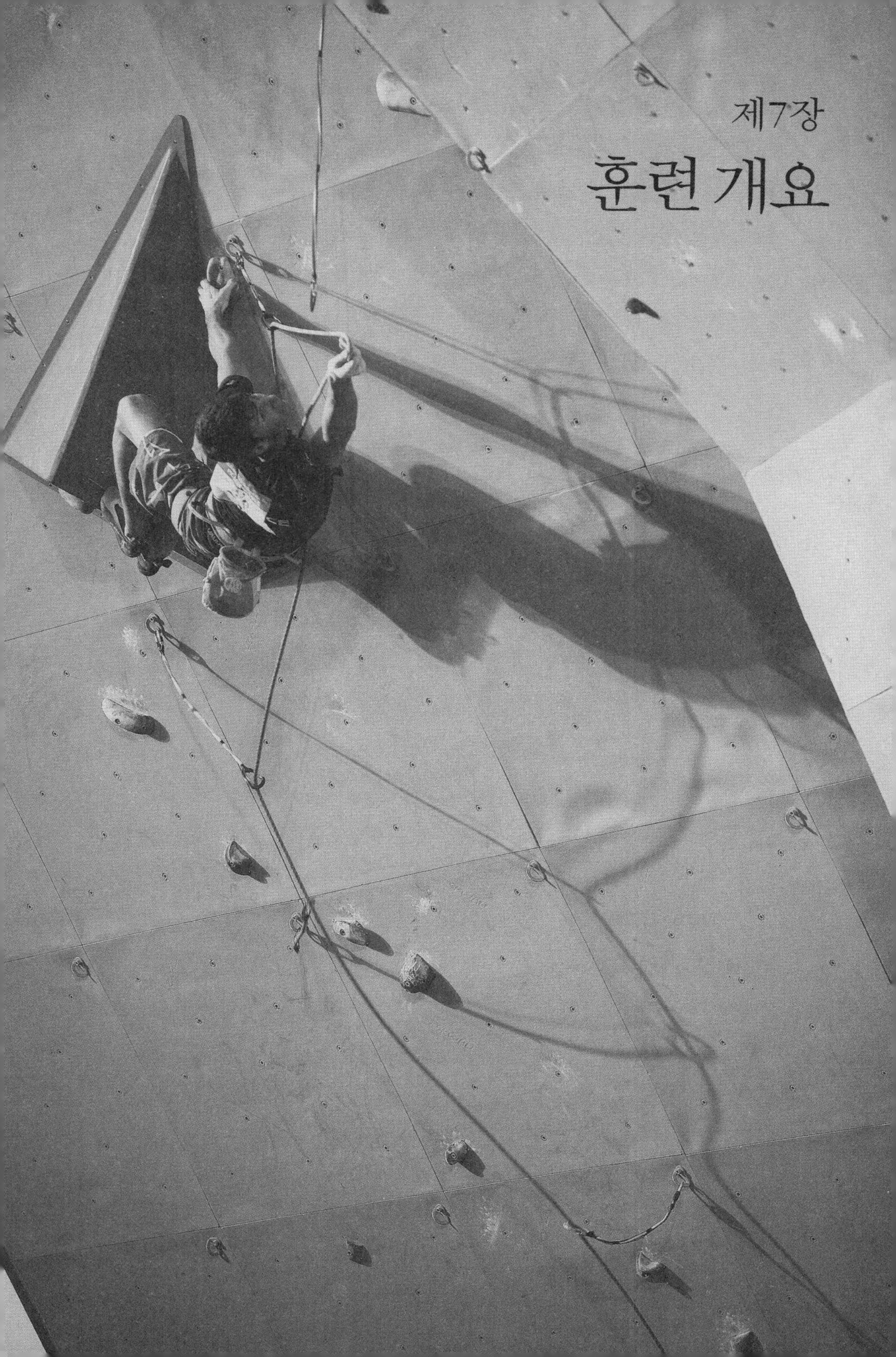

암벽등반이란 수평의 세계에서 행하는 일상적 등반에 비해 수직의 세계
를 추구하는 대단히 독특한 등반이다. 수직에서의 행위에는 근력, 파워,
지구력 같은 신체적 능력이 요구된다. 또한 다양한 방법으로 홀드를 잡고
딛으면서 균형감과 유연성이 필요한 기술이다. 그리고 정신적으로 추락
에 대한 위험과 스트레스 때문에 집중력, 긴장과 불안, 공포감 등을 섬세
하게 조절할 필요도 있다. 따라서 암벽등반은 정신적, 기술적, 신체적 능
력이 균형을 이루어야 한다는 점에서 매우 특별한 스포츠다.

훈련이란 무엇인가?

훈련은 보통 문제풀이를 하고 파워를 기르는 볼더링 기술과 근력을 향상하는 실내암장 등반, 정신력과 육체적 기술을 향상할 수 있는 자연암벽 등반 등이 있다. 또한 훈련에는 부상 방지와 유연성을 위한 스트레칭, 회복을 촉진하고 체지방을 낮게 유지하기 위한 적절한 식사, 나쁜 습관을 버리기 위한 이미지 트레이닝, 집중적인 사고력 기르기, 훈련 결과를 최적화하고 부상을 방지하기 위한 충분한 휴식, 자신의 몸에 귀 기울이기 그리고 현재 자신의 강점과 약점을 알아내기 위해 정기적으로 자신을 평가하는 일 등의 보조적인 등반도 포함된다. 이들 수많은 훈련을 몇 가지 형태로 구별해보면 정신력 훈련, 기술적 숙달, 신체적인 근력 훈련, 훈련 외적인 것들로 나눌 수 있다.

정신력 훈련은 등반에 긍정적인 영향을 끼치도록 생각을 조절하고 훈련하는 등반이다. 최상급 클라이머들은 하루 내내 정신적으로 훈련하기도 한다. 그들은 등반에 영향을 줄 수 있는 것들에 사고를 집중하며, 등반을 방해할만한 생각과 습관들을 없애려고 노력한다.

기술적 훈련은 등반행위 자체보다는 기술과 전략을 배우고 다듬는 것을 의미한다. 야구, 농구, 축구 선수들이 경기 외에 기술을 연습하는 데 많은 시간을 보내는 것과 마찬가지로 클라이머도 기술을 향상하기 위해 많이 연습해야 한다.

근력 훈련은 신체적 능력을 향상하기 위한 등반이다. 여기에는 달리기, 스트레칭, 가벼운 하중 훈련 등이 포함된다. 또한 등반행위를 향상하거나 부상 예방에 도움이 되는 다른 훈련들도 근력 훈련에 포함된다. 마지막으로 등반과 훈련 이외에도 휴식과 영양, 회복 촉진과 같은 훈련 외적인 것들도 중요한 역할을 한다.

기술과 신체 적응력 사이의 관계

각각의 훈련은 서로 영향을 미치게 된다. 특히 기술 연습과 근력 훈련의 경우에는 특히 그렇다. 예를 들어 초급자의 경우, 신체 적응력이 낮은 수준이면 기술을 습득하는 데 시간이 오래 걸릴 수 있다. 또한 동작 및 몸자세 등의 기본 기술을 익히기 위해서는 일정 수준의 근력이 필요하기도 하다. 반대로 초급자가 너무 많은 근력을 갖고 있는 경우 비효율적인 동작, 나쁜 발 쓰기, 부적절한 몸 자세만으로도 중간 수준의 루트까지 등반할 수 있을 것이다. 하지만 이렇게 되면 좋은 기술을 배우는 것이 오래 걸리거나 방해받을 것이다. 힘센 사람은 루트를 어떻게든 끝내려고 하지 말고 먼저 좋은 기술을 배우려고 노력해야 한다.

사람들은 자신의 재능을 부적절하게 계발하기 때문에 문제가 더 커진다. 힘센 사람은 근력 훈련을 가장 좋아하며, 유연한 사람은 스트레칭을, 기술이 좋은 사람은 등반을 많이 하려고 한다. 물론 자신 없는 부분에서 지루하게 운동하는 것은 재미없는 일이며 때로는 실망스럽기도 하다. 그러나 정말로 훌륭한 클라이머가 되기 위해서는 좀 더 똑똑하게 훈련해야 한다. 즉 투자 대비 등반 성과를 최대로 얻기 위해서 훈련 시간을 어디에 가장 많이 투입할지 알아야 한다. 일반적으로 대부분의 클라이머들에게 있어 등반기술과 전략을 개발하는 것이 최고의 방법이라고 할 수 있다.

전문 클라이머들은 평소 등반을 통해 얻을 것이 많지 않다고 할 수 있다. 그들은 기술과 잠재력이 거의 최고 수준이기 때문에 신체 및 정신력이 가장 중요한 요소가 된다. 따라서 전문 클라이머들은 엄청나게 부하가 큰 근력 훈련을 해야 한다. 하지만 보통 수준의 클라이머가 그들을 따라 훈련하게 되면 절망에 빠지거나 병원에 실려 가게 된다.

SAID 원리

'SAID(Specific Adaptation to Imposed Demands) 원리'는 어떤 운동이나 특정한 타입의 훈련을 할 때 우리 신체는 그 특정한 형태의 운동에 필요한 근육에 국한하여 적응한다. 예를 들어 달리기를 하면 다리 근육과 심장혈관 시스템을 향상하는데 좋지만, 운동부하가 가해지지 않는 근육이나 신체조직은 달라지지 않는다. 따라서 아무리 심하게 달려도 팔 근육의 변화는 생기지 않는다. 물론 달리기에서 얻는 신체의 적응은 동일한 근육과 조직을 사용하는 산악자전거 같은 스포츠에는 어느 정도 도움이 된다.

중요한 점은 SAID 원리에 따른 훈련은 몸 자세, 사용되는 근육과 에너지 시스템 등이 등반과 동일해야 한다는 것이다. 비슷하게 우리 몸은 등반하는 동안 맞닥뜨린 특별한 상황에 고유한 방식으로 적응한다. 볼더링을 많이 한다면 볼더링에서 요구되는 특정한 기술과 근력이 발달할 것이다. 한 피치짜리 스포츠클라이밍 루트나 거벽을 주로 등반한다면 거기에 맞는 상황에 적응하게 된다.

다시 말해 볼더링을 훈련하면 알파인 등반을 위한 신체 능력을 향상하는데 거의 도움이 되지 않는다. 스포츠클라이밍에서 특정한 요구사항들은 볼더링의 요구사항들에 훨씬 더 가깝다. 결론적으로 볼더링을 해서 생기는 신체의 적응은 스포츠클라이밍으로 전이될 수 있으며 그 반대도 마찬가지이다.

SAID 원리에 의하면 등반 형태에 맞게 연습하고 훈련해야 한다. 세계에서 가장 뛰어난 볼더링 선수는 줄을 묶고 등반할 일이 별로 없을 것이다. 마찬가지로 최고의 알파인 클라이머는 30미터짜리 스포츠 루트를 등반하는 일이 거의 없을 것이다. 자기가 선호하는 등반 형태에 따라 훈련을 집중하는 것이 SAID 원칙의 기본이다. 따라서 우리는 특정한 종류의 등반방식에 더 뛰어나고 싶은지, 아니면 적당히 잘하는 올라운드 클라이머가 되고 싶은지에 대해 선택을 해야 한다.

목표 설정

완벽한 훈련은 목표 설정, 행동, 방향 수정의 세 단계로 연결된다. 각 단계를 성공적으로 수행하면 등반의 새로운 수준에 도달하게 된다. 특정한 목표를 설정해 놓으면 자신이 현재 있는 곳과 도달하고 싶은 곳 사이의 간격에 다리를 놓을 수 있다. 효과적인 목표 설정은 펜과 달력, 훈련 일지를 갖고 시작한다. 목표를 적어두지 않는다면 그것들은 결코 실현할 수 없는 꿈과 잡을 수 없는 희망으로 남아있게 된다.

단기(매일), 중기(매주 또는 매달), 장기(여러 해 또는 평생 목표)의 세 가지 종류로 목표를 설정하는 것이 가장 좋다. 현실적인 마감날짜를 갖고 정확한 용어로 목표를 적어보라. 그림이 글보다 훨씬 더 동기를 부여

하므로 마음의 눈으로 그려낼 수 있는 그림을 창조하는 것이 중요하다.

다음에는 목표가 설정된 각각의 시간 프레임에 대해서 전반적인 임무를 요약하는 리스트를 만들어라. 예를 들어 '단기-가능한 가장 효율적으로 90분간 훈련한다' 또는 '중기-이번 여름까지 첫 번째 5.11을 두 눈에 오르기 한다' 등이다.

마지막으로 단기, 중기, 장기 목표에 도달하기 위해 포기해야만 할 일을 한두 가지 적어보라. 보통 기존의 목표 설정에서는 이처럼 중요한 단계가 빠져있고, 이것이 바로 많은 사람들이 자신의 큰 목표를 이루는 데 실패하는 첫 번째 이유다. 간단히 말해서 다른 어떤 것을 희생시키지 않고서는 새로운 것을 더하거나 의미 있는 일을 이룰 수 없다. 과거의 목표가 아직 꿈으로만 남아있는 이유는 아직 아무것도 희생하지 않았기 때문이다.

단기 목표

단기 목표는 매일의 게임 계획을 설정하는 것이다. 목표가 분명하면 다른 사람이 하는 일에 동요되거나 덜 중요한 업무(TV, 인터넷 서핑, 사교관계)에 시간을 낭비하지 않고 자기의 생각과 행동을 집중할 수 있다. 그날 운동할 임무를 적고 나서 특정한 운동의 목록과 세트 각각의 운동에 할애한 시간을 기록한다. 단기 임무들을 잘 수행하기 위해서 포기해야 할 일을 적는 것을 잊지 않도록 한다.

중기 목표

중기 목표는 수주일 또는 수개월 과정 동안의 스케줄에 의미와 목적을 부여해준다. 이 계획은 등반 이외에 훈련과 등반여행에 맞출 수 있도록 달력 위에다 세우는 것이 가장 좋다. 첫 번째로 등반여행, 경기, 일과 가족에 대한 의무사항 등과 같이 큰 사안들의 윤곽을 잡아 보라. 다음에는 계획하고 있는 훈련과 등반 일정을 써 본다. 이때 충분하게 휴식할 수 있는 날짜를 잡는데 특히 주의를 기울여야 한다. 가장 중요한 사항을 적당한 자리에 먼저 쓰고 시간이 허락하면 덜 중요한 일 또는 임시로 할 수 있는 일을 다른 칸에 채워 넣는다.

장기 목표

장기 목표 설정은 마음속에 떠돌고 있던 수많은 꿈이나 소망을 종이 위에 쓰는 중요한 과정이다. 꿈이 현실이 되기 위해서는 종이 위에 옮겨 놓는 일이 무엇보다 중요하다. 목표를 쓰게 되면 마법의 힘이 작용하기 시작한다. 잠재의식은 목표를 이루기 위해 밤낮으로 등반할 것이고, 어느 날 갑자기 커다란 목표가 실현 가능하게 되었음을 깨달을 것이다.

행동하기와 방향 수정

행동이 목표를 향한 움직임이라면 방향 수정은 실제로 실력을 향상시킨다. 사실 지속적으로 훈련하는 것은 모든 사람들에게 매우 어려운 일이다. 잘못된 방향으로 행동한 결과는 모두에게 너무나 익숙한 상황으로 남는다. 말하자면 '내 그럴 줄 알았지' 같은 상황 말이다.

부정적으로 들릴진 모르지만 똑같은 일이 암장에서 훈련하거나 바위에서 등반할 때 종종 일어난다. 약점을 개선하는데 필요한 운동과 훈련을 하는 대신에 다른 사람의 일정에 맹목적으로 따라가는 등반을 한다. 지금까지 다른 사람의 드림 프로젝트(내 수준보다 높거나 원래 계획하지 않았던 방향)를 하면서 보낸 날들이 얼마나 많았는지 생각해보라. 또는 암장에 가서는 결국 술자리로 끝이 나거나 아무 목적이나 방향

없이 그저 등반했던 일이 얼마나 잦았는지 깊이 생각해보라. 확실히 그런 날들도 한때는 재미있었으며 여유를 주기도 한다. 그러나 자주 그렇게 된다면 더 훌륭한 클라이머가 되지는 못할 것이다.

한 가지 좋은 해결방법은 똑같은 동기를 갖는 파트너를 찾아서 가능한 빨리 실력을 쌓을 수 있게 행동을 취하는 것이다. 이런 사람이라면 등반할 때 시간을 공평하게 쪼갤 수 있어서 각자 효율적으로 목표를 향해서 나아갈 수 있다.

결론적으로 매시간, 매일 자기가 하는 행동이 무엇이며 왜 하는지를 알아내려고 노력하라. 또한 행동으로부터 얻는 결과를 정확하게 파악하려고 노력하라. 최상급 클라이머들은 그들이 방향을 벗어났을 때 가장 빨리 인지하고 상황을 재평가해서 바라던 목표를 향해 방향을 적절히 조정하는 사람들이다.

제8장
정신 훈련

어떤 일에서건 자신의 행위를 발전시키는 가장 빠른 방법은 사고의 수준을 높이는 것이다. 자신에 대한 믿음, 집중, 감정, 자신감, 준비성, 문제 해결 능력 등이 성공과 실패의 기반을 형성한다. 등반에서 성공하느냐 실패하느냐 하는 것은 종종 바닥에서 발을 떼기도 전에 무의식 속에서 이미 결정된다.

등반을 안 할 때는 근력 훈련과 기술 훈련이 최고의 훈련이지만, 등반 시즌 동안은 정신적 근육의 조절과 유연성이 최대한의 등반 성과를 낼 수 있다. 이러한 목표를 위하여 몇 가지 강력한 정신적 전략과 기술을 소개하려고 한다. 정신력 훈련 기술들은 서로 연관되어 있어서 전부를 연습할 때 강력한 상승작용을 낳을 수 있다. 정신적 기술들은 등반하는 동안 10킬로그램 이상의 무게를 덜어주는 것과 비슷한 효과를 낳을 것이다.

정신력을 계발하는 10가지 전략

독일의 클라이머 볼프강 귈리히(Wolfgang Gullich)는 "뇌는 등반에서 가장 중요한 근육이다."라고 말했다. 마음이 등반행위의 세 가지 요소 중의 하나라는 이유 외에도 정신 조절이 형편없으면 곧바로 신체적, 기술적 능력도 방해받기 때문이다. 지금 당장 사용할 수 있는 열 개의 전략이 있다. 모든 스포츠에서 진정으로 성공한 대부분의 사람은 이와 같은 정신적 기술들을 갖고 있다는 사실을 기억하라.

자신의 이미지와 등반 행위를 분리해라

이 책을 읽고 있다면 등반이 자신의 인생에서 중요한 역할을 하고 있을 것이다. 하지만 자신의 이미지가 클라이머라는 역할에만 너무 강하게 묶여 있다면, 클라이머로서의 역할을 증명하기 위해 항상 완벽할 필요가 생긴다. 결론적으로 압박감이 커지며 등반에서 실패하게 될 수도 있다.

우리는 결과가 아니라 과정을 중시할 때 가장 잘할 수 있다. 자기 이미지를 등반 행위와 분리하면 결과와 관계없이 등반을 즐길 수 있게 된다. 오히려 그렇게 함으로써 자유로운 동작을 시도하거나 고빗사위를 통과할 때 필요한 다이노를 해볼 수도 있게 된다. 자기 이미지 분리를 통하여 압박감과 불안이 줄어든다. 역설적으로 들리겠지만 더 잘 등반할 필요가 없기 때문에 더 멋있게 등반하게 될 것이다.

긍정적인 사람들과 등반하라

우리에게 영향을 주는 것들은 사실 우리의 개성과 태도가 어떻게 생활과 사건을 대하는가와 관련되어 있다. 자신의 생각과 행동이 주위 사람들의 생각과 행동에 영향을 끼친다면 그 역도 성립한다. 등반과 연관해서 말하자면 세 가지 선택사항이 있다고 할 수 있다. 혼자 등반하는 것과 낙관적이고 긍정적인 사람들과 등반하는 것, 그리고 냉소적이고 부정적인 사람들과 등반하는 것이 그것이다. 왜 굳이 불평불만인 사람과 등반하려 하는가? 그들의 부정적 분위기는 인지하고 있든 그렇지 않든 우리의 등반에 영향을 미친다. 자신의 한계를 끌어 올리는 것이 당면 목표라면 창조적이고 긍정적이며 동기를 부여해주는 사람들과 함께 등반함으로써 상승효과를 얻을 수 있다.

스스로 편안함에서 벗어나라

어떤 일에서든 발전하고 싶다면 현재 하고 있는 것을 넘어서 자기가 편안하게 느끼는 영역을 벗어날 필요가 있다. 수직 세계에서의 등반이란 정신적, 신체적 불편에도 불구하고 위로 올라가는 것을 의미한다. 그것은 스스로 두려워하는 일을 함으로써 공포에 도전하는 것을 의미하며, 현재의 전망으로는 불가능해 보이는 일을 시도한다는 의미이다. 그런 과정을 통해서 새로운 차원으로 나아가고 명확한 비전을 세울 수 있다.

위험을 평가하고 미리 분석하라

등반은 분명히 위험을 내포한 행위이며 더 어렵게 등반하길 원한다면 추가적인 위험을 감수할 필요가 있다. 이러한 위험에는 추락으로 인한 부상과 같이 신체적 위험뿐만 아니라 실패, 비판, 창피함 등과 같은 정신적 위험도 포함된다. 흥미롭게도 어떤 클라이머들은 신체적 위험이 정신적 위험보다 더 낫다고 느낀다. 바닥에 안전하게 서 있는 사람들에게 창피 당할까 봐 준비되지도 않은 위험한 루트를 올라가는 클라이머를 생각해보라. 등반을 시작하기 전에 가능한 위험 요소들을 항상 평가하자. 객관적으로 미리 위험을 분석해 봄으로써 위험을 낮출 수도 있다.

자신감을 가져라

자신감의 정도는 일차적으로 자기 이미지와 순간순간 생각하는 것에 기반을 두고 있다. 과거의 추락이나 형편없었던 등반에 대한 생각이나 "나는 할 수 없어. 불가능해. 시도나 해보자." 등과 같은 독백은 자신감을 떨어뜨리고 실패의 씨앗이 된다. 반대로 긍정적인 행동의 흥분감과 성공에 대한 결과를 느끼고 그려봄으로써 자신감이 상당히 커지게 된다. 등반이든 아니든 과거의 멋진 사건을 매일매일 시각화하는 것이 미래의 성공을 위한 최상의 방법이다.

최상의 등반상태에 이르도록 하라

최상의 등반상태란 모든 동작이 거의 힘들이지 않고 자동으로 되는 완벽한 등반이 되는 상태를 의미한다. 경기에서 또는 가장 어려운 두 눈에 오르기 등반에 앞서서 스트레스를 받는 상황에서도 이런 상태를 창조할 수 있다. 가장 좋은 방법은 과거의 멋진 사건에 대한 느낌을 재연해낼 수 있도록 여러 가지 감각을 이용하는 것이다. 혹시 어떤 노래를 듣거나 냄새를 맡았을 때 즉시 예전의 좋은 일과 연관되어 몸과 마음이 씻겨지듯이 압박감이 풀어지는 경험을 한 적이 있는가?

여러 해 동안 등반해 온 사람이라면 어떤 완벽한 과거가 틀림없이 있어서 최고의 등반상태를 위한 거울로 사용할 수 있을 것이다. 그렇지 않다면 모든 것이 완벽하게 조절되고 가능하다고 느껴졌던 다른 사건들을 잘 생각해보라. 자신의 모든 감각을 이용해서 과거의 사건에 대한 60초짜리 정신적 영화를 제작해보라. 그 영상을 생생하고 밝게 만들어서 느낌과 그때의 상태를 자신의 몸으로 느끼도록 한다. 어떤 사람에게는 헤드폰으로 어떤 특정한 노래를 듣는 것이 과거 최고의 등반상태에 연결하는 강력한 도구가 되기도 한다.

등반에 앞서 의식을 행하라

등반에 앞서 잠깐 동안 생각하고 행동하는 것들이 등반행위의 기반을 형성한다. 일반적으로 흔들리는 기반은 잘못된 등반을 만들고, 확고한 기반은 확실한 등반을 낳게 마련이다. 그 기반이 모래인가 아니면 돌인가의 본질은 등반 전의 의식에 따라 결정된다. 여기에는 등반을 가장 잘 준비하기 위해 해야 할 일들이 포함된다. 루트를 살펴보고 동작을 머릿속에 그려보고 장비를 준비하며 워밍업 한다든가 신발을 신는 방법까지도 의식의 행위에 포함된다. 호흡, 속도, 표정, 제일 마지막에 하는 생각 등 아주 사소한 것일지라도 바위 앞으로 걸어나가는 의식 속에 미리 결정되어 있어야 한다.

지난 경험을 기초로 해서 자신만의 의식을 계발한다. 예전에 한 최고의 등반을 떠올리며 등반 전에 무엇을 생각하고 행했는지 생각해보라. 무엇을 먹었거나 마셨는가? 워밍업을 어떻게 했는가? 최고의 등반으로 나아가게 했던 크고 작은 모든 일이 미래에 비슷한 결과를 재생산할 수 있는 열쇠이다. 일단 자신의 의식을 만들었다면, 그것을 계속 고수한다.

긴장과 스트레스를 통제하라

긴장과 스트레스는 마음에서 나와서 감정으로 표출된다. 바위에서 긴장하고 스트레스를 받는 클라이머는 감정의 분출 때문에 쉽게 알아볼 수 있다. 등반을 잘해내기 위해서 부정적인 감정을 이용할 수 있는 사람은 거의 없다. 이럴 때는 깊이 숨을 쉬고 부드럽게 시도하는 것이 욕하고 물건을 집어 던지는 것보다 더 좋은 결과를 가져온다.

- 긴장이 생기기 시작하면 통제를 벗어나기 전에 재빨리 알아채도록 노력한다.
- 몇 번 깊은숨을 쉬어서 호흡을 정상화함으로써 긴장이 무의식 속으로 다시 돌아가도록 한다.
- 근육이 긴장된 부분은 없는지 탐색하고 풍선에서 바람이 빠지듯이 긴장이 근육에서 빠져나가도록 한다.
- 머리에서 발끝까지 몸 전체를 기분 전환하도록 한다.
- 과거나 미래에 대한 모든 생각들을 지워라. 그런 다음 등반 과정에 다시 집중한다.
- 표정을 바꾸고 미소를 지어라. 이젠 루트를 끝내기 위해 나아가도 좋다.

긍정적으로 생각하라

깨어 있는 시간 내내 머릿속에는 서로 거리를 두고 있는 비평가와 행위자의 목소리가 있다 비평가의 소리는 어떤 상황(약점이나 등반상의 실수)에서는 유용할 수 있다. 하지만 행동을 추진하고 긍정적인 마음을 유지함으로써 등반을 가장 잘할 수 있게 도와주는 것은 행위자의 소리이다.

어떤 목소리(비평가 또는 행위자)가 자신의 마음을 지배하고 있는가? 속삭임은 끊임없이 이어져서 따라잡기 어렵기 때문에 잘 모를 수도 있다. 그렇다고 하더라도 이런 내면의 대화는 강력한 영향력을 발휘한다. 특히 등반하는 동안에는 귀를 잘 기울여라.

비평가가 말을 시작하려고 하면 긍정적인 말로 바꾸어라. 예를 들어 '이 루트는 불가능해 보여'를 '이 루트는 도전해볼만 하겠는 걸'로 바꾸고, '불안하게 느껴져'를 '힘이 솟는 게 느껴져'로 대체한다. 또한 '나는 아마 추락할 거야'를 '난 이걸 할 수 있다고 생각해. 떨어져도 다음에 하면 되니까 괜찮아'로 바꾸어라. 내부에서의 지속적인 명령은 고수들이 가진 훌륭한 기술이다.

상황과 결과와 관계없이 즐거워하라

모든 진정한 승자들의 탁월한 특징은 나쁜 결과나 비판에 대해 내성을 갖고 있다는 점이다. 성공은 시간, 노력, 인내와 함께 온다는 확고한 믿음이다. 그러한 태도는 자기에게 부족한 근력이나 기술을 보상해 줄 수 있는 조커와 같다. 우리는 자연을 경험하고 바위 오름짓을 사랑하기 때문에 등반을 한다. 더 나은 등반을 위한 가장 큰 비밀은 조건 없이 등반을 사랑하는 것이다. 등반하는 날은 결과와 관계없이 멋진 날이라고 선언한다. 그러면 우리가 바라던 결과를 얻게 될 것이다.

감정의 조절

감정은 몸과 마음에 직접적인 영향을 미친다. 우리가 무엇을 느끼는 가에 따라서 하고자 하는 일과 생각하는 방식에 영향을 받는다. 예를 들어 등반 전에 신경이 곤두서게 되면 집중력이 흐트러지고 몸 전체를 통해 불안감이 고조된다. 따라서 자기의 잠재력까지 끌어 올리려면 감정 조절의 화신이 되어야 한다.

크리스 샤마나 린 힐 같은 최고의 클라이머들을 잘 살펴보면 일관되게 긍정적이고 생산적인 감정을 찾아볼 수 있다. 추락할 때조차도 화내는 것을 감지하지 못할 것이고, 때로는 추락을 포함하는 등반과정을 즐긴다. 이제 등반에서 실패할 때 감정이 어떻게 변하는지 비교해보라. 상황이 어려워질 때 전면에 나서는 게 누구인가? 자신인가? 아니면 자신의 감정인가? 감정이 앞서서 등반행위를 망쳐버리게 되는 예는 다음과 같다.

- 클라이머가 첫 동작을 하며 조심스럽게 움직인다. 그는 어떤 실수도 하지 않으려고 걱정하는 것 같다.
- 보다 어려운 동작을 할 때 호흡이 얕아지고 불규칙해진다. 심지어 어려운 동작을 하면서 숨을 멈춘다.
- 부정적인 감정 에너지가 올라오면서 근육의 긴장과 정신적 스트레스가 증가한다.
- 이런 스트레스는 밸런스와 발동작을 흐트러지게 한다. 동작들은 경직되고 기계적이며 비효율적이다. 홀드를 너무 꽉 쥐기 시작한다.
- 어려운 동작에서 과감한 동작을 하는 것이 두렵고, 적당히 쉴 곳에서 너무 오래 매달려 있다.

- 도전할까 포기할까? 스트레스 상황에서 아드레날린이 증가한다. 이러한 폭발적 에너지 때문에 동작을 몇 개 더 할 수도 있지만 대부분 로프나 퀵드로를 잡게 된다.
- 손과 발을 잘못 사용하면서 근육이 지쳐버린다.
- 추락하면 욕설부터 튀어나온다.

두려움

두려움을 느끼지 않는 사람은 없다. 잘 확보된 루트에서 추락하기를 무서워한다든가 신체적으로 불편할 것 같은 두려움, 루트 실패의 두려움, 창피함에 대한 두려움 등은 최상의 등반을 하고 싶다면 모두 없애야 할 공포이다. 또한 무의식적으로 미리 프로그램된 두려움은 우연처럼 보이는 '어처구니없는 일'들의 근원적인 뿌리가 된다. 혹시 고빗사위를 지나서 성공이 거의 확실한 루트에서 떨어진 적이 있는가? 아니면 분명히 잘하고 있다고 느꼈는데 홀드에서 손이 빠지거나 익숙한 동작을 실패한 적이 있는가? 그런 실수들은 아마도 능력의 부족이라기보다는 평소에는 잘 몰랐던 내면의 공포심의 결과였을 것이다. 등반에 관련된 네 가지 기본적인 두려움이 있다. 추락, 통증, 실패, 창피함에 대한 두려움이 바로 그것이다.

• 추락에 대한 두려움

추락에 대한 두려움은 등반에 내재하여 있는 근본적인 두려움이다. 우리가 두려워하는 것은 진짜로 추락하는 것이 아니라 추락이 어떨지 알지 못한다는 두려움이다. 바로 이런 이유 때문에 첫 번째 추락이 가장 무섭지만, 그 이후의 추락은 훨씬 덜 무섭게 된다. 아마도 초보자들은 추락이 안전하다는 확실한 증거가 필요할 것이다. 초보인 선등자가 확보 시스템을 신뢰하기 위해서는 의도적으로 추락해보는 방법이 가장 좋다. 확실하게 확보되어 있는 하늘벽 루트를 찾아서 추락을 해보라. 60센티미터 정도의 추락으로 시작해서 4미터정도까지 증가시켜 보라. 경험 있는 클라이머는 과거의 하찮았던 추락 경험을 떠올려보고 이번 등반에서의 추락도 크게 다르지 않을 것이란 점을 상기하면 된다.

• 통증에 대한 두려움

자신의 한계까지 밀어붙이려고 할 때 고통과 불편함에 대한 두려움은 치명적인 약점이 될 수 있다. 이런 두려움은 몸이 신체적 한계에 다다르기도 전에 등반을 포기하게 만든다. 지속해서 어려운 루트를 등반하는 고통은 전력을 다해 1킬로미터를 달리는 것과 유사하다. 심장이 터질 것처럼 괴로울지도 모른다. 다행스럽게도 그런 고통은 짧은 반면, 도전에 대한 대가는 굉장하다. 어려운 루트를 할 때마다 자신을 불편한 지대로 조금 더 밀어보기로 결심한다. 고통의 역치는 금방 재조정될 것이고 그만큼 바위에서 자신의 한계도 올라간다.

• 실패에 대한 두려움

실패에 대한 뿌리 깊은 두려움은 유년기에서부터 가족, 선생님, 친구들이 거의 모든 행동을 성공이나 실패로 구분 지을 때 시작된다. 우리는 모두 실패에 대한 두려움이 너무 커서 꼼짝도 못하고 시간이 정지된 것처럼 느껴졌던 어린 시절의 경험이 있다. 다행히도 성인이 되면 그만큼 강하게 반응하진 않지만 아직도 모든 것이 잘못될 것만 같은 일을 상상하기도 한다. 일단 한번 생각하기 시작하면 부정적인 생각들은 점점 눈덩이처럼 불어나서 실제로 그렇게 되어버린다.

등반에서 실패의 두려움은 우리를 뒤로 잡아당기는 원인이 된다. 루트에서 덜 공격적으로 하기 때문에 등반하는 도중에 제2의 동작을 생각하게 되고 호흡이 얕아지며 바위를 더 꼭 잡게 된다. 심지어는 분석하다 얼어붙어서는 추락의 제물이 되기도 한다.

다음 세 가지 방법 중의 하나로 실패의 두려움을 이겨내라. 첫째 가능한 것 대신에 될 것 같은 일에 초점을 맞추어라. 항상 최악의 시나리오를 고려하는 것이 인간의 본성이지만 이것은 거의 실현되지 않는다. 지난 경험에 비추어 될 것 같고 현실성 있는 생각을 함으로써 최악에 대한 생각들을 떨쳐내라.

실패의 두려움을 이겨내는 두 번째 방법은 모든 신경을 등반과정에 집중하고 가능한 결과에 대해서는 잊어버리는 것이다. 당장 등반에 필요한 사항-정확한 발 위치, 잡는 손을 느슨하게 하기, 다음 휴식 지점까지 빨리 옮겨가기 등에 집중한다. 체력은 한정되어 있으며 등반 결과를 걱정하는 데 사용하기에는 너무 귀중하다. 성공하려면 실패에 신경 쓰지 말아야 한다.

• 창피함에 대한 두려움

마지막으로 창피함과 비난에 대한 두려움이 있다. 이것을 지금 극복하지 못하면 결코 등반을 충분히 즐길 수 없으며 자신의 잠재력에도 도달하지 못할 것이다. 때때로 등반이 잘 안 되는 날은 피할 수 없음을 인식한다. 그것을 피하려고 노력하지 말고 등반이 잘 되지 않음을 인정하고 왜 그랬는지 분석한 다음 덮어버려라.

잊지 말아야 할 점은 친구들은 자신이 얼마나 훌륭한 클라이머인지 알고 있으며 잘못한 등반 때문에 우리를 더 나쁘게 생각하지는 않는다는 사실이다. 계속해서 자신감을 키우도록 노력하고 다른 사람의 비판에 좌우되지 않도록 한다.

마지막으로 오직 결과만 있으며 어떤 실패도 없어야 한다는 태도를 부끄러워하라. 루트의 첫 번째 동작에서 떨어졌다면 그것은 주의를 기울이지 않은 탓이지 자신이 형편없는 탓은 아니다. 결과는 성공적이지 않을 수도 있지만 실패를 통해서 개선에 대한 힌트를 얻을 수 있다. 두려움에 도전하고 두려움에 자신을 자주 노출시킴으로써 성공할 확률과 등반 능력도 배가될 수 있다.

기분전환

우리 생활에는 스트레스가 쌓이는 일이 많이 있다. 직업, 인간관계, 소유물, 심지어는 등반 장소까지 운전하는 일도 근육의 긴장이나 부정적 사고와 같은 스트레스 반응을 낳는다. 흥미롭게도 실제 생활에서 스트레스를 불러일으키는 것은 어떤 사건이나 일이 아니라 그에 대한 반응이다. 이러한 사실을 명심한다면 경험하는 모든 일에 대한 반응을 조절할 수 있게 되고 결국 스트레스를 조절할 수 있다.

첫 번째 단계는 어떤 사건이나 상황이 스트레스를 일으키고 있다는 사실을 인식하는 것이다. 내가 어떻게 느끼고 있는지 또는 근육의 긴장이 커지고 있는지 자신에게 자꾸 물어봄으로써 긴장의 수위를 예민하게 파악한다. 긴장을 체크하는 일을 일상적인 일로 만들어라. 예를 들어 매시간마다 신체의 생리적 상태를 필요로 하는 일(큰 회의라든가 어려운 등반)에 앞서서 자신의 긴장과 스트레스 수준을 재빨리 체크하도록 한다. 스트레스의 경고 신호들(예를 들면 꼭 다문 입, 펜이나 핸들을 꽉 쥐기, 목이나 어깨 등이 경직되는 느낌 등)을 놓치지 않도록 주의한다.

바위에서 긴장하면 홀드를 너무 세게 잡거나 고빗사위 동작을 할 때 불안하게 움직이며 전반적으로 유연하지 못한 점이 드러난다. 그런 신호가 오면 긴장을 낮추는 것을 목표로 삼아야 한다. 그렇지 않으면 금세 눈덩이처럼 불어나서 등반을 방해하게 된다. 사실은 바로 이러한 이유로 이전에 해냈던 동작을 잊어버리거나 자기 능력으로 할 수 있는 루트에서 떨어지는 원인이 된다. 긴장과 스트레스가 쌓이면 동작의 효율성을 잃어버려서 등반을 쉽게 망쳐버린다.

두 번째 단계는 근육을 충분히 이완시킴으로써 순차적으로 마음도 전환 할 수 있는 방법이다. 특정한 근육을 의식적으로 긴장시켰다가 풀어줌으로써 기분전환이 될 수 있다. 시간이 지나고 나면 근육 긴장의 아주 작은 증가도 알아차리고 등반 성과가 흐트러지기 전에 긴장을 즉시 없앨 수 있다.

적어도 하루에 한 번 다음 과정을 수행한다. 등반 사이에 휴식할 때처럼 한낮의 휴식시간이나 잠자기 전에 마지막으로 하면 가장 좋다. 처음에는 이 과정에 15분 정도 소요되지만 연습하면 더 빨리할 수 있게 되고 나중에는 완전한 기분전환 상태에 도달하는 데 5분도 걸리지 않게 된다. 각 단계에 지정되어 있는 근육만 움직이도록 집중한다.

- 조용한 장소로 가서 편안한 자세로 앉거나 눕는다.
- 눈을 감고 다섯 번 깊은 호흡을 한다. 느리고 조용하게 다섯까지 세면서 코로 천천히 들이마시고 다시 느리고 조용히 열까지 세면서 입으로 내쉰다.
- 눈을 감은 채로 느리고 편안한 호흡을 하면서 5초간 오른쪽 종아리 근육을 긴장시킨 후 근육을 완전히 풀어준다. 이 과정을 왼쪽 종아리 근육에도 반복한다. 이제 양쪽 종아리가 이완되었으면 "내 발과 종아리는 따뜻하고 가볍게 느껴진다."라고 독백한다.
- 다음에 허벅지 부분의 근육에 같은 동작을 반복한다. 5초 동안 허벅

지 근육을 긴장시켰다가 이완시킨다. 양쪽 다리를 한 후에 "내 허벅지는 따뜻하고 가볍게 느껴진다"고 생각하면서 끝낸다. 모든 긴장이 풀리면서 허벅지 근육이 깊은 이완 상태로 빠져들게 됨을 느낄 것이다.

- 손과 전완근에 이 과정을 반복한다. 5초간 주먹을 꼭 쥐어서 오른쪽 팔꿈치 아랫부분의 근육을 긴장시킨 후 완전히 풀어준다. 왼쪽 손과 전완근에도 반복하고 "내 손과 전완근은 따뜻하고 가벼워진다"는 주문을 외면서 끝낸다.
- 팔 위쪽 근육에도 이 과정을 반복한다.
- 다음에 상반신의 여러 근육으로 초점을 옮긴다. 정확하게 똑같은 과정을 반복한다.
- 얼굴과 목 근육을 하면서 끝낸다.
- 이제 깊은 이완 상태에 있어야 한다. 눈을 감고 머리부터 발끝까지 남아있는 긴장이 없는지 정신적으로 검색하고 마지막으로 '따뜻하고 가벼운' 주문으로 완전히 긴장을 늦춘다.
- 이제 눈을 뜨고 다시 일어나 등반을 하러 간다. 또는 어떤 목표에 도달하는 등반 과정을 마음속에 그려봄으로써 기분전환 상태를 더 고조시킬 수 있다.

시각화

편안히 앉아서 눈앞에 영화가 펼쳐지듯이 다음 장면을 생생하게 상상해보라.

자신은 전에 해본 적이 있는 루트를 두눈에 오르려고 한다. 이제 막 휴식지점까지 잘 등반해 왔으며 이제 고빗사위 부분을 앞두고 있다. 근육과 마음은 충분히 이완되어 있으며 고요하게 자신감에 차서 팔을 털고 초크칠을 하고 있다. 시원한 산들바람을 느끼니 가볍고 집중된 느낌이 더 증가되는 듯하다. 고빗사위의 첫 번째 홀드인 뾰족하고 괜찮은 칼날 홀드를 부드럽게 잡는다. 계속 호흡하면서 한번 미소를 띠고 등반을 계속한다.

손을 모아서 홀드를 가슴까지 당긴 다음 아주 작은 초승달 모양의 납작한 홀드 위에 오른발을 높이 올려 딛는다. 마치 폭격기처럼 정확하게 찍어서 디딘다. 이제 딱 붙어 있는 오른발 위로 몸을 흔들어서 오른손으로 성냥갑 모양의 사이드 홀드를 잡는다. 오른발 아래로 왼발을 늘어뜨리고 나서 부드럽게 오른발을 쭉 편다. 왼손을 뻗어서 손가락 두 개가 들어가는 구멍 홀드를 잡아챈다. 왼발을 작은 홀드 위에 한껏 비벼 딛고 여유 있게 호흡하면서 마지막 런지를 준비한다. 이때 자신의 눈은 다음 홀드에 고정되어 있고 런지를 해서 그렇게도 잡기 어려웠던 홀드를 쉽게 낚아챈다. 이제 확보물에 클립하고 최고의 루트를 해낸 희열을 느낀다.

이 동작들은 몇몇 클라이머들이 수행하는 정신적 리허설과 비슷하지만 시각화는 단순하게 루트에서 동작순서를 살펴보는 것 이상의 일이다. 위의 예처럼 시각화는 촉각, 청각, 색깔이 있으며 동작할 때의 감각적 느낌을 모두 포함하고 있는 아주 자세한 정신적 영화이다. 이러한 정신적 영화 덕분에 동작 기술을 쉽게 외우고 기억력이 좋아지며 자신감도 강화되어 등반을 잘할 수 있다. 따라서 시각화를 이용하는 방법은 암벽화와 초크의 사용만큼이나 등반에 중요하다.

여러 연구에 의하면 뇌는 실제로 일어난 일과 생생하게 상상한 일을 구별하지 못한다. 방금 떠오른 뚜렷한 정신적 이미지가 실제 기억인지 단순히 생각했거나 꿈꾼 적이 있는 일인지 알아내지 못하는 '데자뷰'가 그런 경우이다. 따라서 반복해서 시각화하다 보면 전에 거기에 있었고 한 적이 있었던 것처럼 착각하게 된다. 이런 관점에서 보면 시각화가 왜 가능한 한 세밀하고 정확해야 하는지 이해할 수 있을 것이다. 틀린 동작이나 불확실한 연속동작은 서투른 연속동작이나 추락으로 이어진다.

시각화의 형태

시각화에는 외면적 시각화와 내면적 시각화의 두 가지 기본 모드가 있다. 외면적 시각화는 TV를 보듯이 관찰자의 눈으로 자신의 등반을 보는 관점이다. 이러한 모드는 과거의 잘못된 등반을 다시 생각해보는 데 가장 좋은 방법이다. 내면적 시각화는 자신의 눈으로 보는 관점으로서 마치 등반을 하고 있는 것처럼 신경반응과 감정을 그대로 느끼는 방법이다. 이러한 모드는 미래의 등반을 미리 계획하는 데 이상적인 방법이다.

• 외면적 시각화

처음으로 시각화를 연습한다면 등반 외에 단순한 실제 생활의 예를 들어보자. 조용한 장소로 가서 편하게 앉거나 누워서 여유를 가지라. 관찰자의 시점을 사용해서 집에서 일어나는 이미지를 만들어보자.

자신은 소파에 앉아서 TV를 보고 있다. 그 장면에서 자신이 입고 있는 옷에 주목한다. 소파에서 일어나서 냉장고로 걸어가서 그것을 여는 자신을 보라. 팔을 뻗어서 탄산음료 캔을 잡는 것을 보라. 그리고 냉장고를 닫는 것을 지켜보라. 소파 쪽으로 돌아서 걷기 시작할 때 캔을 따는 모습을 보라. 걷는 방법을 주시하고 캔을 따는 정확한 순간을 관찰한다.
이제 자신이 소파로 돌아와 앉는 것을 보라.

자신이 지켜본 외면적 시각화에서는 장면들이 눈앞에 펼쳐지지만
캔을 잡고 마시는 게 어떤지 느껴지지 않는다. 이러한 관점으로 과거에
있었던 부정적 등반 체험을 돌이켜보라. 다음에 등반 성과를 향상하기
위해 필요한 지식을 모으고 그 이후 내면적 시각화로 들어가서 성공적
인 미래를 위해 수정할 부분들을 미리 프로그램한다.

• 내면적 시각화
이제 내면의 관점으로 집에서의 장면을 다시 만들어보자. 이때는 자
신의 눈으로 그 장면들을 살리게 될 것이다. 실제로 그 장면을 행동하
고 있는 것처럼 상상 속에서 연기한다. 다시 자리에 앉아서 편안히 한
후 실제처럼 세밀하게 장면을 구성해보자.

소파에 앉아서 요즘 유행하고 있는 TV의 개그 프로그램을 보면서 웃
음을 터뜨린다. 자신은 냉장고에서 탄산음료 캔을 가져오기로 결심하
고 일어나서 부엌으로 걸어가기 시작한다. 냉장고 쪽으로 가는 길에 다
양한 가구들이 놓여 있는 방을 둘러보라. 부엌으로 들어가서 냉장고를
열어라. 차가운 공기가 나와서 뺨을 식히는 것을 느껴라. 탄산음료 캔을
향해서 왼손을 뻗을 때 캔의 색깔과 디자인을 눈여겨보고 캔을 잡았을
때 차고 습한 감각을 느껴라. 이제 오른손으로 냉장고 문을 쾅 닫고 문
이 닫히는 소리를 들어라. 음료수를 한 모금 들이켜고 맛이 어떤지 판단
한다.

위의 예는 내면적 시각화를 하기 위해서 세세한 점까지 뚜렷하게 이미지를 만들어야 한다는 점을 보여주고 있다. 자신이 열망하는 등반 루트나 삶에서 가장 중요한 목표를 위해서 짧은 영화를 만들어 보라. 등반 루트나 중요한 목표에 대해 새로운 정보를 얻게 되면 지체 없이 영화를 다시 찍거나 편집한다.

시각화의 이용

사실 우리는 자신도 모르는 사이에 항상 시각화를 이용하고 있다. 예를 들어 시내를 운전하는 데 가장 좋은 길을 생각할 때 그 길에 있는 중요한 회전 지점이나 표시물을 마음의 눈으로 보고 있을 것이다. 시각화는 주로 걱정이 많은 사람들이 효과적으로 이용하기도 한다. 그런 사람들은 미래에 일어날지도 모르는 사건을 자주 시각화한다. 이런 형태의 부정적인 시각화를 내면의 관점에서 수행하게 되면 매우 고통스럽고 절망적이 된다. 그런 부정적 시각화는 결코 일어나지 않을 미래의 사건으로 인한 고통 속으로 자신을 밀어 넣는 셈이다.

어떤 클라이머는 미래의 사건에 대해 이와 똑같은 형태의 부정적 영화를 제작하는데 허비하기도 한다. 예를 들어 어떤 루트나 대회에서 자신이 추락하는 장면을 시각화한다면 이러한 결과를 미리 프로그래밍 할 뿐만 아니라 그 과정에서 자신감마저 파괴해버리게 된다. 이것을 피하기 위해서는 내면의 관점에서 미래를 볼 때는 긍정적인 사건과 이상적인 결과만을 시각화하는 것이 중요하다. 첫눈에 오르기처럼 위험 관리 차원에서 잘못될 가능성이 있는 일을 시각화할 필요가 있다면 관찰자 모드로 바꾸어라. 아래의 몇 가지 경우에서 마음가짐을 안정시킬 뿐 아니라 이상적인 결과를 얻기 위해서 시각화를 사용할 수 있다.

• 첫눈에 오르기

시각화는 전에 해본 적이 없는 등반에 적용할 때도 매우 유용하다. 전혀 경험이 없기 때문에 내면의 관점으로 정확한 영화를 만드는 일은 대단히 어렵다. 따라서 외면 모드로 시각화해야 한다.

바닥에서 등반을 연구한 후, TV를 보듯이 자신이 루트를 등반하는 이미지를 창조한다. 확실한 위치에 장비를 설치하고 괜찮은 휴식 지점에서 쉬는 모습을 보라. 또한 추락했을 때 위험할 수도 있는 부분을 시각화해서 위험을 최소화하기 위해 뭘 할 수 있는지 상상해보라. 바닥에서 충분히 관찰했다면 고빗사위를 통과할 때 두 가지 가능한 동작을 갖고 영화를 만들어 보라. 이렇게 하면 그곳에 도착했을 때 한 가지가 효과가 없다는 것을 알게 되더라도 즉시 두 번째 영화를 불러와서 등반을 지속할 수 있다.

• 경기 등반

경기 등반에서 좋은 시각화 기술은 이기느냐 지느냐의 차이를 만들 수도 있다. 많은 경기에서 간단히 미리 보는 시간만 허용되기 때문에 기본적인 루트와 뚜렷한 휴식 지점, 동작에 대한 정보를 약간 수집할 수 있을 뿐이다. 동작을 해독할 수 없거나 미리 볼 기회가 없었다고 하더라도 여전히 그 루트에 대한 정신적 사진을 찍을 수 있고, 자신 있고 멋지게 마지막까지 등반하는 자신의 모습을 투사해볼 수 있다. 가장 중요한 점은 그 벽을 오르기까지의 시간 동안 마음속에 떠오르는 패배적인 이미지를 제거하는 것이다.

• 부상 또는 피곤할 때의 등반

여러 해 동안 등반하다 보면 종종 부상 때문에 쉬어야 할 때가 있다.

손가락 부상 때문에 몇 주간 쉬거나 더 심각한 문제로 한 시즌을 쉬어야 할 때도 뇌 속에서는 등반을 계속할 수 있다. 우습게 들릴지는 몰라도 그렇게 하면 자신이 꿈꾸고 있는 루트의 연속동작에 대한 지식을 효과적으로 유지할 수 있다. 선명한 내면적 시각화는 동작 학습을 증가시켜 주고 어떤 기술을 수행할 때의 느낌을 유지해 준다.

또한 등반 후 펌핑 때문에 더 이상 등반할 수 없을 때도 이런 효과를 이용할 수 있다. 수십 차례 열심히 등반하는 대신에 하루 정도 루트에 대한 '정신적으로 등반하기'를 하는 것도 좋은 방법이다. 이렇게 하면 육체적으로 과도한 피로나 부상의 위험 없이 연속동작에 대한 정보를 확실하게 할 수 있다.

초점 만들기

초점을 좁게 유지하는 능력은 중요한 스포츠 기술이며 특히 위험요소 때문에 눈앞에 있는 일로부터 초점이 자꾸 흩어지게 되는 등반에서는 더욱 그렇다. 초점이라는 단어는 클라이머 사이에 널리 사용되지만 종종 오해되는 경향이 있다. 초점은 특정 순간에 가장 중요한 일에 정신 에너지를 레이저처럼 집중하는 것을 말한다. 등반에서의 모든 움직임이 각각 중요하기 때문에 그 순간에 가장 결정적인 손 위치 또는 발 자세 등에 초점을 재조정하는 것이 필수적이다.

초점은 마치 카메라의 줌 렌즈처럼 주의를 좁히는 행위이다. 어떤 주어진 순간에 등반에 가장 결정적인 한 가지 작업에 집중해야 한다. 예를 들어 작은 구멍에 발끝 끼우기, 손 끼우기, 체중을 오른쪽으로 이동하기 등에 집중해야 한다.

초점에서 가장 어려운 부분은 한 지점에 집중한 다음 재빨리 넓은 시각으로 보는 등 초점을 넓히고 좁히는 방법을 배우는 것이다. 예를 들어 축구 선수들은 넓은 시각으로 드리블하다가 패스를 전달할 때는 즉각 한 명의 선수에게 초점을 맞춘다. 등반에서도 마찬가지다. 홀드에 매달려 다음 홀드를 찾고 있을 때는 넓은 초점을 사용하다가 홀드에 손을 잡을 때는 초점을 좁혀야 한다. 구경꾼들을 본다거나 다른 어떤 일에 초점이 흐트러지면 등에 10킬로그램의 하중을 더하는 것과 마찬가지가 된다. 형편없는 초점은 동작을 더 힘들게 만들며 때로는 동작을 불가능하게 만든다.

초점 연습하기

초점을 맞추기에 가장 좋은 때는 최대 능력보다 두 단계 아래 등급의 루트를 등반할 때다. 실내 암장에 있든 암벽에 있든지 동작의 한 가지 동작에 초점을 맞추려고 하면서 전체 루트를 등반해보라. 예를 들어 오로지 손 위치에만 완전히 집중하여 루트를 등반하라. 각 홀드를 잡는 가장 좋은 방법을 찾고 매달리는 데 필요한 최소한의 악력만을 이용하며 홀드를 당길 때 잡는 상태가 어떻게 달라지는지 느끼도록 한다. 발이나 몸의 균형, 확보자 등 다른 영역에 대해서는 안전한 범위 내에서 가능한 한 적게 초점을 맞추라. 쉽게 말해 그런 영역은 자연스럽게 되도록 내버려 두어라. 발이 어디로 가고 밸런스가 어떻게 이동하는지에 대해서는 육감을 이용한다.

실제로 해보면 꽤 어려운 연습임을 금방 알게 된다. 어느 사이엔가 산만해져서 다른 영역이나 바닥 쪽으로 생각이 흩어진다. 이렇게 되면 재빨리 원래의 등반에 초점을 재조정하도록 한다. 바로 이러한 과정이 잃어버린 초점을 인식하고 중요한 일에 다시 초점을 되돌리는 연습이다. 초점을 잃었음을 예민하게 알아내는 것이 초점을 제어할 수 있는 방법이다.

이 연습을 정기적으로 반복하되 초점을 매번 바꾸도록 한다. 예를 들어 발 위치 또는 체중 이동 등과 같이 하나의 초점을 유지할 수 있는 시간이 길어지면 정신적 지구력을 높이는 데 도움이 될 것이다. 좀 더 능숙해지면 단일 초점 훈련을 다이내믹 초점 훈련으로 전환한다. 즉 초점을 그 순간에 가장 중요한 일로 계속 옮겨가는 훈련을 한다. 루트 등반을 하면서 다양한 동작 사이에서 초점을 재빨리 이동하는 것이다.

연습을 자꾸 하다 보면 초점을 맞추었다가 재조정하는 과정이 대부분 무의식적으로 된다. 이렇게 훈련해 놓으면 등반 과정에서 초점이 분산되는 경우에 마음이 즉각 그 사실을 알아채고 초점을 다시 되돌릴 수 있다. 이런 방식을 통해서 점점 더 등반에 몰입하는 상태가 될 것이다.

초점 모으기

이 연습은 등반을 시작할 준비가 되도록 초점을 단일하게 모으고 마음을 고요하게 유지하도록 도와준다. 등반 전 의식을 끝내고 확보가 된 상태에서 시작한다.

등반 시작점에 서서 어깨를 펴고 눈을 감은 상태로 바위 면에 손가락 끝을 대어본다. 손가락은 홀드를 잡지 말고 벽을 부드럽게 대고 있어야 한다. 손과 팔의 근육은 완전히 이완되어 있어야 한다. 세 번 깊은 호흡을 한다. 호흡을 할 때마다 다섯까지 세면서 숨을 코로 들이마시고 열까지 세면서 입으로 내쉰다. 기분 좋은 마음의 물결이 온몸을 통과하도록 하고 초점을 바위에 대고 있는 손끝에 집중한다. 그러면 손가락에서 바위로 열에너지가 옮겨가는 것을 느낄 수 있을 것이다. 바위가 몸보다 더 뜨거운 경우에는 열에너지가 손가락으로 들어오는 것을 느끼게 된다. 손끝과 바위 사이의 에너지 교환에 초점을 맞추면서 1~2분 동안 유지한다. 초점이 흩어진다면 얼른 손끝으로 다시 초점을 맞추어라. 곧 모든 초점이 손끝에 집중될 때 마음은 고요해지며 이런 상태에서 눈을 뜨고 등반을 시작한다.

제9장
기술 훈련

등반은 바위를 오르는 행위다. 바위를 오르기 위한 가장 핵심적인 항목은 기술과 전략이다. 그럼에도 클라이머들이 주로 관심 있는 부분은 근력 훈련이며 가장 인기 있는 주제도 근력 강화다. 하지만 근력보다 더 효과적이며 빨리 향상될 수 있는 부분은 정신력 훈련과 기술 훈련이다.

역설적이게도 대다수의 클라이머는 등반에 필요한 기술을 연습하는 데 거의 시간을 쓰지 않는다. 대부분의 클라이머는 마땅한 코치나 가이드 없이 등반 루트를 하나씩 해나가는 것으로 만족한다. 어떤 스포츠에서든 능숙하고 잘하게 되려면 새로운 기술을 집중적으로 연습하고 약점을 보완해 가야 한다. 그러나 대부분 클라이머는 자신의 최대 등급보다 낮은 루트에서 연습하는 데 시간을 할애하지 않는다. 더구나 어떤 사람들은 자신의 약점을 그대로 드러내는 등반을 피하려고 한다.

이 장에서는 새로운 등반 기술이나 동작과 관련된 운동 학습의 세 단계를 소개할 것이다. 또한 등반에서 적절한 동작에 대한 해답을 찾기 위해 뇌가 어떻게 작동하는지에 대해 얘기할 것이다. 이것을 이해하기만 한다면 매우 강력한 지식을 얻는 셈이며, 훈련의 한 부분으로서 정기적으로 기술 훈련을 시작하게 될 것이다. 또한 이 장에는 실내외 어디에서든 사용할 수 있는 훈련들이 소개되어 있다. 일상적으로 이 훈련들을 통해 등반 기술과 전반적인 등반 실력이 크게 향상될 수 있다.

운동 학습의 원리

스포츠에서 운동 학습이란 어떤 기술의 동작을 획득하는 과정을 의미한다. 기술의 종류(걷기, 운전, 등반 등)에 관계없이 학습은 인식, 동작, 자동의 세 단계로 구성된다.

인식 단계

이 단계는 어떤 운동에 대해 생각하고 설명을 듣거나 다른 유사한 행동과 비교하며 실제로 하면 어떨지에 대해 추정하는 단계이다. 또한 근육의 운동감각이 어떤 느낌일지 기대하고, 앞으로의 목표나 원하는 결과를 그려보는 과정도 포함된다.

인식 단계의 초기 시도에서는 어색하고 비능률적이며 거친 행동으로 나타내며, 에너지와 근력을 소진해 버린다. 처음 해보는 형태의 등반이나 특히 어려운 루트를 처음으로 시도할 때 경험하는 단계이다. 초기의 연습 단계에서는 바닥에서 루트를 보면서 동작과 휴식지점을 그려본 다음, 윗줄 오르기 또는 볼트에서 볼트까지 선등을 하면서 등반을 시도한다. 이런 초기 시도의 결과는 대부분 불완전한 모습으로 나타나지만 계속 연습함으로써 등반 성과는 점점 나아진다.

이 단계는 크게 지적 능력과 성격에 연관된 특성이 작용하며 신체적인 능력과는 크게 상관이 없다. 따라서 초반에 잘하는 사람들(선천적인 재능이 있는 사람들)은 제일 힘이 센 사람들이 아니라 지각력이 있고 머리 회전이 빠르며 자신감이 있고 육체적으로 긴장되어 있지 않은 사람들이다. 실제로 처음 등반을 하는 초보 여성 클라이머가 비슷한 남성 클라이머보다 처음 며칠간은 등반을 더 잘하는 것을 쉽게 볼 수 있다.

동작 단계

동작 단계는 지속적인 연습의 결과로 신경계와 뇌에 의해 등반의 효율성과 조직화가 증가하는 단계이다. 이것은 의식적인 노력과 사고의 산물이라기보다는 자동적으로 나아지는 현상이다. 뇌의 신경회로는 수많은 시도와 더불어 피드백을 받아서 효율적으로 실행하게 될 때 개발된다. 에너지 소비가 감소하고 신체의 효율성이 뚜렷하게 증가한다.

이 단계는 등반에서 동작과 클립을 알고 있는 두 눈에 오르기 등반을 시도할 때 잘 나타난다. 이때의 목표는 효율성을 개발하고 고빗사위를 등반하기 위해 근력과 지구력을 보존하는 것이다. 여기서는 팔다리 동작의 정확성, 사소한 실수를 인지하고 수정하는 속도, 불안감이나 의심에 대한 민감성 등이 관계한다. 이러한 요소들은 의식적인 사고가 아니라 끊임없는 연습과 완벽성의 추구를 통해서만 획득된다.

자동 단계

운동 학습의 마지막 단계는 자동 단계로 부른다. 이 시점에서는 동작이 자동적으로 이루어지며 거의 의식적인 주의를 기울일 필요가 없이 동작이 안정적이고 매끄러운 상태에 도달하게 된다. 이 단계에서는 완전한 몰입 상태가 되기도 하는데, 등반은 끊임없이 반복적인 연습을 통해서만이 도달한다. 자신이 완전히 외우고 있는 루트를 수없이 반복할 때 이 상태를 경험할 수 있다. 또한 이러한 몰입 상태는 자신의 최대 등급보다 낮은 루트를 첫눈에 오르기를 할 때도 경험할 수 있다.

습관적인 행동

등반기술은 바위의 모양과 종류에 따라 다르다. 따라서 능숙한 클라이머가 되려면 다양한 종류의 바위에 대한 경험이 필요하다. 습관적인 행동은 뇌와 척수의 운동 체계에 의해 무의식적으로 개발되고 적용되는 일련의 과정이다. 이것은 어떤 조건이 주어졌을 때 동작이나 근력, 몸 자세를 조정하는 방법이라고 할 수 있다. 등반의 조건들은 바위의 각도, 마찰력의 수준, 사용하는 홀드의 형태 등에 따라 달라진다. 따라서 한두 종류의 벽에서만 등반한다면 바위, 마찰력, 홀드에 대해서 좁은 범위의 습관적인 행동을 하게 된다.

이때의 운동 프로그램은 아무리 잘 학습되더라도 비슷한 상황에서만 효력을 보이며, 심지어 같은 바위에서도 더 어려운 부분에서는 잘 적용되지 못한다. 더욱 나쁜 점은 다른 지역으로 등반 여행을 갔을 때 습관적인 행동 때문에 원래 능숙하게 했던 등급보다 더 어려워지거나 더 낮은 등급을 등반하게 된다는 점이다.

반대로 자주 여행하는 클라이머라면 수많은 종류의 다른 동작, 자세, 홀드들을 자신의 습관적인 행동에 기록해 놓았을 것이다. 이런 엄청난 경험 덕분에 대부분의 바위 형태에서 상당히 높은 수준으로 등반할 수 있을 것이다. 기술이 뛰어난 스키선수나 서핑선수들이 어떤 슬로프나 파도에서도 잘하듯이 습관적인 행동을 개발하게 되면 지구 상의 어느 바위에서도 높은 수준으로 첫눈에 오르기를 할 수 있는 클라이머가 될 것이다.

새로운 기술의 학습

새로운 기술을 배우고 그것을 효율적이고 창의적으로 사용하기 위해서는 운동 학습의 세 단계를 거쳐야 한다. 기술의 난이도에 따라 배우는 과정은 느리고 어색하며 실망스러울지도 모른다. 따라서 훌륭한 기술을 배울 수 있다는 강한 믿음과 훈련이 필수적이다. 어설픈 클라이머는 그러한 과정을 기술을 통해서가 아니라 근력에 의존함으로써 돌파하려고 한다.

즉 새로운 동작, 기술, 몸 자세를 배우면 더 효율적으로 할 수 있는 동작을 런지나 스윙 또는 돌아서 넘어가려고 한다. 또 다른 예는 실내 암장이나 민탈 클라이머가 처음 틈새 등반을 배우려고 할 때 고통스러운 끼우기나 틈새의 다른 면을 미는 동작을 피하려는 경향이 흔히 나타난다. 결국 클라이머는 팔에 펌핑이 나고 루트가 실제 등급보다 더 어렵다고 주장하지만, 사실은 가장 효율적으로 그 루트를 등반하는 데 필요한 기술을 사용하지 않았기 때문에 어려웠던 것이다.

처음에 새로운 동작이 아무리 어렵게 느껴지더라도 집중적인 연습을 통해서 쉽게 실행할 수 있다는 확신을 가져야 한다. 또한 새로운 기술을 다양한 바위 종류나 각도에서 연습해 봄으로써 가장 능숙해지도록 해야 한다. 또 한 가지 중요한 점은 피곤하고 무섭거나 급한 상황에서는 학습이 느리고 어려워지는 반면, 생생하고 확신에 찬 상태에서는 새로운 기술을 빨리 습득할 수 있다는 것이다.

어떤 특정한 종류의 등반을 위해 훈련하고 연습하는 최상의 방법은 없다. 사람들이 새로운 기술을 배울 때 심지어 아이들이 걸음마를 배울 때조차도 두뇌는 수많은 해답을 만들어낸다. 여러 가지 과정들을 시도하고 나서, 성공적인 기술은 유지되지만 별로 효과가 없는 기술은 폐기된다.

또한 어떤 동작에 대한 창조적이고 독창적인 기술은 학습 과정에서 계속 만들어지며 클라이머들은 이 기술들을 인지하고 학습한다. 어느 시점까지는 힐 훅, 데드포인트, 피겨 4 자세와 같은 독특한 동작은 존재하지도 않았으며 배울 수도 없었다. 누군가 등반에 대한 학습 과정 중에 그런 동작들을 만들어 냈으며, 이제 많은 사람들은 이와 같은 동작들을 흔하게 사용한다. 마지막으로 숙련된 클라이머가 되기 위한 가장 필요한 조건은 새로운 기술이 어색하고 재미없어 보이더라도 마음을 열고 호기심을 가지며 배우려는 의지를 갖는 것이다.

향상 속도와 기술 수준

연습의 법칙에 따르면 기술은 등반을 처음 연습할 때 바닥 수준으로부터 빠르게 향상되며 능력이 어떤 절대 수준에 근접하면 천천히 약간씩 증가한다. 자동차 운전과 같은 단순한 일은 숙달될 때까지 몇 주밖에 걸리지 않는다. 이 기간을 지나고 나면 차를 수천 시간 운전한다고 해도 운전기술은 단지 약간 향상될 뿐이다.

골프나 등반 같은 복합적인 행위에 대한 학습 곡선을 보면 초반의 연습 결과로 기술이 빠르게 증가하지만, 기본적으로는 상당히 복잡하고 예민한 기술이기 때문에 수년 또는 수십 년 동안 계속 발전할 수 있다. 사실 등반보다는 골프가 기술적으로 더 어려운 스포츠인데, 몇몇 타고난 클라이머는 5년 이내에 정상급에 도달할 수 있지만, 타이거 우즈 같은 최고의 골프선수들은 정상급 수준에 도달하기까지 15년이 걸린다.

특정 형태의 등반에 연습을 집중하고 훈련함으로써 발전 속도를 최대로 높일 수 있다. 실내 볼더링 게임이나 하늘벽 루트 등반과 같은 특정 형태의 등반에서 높은 수준을 보여주는 클라이머는 오늘날 흔히 볼 수 있다. 그들은 등반을 잘하기 위해 필요한 습관적인 행동들의 개발에 연습을 집중했기 때문이다. 물론 단점은 습관적인 행동 때문에 다른 형태의 등반이 다소 어려워진다는 것이다.

숙달된 전천후 클라이머가 되려면 오랜 시간이 걸린다. 훈련에 대한 가장 현명한 접근법은 등반을 시작해서 처음 몇 년 동안 지독하게 힘을 기르는 방법보다는 기술 훈련에 중점을 두는 방법이다. 바위에서 타이거 우즈 같은 사람이 되고 싶다면 여러 해 동안 헌신적으로 연습할 자세를 갖고 확실한 전천후 기술자가 되도록 노력해야 한다.

기술을 개발하기 위한 훈련

볼더링

볼더링은 근력을 개발하기에 제일 좋은 방법으로 알려져 있지만, 등반기술이나 새로운 습관적인 행동을 획득하는 데 더 효율적인 방법이다. 최근에 했던 볼더링 문제를 생각해보라. 아마도 어려운 문제를 몇 번이고 해서 결국은 성공한 적이 있었을 것이다. 여러 번 시도하면서 근력이 증가했기 때문에 성공했을까, 아니면 연속적으로 시도하는 가운데 동작을 가장 효율적으로 하는 데 필요한 자세를 배운 것인가? 대답은 자명하다.

볼더링에서는 줄을 매고 등반하는 구속이 없어서 특정 기술이나 연속 동작을 배우기 위해 반복적으로 시도해볼 수 있다. 일단 기술이 완성되고 나면 더 이상 얻을 부분은 없다. 추가적으로 더 학습하려면 새로운 기술을 연습하거나(예를 들어 새로운 동작과 자세의 볼더 문제) 어떤 요소(각도, 홀드 크기, 홀드 위치나 간격 등)를 수정해야 한다.

실내 암장은 이런 연습을 하기에 가장 이상적인 장소이다. 예를 들어 하늘벽에서 언더 홀드와 엉덩이를 돌리는 기술을 배우려 한다고 가정해 보자. 먼저 상대적으로 쉬운 언더 홀드와 힙 턴 동작이 있는 문제를 세팅하고 100퍼센트 마스터했다고 느낄 때까지 몇 번이고 연습한다. 다음으로 홀드 방향과 위치를 약간 바꾸어 문제를 새로 디자인하고 완벽히 될 때까지 반복해서 연습한다. 그다음에는 홀드 크기를 줄이고 연습을 반복한다. 이렇게 모든 경우의 수를 다할 때까지 과정을 반복한다.

이러한 연습 훈련을 완료하려면 하루 저녁이 걸릴 수도 있고 몇 주가 걸리기도 한다. 그러나 기간과 관계없이 최종적으로는 이런 동작과 관련된 습관적인 행동들을 익힐 수 있고 나중에 실제로 등반할 때 그런 기술을 재빨리 실행할 수 있게 된다. 따라서 광범위한 동작 형태와 각도로 야외에서 볼더링하는 것이 폭넓은 등반 기술을 쌓는 데 가장 좋은 방법이다.

가로지르기 훈련

볼더링처럼 가로지르기 훈련도 기술적 측면에 초점을 맞춘 훈련이다. 어떤 사람은 바위 아래쪽이나 실내 암장에서 즉흥적으로 가로지르는 것이 볼더 문제 다음으로 지루하다고 여길지도 모른다. 하지만 이런 훈련은 이미 등급이 매겨져 있는 볼더 문제에 비해서 중요한 장점들을 갖고 있다. 등급이 있는 볼더 문제를 할 때는 자신의 기술이 아무리 보잘것없고 비효율적이라 하더라도 어떻게든 성공하고 싶은 마음이 자연스러운 일이다. 앞서 언급했듯이 성과를 위한 등반에서는 새로운 기술을 개발하기 어렵다.

반대로 기술과 동작 연습을 위한 가로지르기 훈련에는 등반 성과를 내려는 압박감이 없어진다. 벽에서 떨어질 것인지 아닌지에 대해 신경 쓸 필요 없이 잡는 자세와 부드럽고 정확한 발동작, 다양한 몸자세 등을 실험해볼 수 있다. 이 훈련의 장점을 최대한 살려서 각각의 발 위치를 주의 깊게 두고서 발에 체중을 싣기 위한 정교한 기술과 어려운 연속동작에서 재빠르고 자신감 있게 움직이는 동작에 집중해보라. 마지막으로 항상 고요하고 긴장되어 있지 않은 상태를 유지하려고 애쓰고 균형을 잃을 때마다 발끝에 다시 집중하도록 노력한다.

가로지르기의 장점을 혼합하여 다양한 훈련을 해볼 수 있다. 예를 들어 두 손가락(검지와 중지 또는 중지와 약지)만 이용해서 가로지르기를 해보는 것이다. 이 훈련은 최대한 발에 체중을 싣도록 하며, 손가락 근력을 증가시키는 데도 좋은 방법이다. 또 다른 방법으로는 감싸 잡기 자세만 이용해서 완전히 가로지르기에 도전해보는 것이다. 이것은 원래 당겨 잡기를 선호하고 있었다면 더 어렵지만 유용한 방법이다. 창조적으로 생각해서 다른 훈련들을 자꾸 개발해보라. 예를 들어 옆으로 당기는 방법만 쓰기, 언더 홀드로만 잡기 등의 훈련이 있다. 초급자와 중급자는 정기적으로 이런 훈련들을 시행하면 많은 것을 얻을 수 있을 것이다.

윗줄 오르기와 그대로 오르기

윗줄 오르기와 그대로 오르기는 구멍 홀드나 틈새처럼 익숙하지 않은 지형에서 등반하거나 자신의 한계에 가까운 어려운 동작을 연습할 때 이상적인 방법이다. 앞에서 얘기한 것처럼 긴장되지 않고 스트레스가 낮은 환경이 새로운 기술을 배우는데 결정적인 요소이다. 윗줄 오르기를 하거나 볼트와 볼트 사이를 선등하게 되면 스트레스가 낮은 상태가 되어서 심각한 추락이나 부상의 위험 없이 어려운 동작을 연습할 수 있다.

지속적으로 어렵거나 고빗사위가 여러 번 있는 루트를 시도할 때 더 작은 부분으로 나누는 것이 최선이다. 이렇게 하면 루트를 부분적으로 해결할 수 있어서 정신적 부담이 줄어든다. 그대로 오르기에서는 볼더 문제를 푸는 것과 비슷하게 하나의 연속 동작을 반복적으로 하는 구간별 연습을 적용할 수 있다. 일단 한 문제가 해결되고 성공 확률이 높아지면 다음 구간으로 옮겨 가서 시도해볼 수 있다. 모든 구간을 해결하고 충분히 쉰 후에는 다음 목표로 그 구간들을 연결해본다.

스틱 게임

이 게임은 새로운 동작을 첫눈에 오르기처럼 빨리 판단하고 실행하는 기술을 배우기에 좋은 방법이다. 실내 암장에서 적어도 두 명이 번갈아 가면서 즉흥적으로 볼더 문제를 찍어주면 된다. 한 사람이 홀드 두 개씩 내고 번갈아 가면서 볼더 문제를 푸는 방법이다. 추락하거나 문제가 끝날 때까지 계속 이런 방식으로 한다. 이 게임을 할 때는 보통 홀드만을 지정하고 발 홀드는 자유롭게 사용할 수 있도록 한다.

뒤따라가기와 제거 훈련

이 훈련은 볼더링이나 윗줄 오르기 등반할 때 실내에서 이용할 수 있다. 목표는 손으로 잡은 홀드에 발이 그대로 따라가는 것이다. 사다리를 올라갈 때처럼 오른손으로 잡은 곳에 오른발을 디딜 수 있도록 훈련한다. 제거 훈련은 특정 홀드를 생략하는 것이다. 똑같은 루트를 계속해서 반복 연습해서는 얻을 것이 거의 없다. 그 루트에서 가장 큰 다섯 개의 홀드를 제거시킴으로써 자신에게 도전해보라. 혹은 사이드 홀드나 언더 홀드로만 잡도록 제한하거나 두 손가락만 써서 등반하도록 해보라. 이렇게 하면 자기와 주위 사람들에게 꽤 재미있을 뿐 아니라 기술 연습과 전체 실력을 향상하는데도 훌륭한 방법이 된다.

다운 클라이밍

이 방법은 팔의 펌핑을 두 배로 나게 하는 효과 외에도 많은 장점이 있다. 다운 클라이밍하려면 올라갈 때 루트를 훨씬 잘 관찰하게 되고 집중한다. 또한 이 연습은 발동작에 강한 집중을 요구하기 때문에 발동작이 좋지 못한 클라이머들이 연습을 하면 많은 것을 얻을 수 있다.

처음으로 다운 클라이밍을 해보면 상당히 어렵고 어색하며 심한 펌핑이 나게 된다. 그러나 홀드에 대한 인지력이 향상되고 루트를 거꾸로 할 수 있게 되면 다운 클라이밍이 처음 완등할 때보다 훨씬 더 쉽게 느껴질 것이다. 이것은 근력의 길이가 길어지는 수축 과정이 근육이 짧아질 때의 수축 과정보다 훨씬 강할 뿐만 아니라 내려갈 때는 발이 리드하기 때문에 발에 최대한 체중을 실어서 에너지를 보존하는 법을 배우기 때문이다. 이런 이유 때문에 진지한 클라이머라면 다운 클라이밍 훈련을 간과하지 않는다.

스피드 훈련

바위의 경사가 심하고 동작이 어려울 때 빨리 정확하게 등반할 수 있는 것보다 더 중요한 일은 없다. 빨리 등반하는 것은 근력이나 파워의 문제가 아니라 일차적으로 기술의 문제이다. 사실 근력과 지구력이 부족할수록 빨리 등반하는 기술은 더 중요해진다.

동작이 흐트러지고 기술이 엉망이 되기 시작한다면 빨리 등반해도 얻을 점이 없다. 따라서 자기의 최대 능력에서 한두 단계 아래 등급의 루트에서 스피드 훈련을 하는 것이 가장 좋다. 루트를 몇 차례 등반하되, 등반 사이에는 휴식한다. 다시 할 때는 이전 등반보다 좀 더 빨리 등반해본다. 약 10퍼센트 정도 더 빨리 등반하려고 노력한다. 그러나 기술이 흐트러지는 신호가 오면 속도를 다시 낮추어라.

수개월 동안 일주일에 몇 번 정도 스피드 훈련을 시행한다. 그러면 첫눈에 오르기 또는 두눈에 오르기를 할 때 자연스럽게 더 빨리 움직이는 자신을 발견하게 될 것이다. 이런 새로운 기술 하나만으로도 한 시즌 동안 두눈에 오르기 능력을 한 등급 이상 올릴 수 있다.

문제 해결 능력을 키우는 전략

어렵거나 복잡한 루트를 할 때 즉각 문제를 해결하고 학습하는 기술을 발전시키기 위한 여섯 개의 정신적 전략을 제시하고자 한다. 이 전략은 정신적, 육체적 에너지를 보존하면서도 난해한 고빗사위를 재빨리 파악하는 기술이다.

성과가 아니라 문제 해결에 집중하라

상급자들이 어려운 볼더 문제나 프로젝트 루트를 등반하길 좋아하는 이유는 복잡한 문제를 연구해서 아름답고 독특한 연속 동작이 점차 만들어지는 과정을 볼 수 있기 때문이다. 예를 들어 볼더 문제나 고빗사위 동작을 할 때 이런 바위 퍼즐의 아름다움에 깊이 빠져서 어려운 과정을 해나가는 즐거움을 느껴보아라. 이런 식으로 하다 보면 실패할 것 같은 마음가짐에서 벗어나서 문제에서 한 발 떨어져 해결책을 찾는 쪽으로 초점이 옮겨가게 된다. 뇌는 자신이 집중하고 있는 부분을 자연스럽게 증폭시킨다. 문제가 아니라 해답을 찾고 싶다면 문제에 초점을 맞추는것이 아니라 항상 해결 지향적이어야 한다.

여유를 갖고 긍정적인 상태를 유지하라

문제 풀기와 운동 학습은 모두 스트레스와 불안이 없는 상태에서 가장 빨리 배울 수 있다. 따라서 깊은숨을 쉬고 긍정적인 시각화를 하며 해결 지향적인 마음가짐을 유지함으로써 긴장을 컨트롤하는 것이 매우 중요하다.

또한 '루트를 완등해야 한다'거나 '이번 시도에서 두눈에 올라야 한다'는 생각을 없애야 한다. 이런 생각은 자기에게 안 좋은 방향으로 작용하게 된다. 그런 필요성을 마음에 두고 있으면 오히려 그것을 방해하는 스트레스와 불안감만이 생긴다. 대신에 추락이 학습 과정의 한 부분임을 깨닫고 각각의 추락은 루트에 대한 해결 단서임을 인정한다. 추락은 좀 더 다르고 낫게 할 필요가 있다는 것을 가르쳐 준다. 추락이 일어난다면 인정하기로 미리 다짐하고, 성공은 창의성, 노력, 인내와 함께 온다는 점을 믿도록 한다. 그렇게 할 때 가장 빨리 배우고 성공할 수 있다.

루트를 분할하라

앞에서 언급했듯이 길고 어려운 루트를 짧은 문제들의 연속으로 쪼개면 등반이 더 수월하고 배우기에 더 쉬워진다. 또한 이런 짧은 문제들은 단기 목표가 될 수도 있다. 따라서 루트 전체를 며칠 동안 실패한다 하더라도 각각의 문제를 해결할 때마다 짧은 성공을 경험할 수 있을 것이다. 성공했다는 느낌 덕분에 계속 활력이 넘치고 긍정적인 상태로 계속 루트를 해나갈 수 있게 된다.

각각의 부분들을 등반할 때 하나에 얽매이지 않도록 한다. 여섯 개 조각 중에서 두 번째 조각을 계속 시도하게 되면 설령 문제를 풀게 되더라도 정신적, 육체적으로 지쳐서 다른 문제들을 시도하기 어렵게 된다. 따라서 '난 할 수 없어. 절대로 못할 거야.'같이 판단을 하기 전에 얼른 다음 문제로 옮겨가는 것이 가장 좋다. 그런 판단을 무의식 속에 감춰두면 결국 현실이 될 가능성이 크다. 그보다는 루트의 나머지를 풀고 나서 그 문제로 되돌아오는 것이 더 낫다.

양쪽 두뇌를 모두 사용하라

잘 알다시피 두뇌는 좌뇌와 우뇌로 이루어져 있다. 좌뇌는 논리적이고 실용적인 영역, 언어, 수학 등과 관련되며 우뇌는 창조적, 예술적, 직관적인 영역의 문제들과 관련된다. 대다수 사람들은 좌뇌에 치우쳐 있으며, 등반과 같이 복잡한 상황에서는 좌뇌를 주로 이용하게 된다. 많은 클라이머들이 우뇌를 사용하지 않기 때문에 결정적인 순간에 문제 해결 능력이 떨어진다.

우뇌는 사람이 긴장하지 않은 상태일 때 가장 잘 작동한다. 따라서 루트를 향해 돌진해서 완등을 위해 빨리 올라가는 식의 행동이 아니라, 바닥에서 마음을 편안하게 갖고 천천히 워밍업하며 로프를 묶기 전에 등반을 천천히 연구하는 방식이 필요하다. 특히 좌뇌 쪽으로 많이 치우친 사람들은 관찰자의 입장에서 볼 필요가 있다. 등반의 큰 그림을 보고 가능한 모든 접근 방법과 연속 동작들을 상상해보는 습관을 들여서 자신의 독창성을 기르도록 한다. 논리적이고 실용적으로 생각하는 것뿐만 아니라 직관적이고 창조적으로 생각하면서 문제를 해결한다.

다양한 감각을 이용해서 학습하라

우리가 배우는 모든 것은 오감 중의 하나에서 비롯되며 더 많은 감각을 이용할수록 더 쉽고 빠르게 배우게 된다. 보통 클라이머들은 바닥을 떠나기 전에 시각적 감각을 사용하며 등반을 시작할 때 촉각을 이용한다. 냄새와 맛은 등반 성과에 크게 기여할 수 없는 반면, 청각은 상당히 강력한 학습도구가 된다. 특히 어려운 연속 동작을 외우려고 할 때 그렇다. 중요한 홀드와 동작에 이름을 붙여주어라. 아주 작은 홀드에서의 불분명한 동작을 촉각이나 시각으로 기억하려고 할 때 "동전만 한 홀드에 발을 높이 올리고 나서 감자칩 같은 홀드까지 데드포인트 하기"라고 말로 설명하면 기억하기 쉽다. 우습게 들릴지 모르지만 꽤 효과가 있다.

우스꽝스러운 것을 시도해 보라

배움에서 가장 큰 걸림돌은 판단이다. "다른 사람은 이런 동작을 사용하니까 이것이 가장 좋은 방법일 거야."라고 말하거나 새롭거나 불가능해 보이는 동작이 마음속을 스치고 지나갈 때 시도해보지 않는 것은 자기 기만의 한 형태이다. 자신을 이런 방식으로 제한하지 말아야 한다. 우리 뇌는 자신이 그것을 말하기 전까지는 할 수 있을지 없을지조차 알지 못한다. 가장 좋은 방법은 창조적이면서도 오픈된 마음을 갖는 사람이다. 그런 사람은 이미 알려진 동작과 전혀 다른 새로운 해답을 시도하는 데 결코 망설이지 않는다. 이러한 기술을 기르기 위해서 현재 자신에게 효과가 없는 해답을 무시해 버리고 몇 가지 완전히 다른 우스꽝스러운 동작을 시도해보라.

다양한 몸자세를 시도하고 벙어리 홀드, 옆으로 당기는 홀드, 집어잡는 홀드 등의 좋지 않은 홀드를 무시하고 넘어가지 않도록 한다. 또는 꼭 사용해야 할 홀드를 무시하거나 반대쪽 손으로 사용해보라. 초크 자국이 없지만 연속 동작을 해결해 줄지도 모를 홀드를 찾고 루트에서 벗어나 있는 발 홀드를 찾도록 한다.

제10장
신체 훈련

최근 몇 년간 암벽등반처럼 산악인들의 평균 실력이 드라마틱하게 증가한 스포츠도 없을 것이다. 1980년대에는 존재하지도 않았던 5.12, 5.13같은 등급을 할 수 있는 아마추어 클라이머도 많다. 이처럼 엄청나게 향상된 이유는 암벽화의 발달과 스포츠클라이밍 기술의 발전 외에도 실내암장의 확산과 근력 훈련에 대해 관심이 증가한 때문이다.

최상의 훈련 방법에 대해서는 여전히 논란의 여지가 많고 각종 훈련 정보들이 종종 상반된 내용을 말하고 있어서 혼란스러울 정도이다. 그러나 5.14급 클라이머들의 훈련방법에 대한 글은 평균 실력의 클라이머에게는 거의 도움이 되지 않고 종종 부상을 입게 될 수도 있다는 점은 분명하다. 헬스클럽에 가서 하중 운동을 하는 대부분의 클라이머에게는 거의 이득이 되지 않고 오히려 등반 성과를 방해할 수도 있다.

이렇게 혼란이 있다 보니 많은 클라이머들이 '등반을 위한 훈련으로 그저 등반하기'로 결심하게 된다. 이것은 초보들에게는 아주 좋은 전략이 되지만 중급 이상의 클라이머들이 실력을 향상시키고 자신의 한계까지 도달하기를 바란다면 스포츠클라이밍에 고유한 근력 훈련을 할 필요가 있다. 그렇게 하기 위해서는 우선 근력 훈련의 이론과 과학을 기본적으로 이해할 필요가 있다. 사실 이론적인 사람이 실용적인 사람이 되는 법이므로 훈련 이론의 지식을 갖게 되면 좀 더 효율적으로 훈련할 수 있게 된다.

근력과 운동 생리학

　등반이 등반을 위한 훈련으로 가장 좋은 방법이 아닌 이유는 두 가지 목적이 서로 다르기 때문이다. 등반할 때는 팔과 전완근이 펌핑 나기 전에 볼더 문제나 루트의 끝까지 도달하기를 원한다. 반대로 등반을 위한 훈련에서는 가능한 가장 높은 강도로 운동하고 몇 분 뒤에는 근육 펌핑이 일어나기를 원한다. 즉 등반할 때는 근육의 파괴를 최소화하고 훈련할 때는 오히려 근육을 파괴하는 상반된 목표를 추구하는 셈이다.

　등반과 훈련의 차이를 보여주는 또 다른 예는 바위를 잡는 방식이다. 등반할 때는 홀드를 다양하게 잡으므로 한 가지 동작만을 사용할 수 없다. 그래서 개개의 잡는 방식(당겨 잡기, 감싸 잡기, 집어 잡기 등)을 위한 근력의 증가 속도가 느리다. 이런 이유 때문에 등반 중에는 무산소 지구력(근지구력)을 향상할 수 있지만, 최대 근력은 증가시킬 수 없다. 따라서 잡는 방식을 다양하게 하면 등반에서 지구력을 증가시키기에는 좋은 전략이 되겠지만, 최대 근력을 훈련하기엔 좋지 않다.

　효과적으로 손가락 근력 훈련을 하려면 특정하게 잡는 방식으로 펌핑이 날 때까지 연습해야 한다. 다음은 근력 훈련의 과학을 살펴본 다음, 상당히 효과적인 훈련의 비법들을 알아보자.

근육의 움직임과 역할

동작을 할 때 근육들은 기본적으로 서로 다른 역할을 한다.

- 구심성(단축성, concentric) 수축 : 근섬유의 길이가 짧아진다. (예: 턱걸이에서 당길 때의 이두근)
- 원심성(신장성, eccentric) 수축 : 근섬유의 길이가 길어진다. (예: 턱걸이에서 내려올 때의 이두근)
- 등척성(아이소메트릭, isometric) 수축 : 근육의 길이가 변하지 않는 등반 (예: 홀드를 잡을 때의 전완근)

근육 이름

흉쇄유돌근
대흉근
상완이두근
복직근
대퇴근
대퇴사두근
전경골근
삼각근
광배근
봉공근

승모근
소원근
대원근
상완삼두근
전완근
대퇴 이두근
비복근
아킬레스건

- 주동근(agonist) : 동작이 일어나도록 하는 근육들 (예: 이두근과 광배근은 등반할 때 끌어당기는 동작을 하는 근육)
- 길항근(antagonist) : 동작에서 주된 근육과 반대의 힘을 일으키는 근육들 (예: 고무링을 비틀 때 전완근의 앞쪽과 뒤쪽 근육은 서로 반대로 작용함.)
- 안정근(stabilizer) : 주동근이 효율적인 동작을 만들어내도록 전체 구조를 안정화시키는 근육들 (예: 등반에서는 팔과 복근, 하체근이 주로 이런 역할을 함.)

근섬유 형태

근섬유에는 지근(slow twitch)과 속근(fast twitch)이라는 두 가지 형태가 있다.

- 지근 : 전체 근육의 약 50퍼센트를 차지하는데 개인에 따라 20퍼센트에서 80퍼센트까지 차이가 있다. 이런 근육들은 저 강도의 유산소 지구력 등반에서 일차적으로 이용된다.
- 속근 : 고강도의 동작에 주로 이용된다. 피로에 강한 편이며 장시간의 고강도 등반에서 주로 기능을 발휘하고 긴 등반을 할 때 가장 자주 사용된다.

개인의 지근과 속근의 상대 비율은 유전적으로 결정되며 훈련을 하더라도 거의 변화가 없다. 선천적으로 근력이 강한 클라이머는 보통 속근 섬유의 비율이 더 높은 편이며, 마치 에너자이저 건전지 토끼처럼 꾸준히 갈 수 있는 등산가는 지근 섬유의 비율이 더 높은 편이다. 다행히도 지근 섬유는 특정한 훈련 방법을 통하여 속근 섬유처럼 활용될 수도 있다.

근육 동원

같은 타입의 근섬유는 운동단위(motor unit)로 조직되어 있다. 지근 운동단위는 10~180개의 섬유로 되어 있으며, 속근 운동단위는 800개까지 섬유가 분포되어 있다. 근육 수축이 시작될 때 운동단위는 최소한의 지근 운동단위로 시작하여 기본적으로 필요한 수준만 동원된다. 근육 긴장이 증가하면 더 많은 수의 지근 운동단위가 작용하며 긴장이 커질수록 더 많은 수의 속근 운동단위가 작용하기 시작한다. 근육 힘의 최대치는 지근과 속근의 모든 운동단위가 동작에 발휘될 때 나타난다.

이러한 생리적 과정을 알고 있으면 근력을 더 키우려고 할 때 고강도와 최대 하중으로 훈련하는 것이 왜 중요한지 이해할 수 있다. 보통 강도의 동작에서는 일차적으로 지근 섬유를 쓰게 되며 어려운 동작을 만날 때만 속근 섬유를 쓰게 된다. 이처럼 속근 섬유는 역치가 높기 때문에 평소에는 동작에 잘 쓰이지 않으며 폭발적인 파워나 최대 근력을 필요로 하는 동작에서만 사용된다.

근육의 적응

근력 훈련을 하는 목적은 다음 두 가지 기본적인 적응을 위한 것이다. 하나는 신경계의 적응이며, 또 하나는 근육계의 적응이다.

신경계의 적응

신경계는 세 가지 방식 즉, 운동학습, 동기화, 탈억제로 근력 훈련에 적응한다.

- 운동 학습 : 첫 번째 신경 적응인 운동학습은 이전에도 언급된 용어
이다. 새로운 운동을 할 때 초기에는 운동감각에 대한 느낌이 부족한
한계점을 보인다. 처음 몇 주일은 운동학습의 결과로 빠르게 향상되
며 주동근과 길항근 사이의 협력도 증가한다. 하지만 그 이상의 근력
을 얻으려면 다른 적응이 일어나야 한다.
- 동기화 : 동기화는 근력을 증가시키는 두 번째 신경 적응이다. 주어
진 운동을 하는 데 필요한 근육의 협력과 운동 기술을 터득했다고
가정하면, 초기 훈련에서는 운동단위를 다소 무작위적이고 불규칙
적으로 사용한다. 그러나 계속해서 훈련하면 운동단위의 동기화가
일어나서 근육이 동시에 사용되어 더 높은 근력과 힘을 발생시킨다.
- 탈억제 : 마지막 신경 적응인 탈억제는 최대 근력과 파워를 얻으려
는 중급 이상의 클라이머에게 가장 중요하다. 신경근육계는 피드백
메커니즘이 있어서 더 많은 힘을 발생시키는 동안 안전판으로 작용
한다. 근육과 건의 연결부위에 위치한 골지건체(Golgi tendon organ)
는 근육 긴장의 수위에 민감해서 큰 힘을 쓸 때에 그 이상의 운동단
위가 쓰이지 않도록 방해하는 신호를 보낸다.

대부분의 개인에게 이러한 보호반응은 최대 근력을 쓰기 이전에 힘
의 발생을 억제한다. 그것은 경주용 자동차가 최대 시속이 300킬로미
터라도 200킬로미터 정도에서 제한되는 제어판과 마찬가지이다. 다행
히 정기적으로 고강도의 훈련을 하면 골지건체의 민감성은 감소해서
새로운 수준의 최대 근력까지 올릴 수 있게 된다.

최대 근력과 최대 능력의 차이를 근육 결손이라고 한다. 연구결과에

의하면 근력을 큰 폭으로 획득하려면 이러한 신경 억제를 감소시키는 훈련을 해야 한다. 훈련하지 않은 개인은 45퍼센트까지 근육 결손을 보인다고 한다. 즉 신경 억제 때문에 최대 능력의 거의 절반 가까이 최대 근력이 감소함을 알 수 있다. 반면 상급 선수들은 집중적으로 훈련하면 근육 결손을 단 5퍼센트까지 줄일 수 있다고 한다. 따라서 근력의 대부분은 더 크고 무거운 근육을 키우지 않고서도 그 이상의 능력을 발휘할 수 있다.

탈억제를 일으키는 가장 좋은 훈련법은 개인의 근육 결손의 크기에 따라 다르다. 상대적으로 더 큰 근육 결손을 보이는 중급 클라이머는 무거운 하중으로 훈련함으로써 가장 많은 이득을 볼 수 있다. 하지만 더 적은 근육 결손을 보이는 상급 선수들은 무거운 하중과 높은 속도의 조합을 통해서만 더 많은 개선을 이룰 수 있다.

근육계의 적응

장기간에 걸쳐 근력을 획득하면 개별 근 섬유의 크기가 증가하게 된다. 이처럼 큰 근육을 키우는 과정을 하이퍼트로피(hypertrophy, 근 비대)라고 한다. 근육의 크기와 근력 사이에는 밀접한 관련이 있기 때문에 장기적으로 강한 근력은 하이퍼트로피에 따라 결정된다.

다리, 가슴과 같이 잘못된 부위에 큰 근육이 있으면 클라이머에게는 약점이 된다. 심지어 등반에 중요한 당기는 근육들도 잘못된 방법으로 운동하여 지나치게 발달하면 좋지 않을 수 있다. 예를 들어 이두근을 키우는 훈련을 해서 야구공 크기의 이두근을 가지게 되면 바위에서 등반을 잘할 수도 없을 뿐만 아니라 팔 굽혀 끼우는데 방해가 될 것이다.

에너지 시스템

등반에서 주로 사용되는 당기는 근육은 주로 ATP-CP 체계와 젖산 체계로부터 에너지를 생산한다. 젖산 체계는 산소의 유무(무산소 또는 유산소)와 관계없이 기능한다.

ATP-CP 체계

ATP-CP 체계는 격렬한 볼더 문제나 굉장히 어려운 고빗사위 동작과 같이 짧고 강한 동작을 할 때 재빨리 에너지를 제공한다. 또한 훈련할 때는 캠퍼스 훈련이나 한팔 턱걸이처럼 지속시간이 15초 이하인 짧고 강렬한 운동에서 일차적인 에너지 원천이 된다. ATP와 CP는 모든 근육세포에 소량으로 존재하는 고에너지 인산 화합물로서 강도 높은 운동을 할 때는 단 몇 초 만에 공급이 소진된다.

젖산 체계

일반적으로 3분까지 지속하는 고강도 운동에는 젖산 에너지 체계가 동원된다. 이것은 긴 고빗사위 구간을 등반할 때 일차적인 에너지 체계가 된다. 글리코겐 형태의 탄수화물이 젖산 체계의 에너지가 되며 산소의 유무와 관계없이 기능한다.

- **무산소** : 고강도 운동을 하면 근육은 산소가 없는 상태에서 에너지를 만들어 내며 젖산을 계속 생산해 낸다. 젖산이 축적되면 피로와 근육통을 느끼게 되며 곧바로 근육이 더 이상 힘을 쓸 수 없게 된다. 이러한 무산소 에너지 생산의 한계 때문에 극히 어려운 동작을 계속하는 등반은 3분 이하로 제한된다. 결론적으로 길고 어려운 루트에

대해서는 휴식지점부터 다음 휴식지점까지 가능한 한 빨리 등반하는 전략이 가장 좋다.

무산소 역치(anaerobic threshold)는 근육 사용으로 생산되는 젖산이 신체가 젖산을 제거하는 능력을 넘어서게 될 때의 운동량 또는 산소 소모 레벨로 정의된다. 따라서 일단 이 시점을 지나게 되면 젖산의 양은 계속 증가하고 근육은 곧 힘을 쓸 수 없게 된다. 몸의 상태에 따라 무산소 역치는 최대 강도의 50~80퍼센트 운동 강도에서 나타난다. 부풀어 오르고 터질 것 같은 근육이 되면 무산소 역치를 지났다는 신호가 된다.

이러한 지식을 갖고 볼 때 고강도 등반을 위한 인터벌 훈련이 얼마나 중요한지 알 수 있다. 어려운 루트를 완등하려면 오랫동안 무산소 역치를 통과하지 말아야 하며, 일단 통과했다면 휴식지점이나 더 쉬운 부분까지 가능한 한 빨리 등반해야 한다. 그런 후 무산소 역치 아래로 다시 돌아올 수 있으며 신체는 혈중 젖산 농도를 떨어뜨릴 수 있게 된다. 혈중 젖산이 바닥으로 떨어지는데 소요되는 시간은 몸속의 젖산량에 따라 다르지만 20여 분 정도 걸린다.

- **유산소** : 3분 이상 계속되는 근육 운동에서는 에너지를 생산하기 위해서 산소의 사용이 필요하다. 무산소 에너지 생산으로 ATP-CP 저장이 고갈되고 근육과 혈액 내에 젖산 수치가 올라가더라도 운동 강도가 약해지면 운동을 계속할 수 있다. 무산소 에너지 생산은 간이 혈액으로부터 젖산을 제거하는 능력에 비례한다. 하지만 유산소 에너지 생산은 산소가 탄수화물, 지방, 단백질을 분해함으로써 근육 운동에 힘을 보탤 수 있다. 유산소 에너지 생산은 젖산을 생산하지 않

기 때문에 낮은 강도의 운동, 예를 들어 하이킹 또는 쉬운 벽 등반 같은 운동을 한두 시간 동안 지속할 수 있다.

훈련 원리

중요한 훈련 원리를 기본적으로 이해하고 있으면 훈련에 투자하는 시간 대부분을 효율적으로 만들 수 있다. 훈련과 관련하여 특정성, 개별성, 점진적 과부하, 변화, 휴식, 훈련 중지에 대한 중요한 원리를 알아보도록 하자.

특정성

훈련에서 특정성의 원리는 가장 중요한 개념이다. 등반에 유용한 근력을 얻기 위한 훈련은 여러 면에서 등반과 유사해야 한다. 훈련이 더 특정할수록 등반 성과에 대한 이득이 더 커진다. 이런 원칙이 훈련에 어떻게 적용되는지 몇 가지 예를 살펴보자.

서킷 훈련이나 하중 들기는 암벽 등반에서 근육을 사용하는 방식과 유사하게 훈련하는 것이 아니다. 결론적으로 헬스클럽 스타일의 하중 훈련은 유난히 기본 체력이 떨어지는 사람을 제외하면 모든 클라이머에게 시간 낭비가 될 뿐이다. 고무공이나 악력기를 사용하는 방법도 등반에 필요한 손가락 근력을 향상하는 데는 비생산적이다. 잡는 근력은 손가락 자세(당겨 잡기, 감싸 잡기, 집어 잡기), 손목과 팔꿈치의 위치, 수축 강도, 수축 형태(등척성, 등장성) 등에 따라 매우 다른 특정성을 갖고 있다. 최대 부하로 당기는 동안 홀드를 잡는데 실패한다면 같은 상황에서 똑같은 방식으로 훈련해야 한다. 결론적으로 고무공을 비트는 운동은 워밍업이나 부상회복에는 장점이 있을지 몰라도 훈련에는 거의 도움이 되지 않는다.

클라이머들 사이에 가장 인기 있는 운동인 턱걸이는 어떨까? 분명히 그 동작은 등반과 유사하지만 몸자세, 신체 장력의 정도, 손과 팔의 정확한 위치 등은 바위에서 할 때만큼 다양하지 못하다. 또한 어떤 자세에서 버티기나 굽히는 능력은 단순히 당기는 동작보다도 등반에서 훨씬 중요하다. 따라서 턱걸이 훈련을 바위에 잘 적용하려면 모든 세트에서 방식을 바꾸어 턱걸이를 해야 한다. 예를 들어 팔과 팔 사이의 거리를 바꾸거나 한팔을 다른 쪽보다 낮게 쓰거나 다양한 팔의 각도에서 멈추는 방법 등이 필요하다. 이러한 접근 방식이 고정된 자세에서 그냥 턱걸이보다 훨씬 더 장점이 많다.

마지막으로 몇몇 사람들이 등반에 적용하려고 애쓰는 크로스 훈련의 개념에 대해 생각해 보자. 다른 스포츠를 수행하면 등반 성과가 향상될 것이라는 생각은 특정성의 원리와는 완전히 반대되는 개념이다. 사실 크로스 훈련이 유용해 보이는 유일한 스포츠는 철인 3종 경기 같은 유산소 지구력 스포츠라고 할 수 있다.

개별성

이 지구 상의 어떤 클라이머도 자기와 똑같지 않다. 따라서 자신에게 가장 효과적인 훈련 프로그램은 다른 어떤 클라이머의 방식과도 다를 것이다. 그런데도 많은 클라이머들이 동료의 훈련 프로그램을 따라서 하거나 더 나쁘게는 상급 클라이머가 하는 훈련을 모방하는 등 정말 어리석은 접근 방법을 취하고 있다.

가장 현명한 훈련 프로그램은 개인의 목표와 훈련할 수 있는 시간의 양뿐만 아니라 개개인의 강점, 약점, 부상 경험 등을 고려해야 한다. 또한 훈련으로부터 회복되는 시간이 다른 사람보다 더 빠르거나 늦을 수 있기 때문에 최적의 휴식 시간을 위해서 운동 빈도도 달라질 수 있다. 결론적으로 자신에게 최적의 프로그램으로 생각되는 것을 개발하고 실행하면서 다른 사람의 훈련 방법을 무시해 버리는 게 현명하다.

점진적 과부하

점진적 과부하는 근력 훈련의 첫 번째 원리로서 근육의 힘을 증가시키기 위해서는 익숙한 수준 이상의 스트레스로 근육의 운동 능력을 증가시켜야 한다는 원리이다. 이러한 과부하는 강도, 운동량, 훈련 속도를 증가시키거나 연속적인 세트 사이의 휴식 간격을 줄임으로써 달성할 수 있다. 때때로 과부하 방법을 달리하는 것도 좋지만 장기적인 근육 적응을 유도하기 위해서는 강도를 증가시키는 방식이 가장 중요하다.

특히 더 큰 부하를 이용하여 강도를 증가시키는 연습 방식을 찾을 필요가 있다. 이렇게 하기 위해서는 무게를 달고 턱걸이를 하거나 핑거보드에 매달리기 등을 통해서 과중력(hypergravity) 운동을 하는 것이 최선이다.

변화

모든 선수의 가장 흔한 훈련 실수 중의 하나는 정기적으로 훈련 프로그램을 바꾸지 않는다는 점이다. 신체는 똑같은 방식으로 반복적으로 적용되는 훈련 자극에 익숙해지기 때문에 암장에 가서 매번 똑같은 기본 코스를 한다면 훈련을 잘했다고 느낄지 몰라도 근력과 등반 실력은 정체 상태에 이르게 된다. 과부하의 방식을 바꾸고 등반과 운동의 형태와 순서를 바꾸어 봄으로써 훈련에 변화를 주도록 노력한다.

변화의 또 다른 형태인 주기화(Periodization)는 시기별로 전체 운동

강도와 운동량을 바꾸는 것을 의미한다. 예를 들어 실내 훈련을 할 때 높은 운동량(무난한 수준의 많은 루트들), 높은 강도(어려운 볼더링), 고강도와 고운동량(가능한 어려운 루트를 많이 하기) 사이에서 자꾸 변화를 줄 수 있다. 또한 훈련 스케줄에 따라 몇 주 간격으로 운동에 변화를 줄 수도 있다. 변화의 원리를 훈련 프로그램의 초석으로 삼아라. 그러면 놀랄 정도로 좋은 결과를 얻게 될 것이다.

초과회복

앞에서 얘기한 근육 적응은 훈련 중이 아니라 훈련 사이에 일어난다. 충분한 휴식과 건강한 생활 습관(적절한 영향 섭취와 수면)이 훈련 자극에서 오는 근력의 향상을 최대화시키는 데 필수적이다. 일반적으로 완전한 회복을 위해서는 자극의 강도와 운동량에 따라 24시간에서 72시간까지 소요된다. 예를 들어 쉬운 루트 등반이나 하이킹같이 낮은 강도의 등반을 많이 한 경우는 회복하는 데 하루 정도가 걸리는 반면, 거의 한계에 가까운 루트를 많이 등반하거나 과중력 캠퍼스 훈련같이 고강도, 고운동량의 등반을 한 경우는 완전히 회복하는 데 3일 이상이 걸릴 수도 있다.

너무 자주 훈련하고 너무 적게 쉬면 결론적으로 등반 성과를 감소시키거나 부상으로 이어지기 때문에 휴식 원리를 꼭 지켜야 한다. 놀랍게도 이런 오버훈련 증상은 많은 클라이머들에게 아주 흔한 일이다. 주위의 많은 클라이머들이 성가신 부상 때문에 투덜거리거나 열심히 훈련하는 데도 더 강해지지 않는다고 불평하는 모습을 본 적이 있을 것이다.

오버훈련이나 너무 긴 회복시간으로 이어지는 또 다른 원인은 훈련 자극이 주로 신경근육계에 집중되기 때문이다. 운동 자극은 근육 신경을 피로하게 만들고 기능을 일시적으로 저하시킨다. 신체는 적당한 휴식을 통해서 운동 이전보다 더 높은 수준을 만들어 낸다. 특정 수준을 넘어서는 훈련은 근육 성장에 더 이상의 자극이 되지 못하며 오히려 더욱 심한 손상(근육 파열)을 초래하므로 고강도 훈련을 수행할 때 이런 점을 항상 염두에 두어야 한다. 캠퍼스 훈련을 10세트 하더라도 5세트 할 때보다 더한 자극을 주지 못하며 회복하는 데 더 오랜 시간이 걸릴 수 있다. 마찬가지로 턱걸이 20세트나 핑거 보드에서 60분 훈련하는 것도 좋지 않다. 즉 일반적으로 고강도 훈련에서는 더 적은 세트일수록 더 좋다.

휴식

근력 훈련이나 등반을 중지하면 10~14일이 지나면서 근력이 조심씩 줄어들게 된다. 훈련을 새로 시작하지 않는다면 수주일 뒤에는 더 급격한 근력의 감소가 이어지게 된다. 매년 정신적인 이유 또는 부상의 이유로 쉬는 시간을 갖는 것은 좋지만 훈련에 자주 브레이크가 걸리면 장기적인 근력의 향상은 매우 어려워진다.

업무상 출장이 잦다거나 다른 이유로 1~2주 동안 훈련을 쉬어야 하는 경우라면 고강도 훈련 후의 초과회복 원리를 이용하여 휴식의 단점을 어느 정도 보완할 수 있다. 강도 높은 훈련 후에 회복하는 데 3~4일이 소요되므로 바로 전날 그런 훈련을 해줌으로써 며칠간은 훈련을 중지할 수 있다. 따라서 훈련 후 10일 이상이 지난 뒤에 다시 시작하더라도 최고 상태의 근력을 가질 수 있게 된다. 이처럼 극히 심한 훈련을 한 후 초과회복 시간이 길어지는 원리 때문에 평소에 강도 높은 훈련을 하던 클라이머들이 1~2주 동안 쉰 후에도 새로운 수준에 도달할 수도 있다.

훈련 방법

여기에서는 효과적인 근력 훈련에 중요한 개념과 방법들을 소개한다. 등반에서는 당기는 근육이 주로 사용되기 때문에 이런 부분의 훈련에 집중하기로 한다.

근력, 파워, 지구력

근력 훈련을 하면 더 높은 부하에서 근육이 작용할 수 있도록 신경과 근육의 적응이 이루어진다. 반면 근지구력 훈련을 하면 모세혈관과 미토콘드리아의 밀도를 증가시켜서 운동량을 증가시킬 수 있다. 두 가지 모두 클라이머에게는 이득이 되지만 근력 훈련에서 얻는 이득이 사실 더 중요하다. 즉 근력 훈련이 최고라고 할 수 있다.

이러한 개념은 근력을 키우면 지구력도 증가하는 사실에서도 확인된다. 왜냐하면 더 강한 근육은 약한 동작을 할 때 최대 근력을 더 적게 이용할 수 있기 때문이다. 또한 강한 근육은 더 높은 지구력을 지닌 약한 근육에 비해 상대적으로 더 높은 무산소 역치를 가지게 된다. 반대로 지구력 훈련은 최대 근력을 조금도 증가시키지 못한다.

결국 가장 뛰어난 전천후 클라이머라면 장기간 훈련의 결과로 근력과 지구력을 모두 갖출 수 있다. 최대 근력 훈련에 초점을 맞춘 개인은 볼더 문제와 짧은 루트에 더 강한 반면, 고운동량 훈련을 강조하는 클라이머는 훨씬 긴 루트에서 등반할 때 더 강하다. 자신에게 최상의 훈련 형태를 결정할 때는 각자의 등반 목표를 항상 고려해야 한다.

근력(Strength)은 근육 그룹이 한 번에 최대 노력으로 낼 수 있는 힘으로 정의된다. 하나의 어려운 동작을 당겨 올리거나 작고 어려운 홀드를 잡는 능력이 바로 최대 근력이다. 파워(Power)는 보다 복잡해서 힘과 힘이 발생되는 거리의 산물이다. 따라서 파워는 근력과 스피드의 결과이며, 파워＝근력×속도 (속도=거리/시간)로 표현될 수 있다. 근력과 파워는 분명히 밀접하게 연관되어 있지만 힘이 적용되는 비율에서 다르다고 할 수 있다.

근력 훈련

훈련의 결과로 근력을 획득하는 속도는 현재 근력의 수준에 비례하여 감소한다. 즉 훈련 초기에는 아무리 형편없고 엉망인 훈련을 했더라도 근력이 향상되게 된다. 좀 더 강하고 숙련된 클라이머의 경우에는 적응이 더 천천히 일어나며 최상의 훈련 방법을 이용하지 않는다면 전혀 근력이 향상하지 않을 수도 있다. 수많은 중상급 클라이머들이 더 이상 강해지지 않는다고 느끼는 이유가 여기에 있다. 그들이 근력을 더 강화시키고 싶다면 좀 더 심화된 훈련 기술을 이용하여 오랜 기간 정확하게 방법들을 적용해야 한다.

최대 근력 훈련의 경우에는 높은 강도와 무거운 중량으로 훈련하는 것이 가장 중요하다. 또한 근육에는 현재 익숙해져 있는 상태보다 더 많은 부하가 주어져야 한다. 하중 들기를 할 때는 높은 중량으로 5~10회 실시하면서 시간이 지남에 따라 횟수를 늘려가며 할 수 있다. 그러나 손가락 근력을 키울 목적이라면 이렇게 하기가 쉽지 않다. 예를 들어 각도가 센 벽에서 자신의 몸을 제어할 수 있을 만큼 근력이 있다면 손가락에 점진적으로 과부하를 주는 방법은 무엇일까? 흔히 생각할 수 있는 답은 '더 오래 등반하기'이며 실제로 많은 클라이머들이 그렇게 하고 있다. 그러나 이런 전략은 손가락의 지구력을 개발하긴 하지만 최대 근력을 증가시키지는 못한다.

• 근력 훈련을 위한 볼더링

더 좋은 전략은 거의 최대 근력을 써야 하는 어려운 볼더링 문제를 하는 것이다. 이런 방법의 단점은 떨어진 원인이 근육 실패 때문인지 동작을 제대로 풀지 못했기 때문인지 파악하기 어렵다는 점이다. 또한 홀드의 사이즈와 형태가 다양하여 각기 다른 잡는 자세를 사용하게 되면 훈련 효과는 더 희석된다. 다양한 자세는 지구력 전략으로는 좋지만 최대 근력을 키우기엔 좋지 않다. 볼더링을 통해서 근력과 파워를 키울수는 있지만 변수가 너무나 많아서 가장 큰 근력을 쓰지는 않기 때문이다.

상체 근력 훈련을 위해서는 각도가 센 인공 암벽에서 볼더링하는 것이 더 좋다. 인공 암벽에서는 홀드의 크기와 거리를 조절할 수 있어서 기술적인 부분을 최소화할 수 있기 때문이다. 그러나 홀드간 거리를 증가시키거나 홀드 크기를 작게 하는 데는 한계가 있다. 근육이 더 이상 힘을 쓸 수 없을 때까지 5~10개 정도의 최대 근력 동작을 반복하는 것이 필요하며 양손으로 등반하는 경우에는 10~20개의 동작이 필요하다.

• 과중력 훈련

위의 전략들을 모두 다 사용해 보았다면 과중력 훈련을 도입함으로써 더 심화된 훈련을 할 수 있다. 상급 단계의 훈련에서는 강도와 부하를 점점 더 증가시키는 것이 매우 중요하다. 이것은 특정한 동작을 할 때 몸에 추가 중량을 더하여 수행함으로써 가능하다. 결론적으로 손가락과 상체 근육들은 이전의 정상 체중에서 경험할 수 없었던 부하와 강도에 노출된다. 추가 중량은 정상 중력보다 더 큰 힘으로 당기는 것과 비슷하므로 이 기술을 '과중력 훈련'으로 명명하였다. 과중력 훈련을 하고 나서 바위에서 등반하게 되면 마치 달에서 등반하는 것처럼 느껴질 것이다.

이러한 방식을 이용하면 신경 적응과 근육 적응이 일어나기 때문에 근력이 획기적으로 증가하게 된다. 특히 그전의 등반으로는 가능하지 않은 탈억제와 근육 발달의 수준이 더 높아지게 되며 지근 섬유가 속근 섬유처럼 등반하게 만들기도 한다. 그러나 과중력 훈련은 컨디션이 좋고 부상 경험이 없는 상급 클라이머들만 이용해야 한다는 점을 명심해야 한다.

• 기능성 등척성 훈련

기능성 등척성 훈련이란 단축성(concentric), 신장성(eccentric) 운동이라는 등장성 동작에다 등척성 운동을 포함한 훈련이다. 이런 전략은 기존 운동보다 16퍼센트 이상의 근력 향상을 가져올 수 있다고 알려져 있다. 등척성 수축을 하는 동안 더 큰 부하가 걸리므로 근육에 대한 자극이 더 커진다.

턱걸이와 홀드에서 몸을 고정시키는 근력을 강화하려고 할 때 이런 방법을 최대한 이용할 수 있다. 턱걸이를 1세트 하는 중간에 홀드에서 등척성 수축을 사용하여 몸을 고정하는 훈련을 포함하면 절대 근력을 놀라울 정도로 증가시킬 수 있다. 과중력 훈련과 달리 초급 클라이머도 안전하게 훈련할 수 있다. ILV 턱걸이는 기능성 등척성 운동의 대표적인 예이다.

파워 훈련

앞서 언급했듯이 파워는 근력과 스피드의 산물이다. 근력을 증가시키는 최첨단의 방법을 배웠으니 파워 등식의 또 다른 요소인 속도를 효과적으로 훈련하는 방법을 생각해보자.

먼저 힘과 속도 사이에는 역비례관계가 있음을 알아야 한다. 즉 고부하의 근력 훈련에서처럼 최대 힘을 발생시키려면 상대적으로 낮은 속도에서만 가능하다. 반대로 빠른 속도로 운동하려면 상대적으로 가벼운 중량(작은 힘)을 사용해야 한다. 따라서 최대 파워를 훈련하기 위해서는 여러 가지 효과적인 방법이 있을 수 있다. 큰 힘과 낮은 속도를 사용하는 방법, 작은 힘과 높은 속도를 사용하는 방법, 중간 힘과 중간 속도를 사용하는 방법 등이 있다. 연구결과에 의하면 제일 나중 방법(중간 힘과 중간 속도)이 파워를 키우는 방법으로는 최상이라고 알려져 있다.

• 파워 훈련을 위한 볼더링

어떤 볼더 문제는 중간 정도의 힘과 중간 속도(보통보다 빠른)의 동작을 요구하며 이런 문제가 파워 훈련에 이상적이라고 할 수 있다. 그러나 전형적인 볼더 문제는 그런 동작을 한두 개 정도 포함할 뿐이며 훈련에 필요한 반복 동작은 없는 경우가 많다. 따라서 실내 암벽에서 그런 동작을 계속 연결하는 문제를 디자인하는 것이 좋다. 이 전략을 통하여 얻는 파워는 일차적으로 등과 팔의 당기는 근육이다.

• 턱걸이 파워 훈련

또 다른 좋은 파워 훈련으로 턱걸이를 좀 더 빠른 속도로 수행하는 방법이 있다. 워밍업 후에 이런 파워 턱걸이를 6~10회 실시하는 것을 한 세트로 팔의 위치와 거리를 바꾸어 가면서 여러 세트를 수행한다. 그러나 이 훈련은 적어도 보통 속도로 15개 정도의 턱걸이를 할 수 있을 정도의 근력이 있는 클라이머에게 효과적이다. 근력이 부족한 경우에는 두꺼운 고무줄 튜브를 이용해서 턱걸이하면 된다.

무산소 지구력 훈련

　무산소 지구력 훈련은 어렵고 긴 루트나 길고 지속적인 볼더 문제를 하려고 할 때 매우 중요하다. 무산소 지구력 훈련은 상대적으로 긴 시간 동안 높은 근력 수준을 유지하는 능력이라고 말할 수 있다. 거의 100퍼센트에 근접하는 최대 근력은 단지 짧은 순간 동안만 유지될 수 있다. 무산소 지구력은 근육이 최대 근력에서 많이 떨어지지 않는 상태로 무산소 역치 이상에서 얼마나 오래 기능할 수 있는가? 하는 것이다. 물론 역치 이상에서 근육 등반을 하면 젖산이 빠르게 축적된다. 따라서 혈중 젖산 농도가 매우 높아져서 힘을 쓰고 있는 근육이 지치거나 훨씬 더 낮은 유산소 강도에서만 등반할 수 있을 것이다.

　무산소 지구력 훈련 목표는 가능한 오랫동안 무산소 역치 이상에서 등반할 수 있도록 근육을 적응시키는 것이다. 반복적인 노출을 통하여 높은 젖산 수치에 대한 내성을 높이고 젖산 제거 속도와 대사 작용을 더 빠르게 하며 혈액 순환 효율이 더 증가하도록 근육을 적응시킬 수 있다. 정기적으로 전완근에 펌핑이 올 때까지 등반한다면 이러한 능력을 획득할 수 있다. 또한 어려운 루트를 여러 개 하면서 그 사이에 휴식 시간을 짧게 하는 것도 최상의 무산소 지구력 훈련 방법이 될 수 있다.

• 반복 훈련

　반복 훈련은 무산소 한계치 이상의 강도로 근육 운동을 수행하는 훈련이다. 이 한계점의 정확한 수준은 개인의 상태에 따라 다르긴 하지만 평균적으로 최대 강도의 70퍼센트 정도로 볼 수 있다. 반복 훈련에서의 목표는 이 한계점 이상의 강도에서 가능한 오랫동안 등반하거나 운동하는 것이다. 무산소 지구력 훈련에서 적당한 강도를 찾아내는 감각은 개인이 스스로 개발해야 한다. 일반적으로는 1분 이하에서 근육이 지쳐버린다면 너무 높은 강도의 훈련이며, 반대로 4~5분 이후에도 계속 등반할 수 있다면 강도가 너무 낮은 수준이다. 무산소 지구력 훈련은 젖산의 축적이 빠르게 일어나므로 힘이 들고 때로는 고통스러운 훈련 방법이다.

암벽에서 훈련하기 어려운 상황이라면 턱걸이 바, 핑거 보드 등을 이용하여 등반에 고유한 방식으로 무산소 지구력 훈련을 훈련할 수 있다. 그런 경우에는 약 1~3분 동안 훈련하기에 적당한 강도로 저항을 줄여서 운동할 수 있다. 전완근 훈련을 위해서는 턱걸이 바나 핑거 보드에 가능한 한 오래 매달리는 것도 좋은 방법이다. 근육이 힘을 못 쓰는 상태가 되면 1~2분 동안 쉬었다가 반복한다. 짧은 휴식시간 동안 아주 소량의 젖산만 제거되기 때문에 다음 세트는 더 어렵고 고통스러울 것이다. 장기간 반복 훈련하면 자연 바위에서 잘 적응될 것이다. 또한 두꺼운 고무줄 튜브를 이용해서 턱걸이를 체중보다 가볍게 하여 반복 훈련을 여러 세트 하는 방법도 좋다. 이 경우에는 중간 정도의 하중과 속도에서 30~50회 반복을 목표로 한다.

• 인터벌 훈련

인터벌 훈련은 어려운 루트에서 등반하는 방식과 매우 유사하기 때문에 무산소 지구력 훈련의 훌륭한 표준이라고 할 수 있다. 즉 대부분의 어려운 등반은 상당히 어려운 구간들과 그 사이의 좀 더 쉬운 구간들 그리고 한두 개의 휴식 지점으로 이루어져 있다. 실내 암장에서는 이와 유사하게 시나리오를 구성할 수 있는데, 예를 들어 1~3분 동안 무산소 역치 이상에서 등반하다가 1~3분 동안 좀 더 쉬운 동작을 등반하기를 반복하면 된다. 사실 이 훈련 방법은 달리기 선수들이 100, 200, 400미터 간격으로 빠르게 뛰기, 느리게 뛰기를 반복하는 인터벌 훈련 방식을 모방한 것이다. 인터벌 등반은 다른 스포츠에서 사용되는 훈련 방식을 등반에 성공적으로 적용한 방법이라고 할 수 있다.

순수 지구력 훈련

순수한 지구력과 최대 근력은 근력 스펙트럼의 양 극단에 해당한다. 따라서 최대 근력과 최대 지구력을 동시에 최상으로 훈련할 수는 없으며, 두 방면에서 모두 뛰어나기를 기대할 수도 없다. 100미터 달리기와 마라톤에서 모두 금메달을 딴 사람이 없는 것과 마찬가지로 어느 클라이머라도 V14급을 볼더링하고 에베레스트를 무산소로 등반한다는 것은 거의 불가능한 일이다.

자신의 일차적인 등반 목적에 가장 적합하게 훈련 시간을 투자해야 한다. 자신의 초점이 볼더링, 스포츠클라이밍이나 여러 피치의 자유 등반에 있다면 최대 근력과 무산소 지구력 훈련이 훈련 프로그램의 중심에 있어야 한다. 반면 골수 알파인 클라이머라면 순수 지구력 훈련에 많은 시간을 보내야 한다.

순수 지구력을 개발하는 최상의 방법은 길고 느린 루트에서 유산소 훈련이다. 등반에 적용하자면 적어도 30분 이상(이상적으로는 1~2시간) 동안 지속하는 중, 저 강도의 운동을 많이 수행하는 방법이다. 대체로 쉬운 벽에서 여러 피치를 등반하면 지구력을 증가시키기에 어느 정도 자극이 되긴 하지만 실용적이지도 않고 그리 효과적이지도 않다. 순수 지구력을 개발하려면 심장 박동, 운동량과 폐활량의 증가, 근육 내 모세혈관 밀도의 증가와 같이 순환기 계통에 적응이 일어나야 한다.

결국 평균적인 클라이머는 많은 양의 지구력 훈련을 해서 얻는 이득이 크지 않으며 과체중이 아니라면 주당 20분 이상의 유산소 등반은 그리 필요하지 않다. 지구력과 근력 훈련은 상반된 것이므로 과다한 유산소 훈련은 최대 근력을 추구하는 사람에게는 방해가 될 수도 있다.

복합 훈련

마지막으로 복합 훈련이라는 흥미로운 개념을 소개하고자 한다. 복합 훈련은 근력과 파워 훈련의 첨단 방법론으로서 현재 수많은 스포츠에서 상급 선수들이 사용하고 있다. 등반에 적용하자면 복합 훈련 방법은 지금까지 알려진 훈련 중에서 가장 파워풀한 훈련 개념이라고 할수 있다.

복합 훈련은 고강도와 저속도 운동을 중강도와 중속도 운동과 결합한 훈련이다. 전자의 운동은 최대 근력을 개발하는 반면, 후자의 운동은 파워를 키우기에 집중하는 운동이다. 연구결과에 의하면 이들 두 가지 서로 다른 운동을 연이어(근력 훈련 다음에 파워 훈련) 운동하면 각각의 운동을 따로 할 때보다 훨씬 더 많은 근력과 파워를 얻게 된다고 한다.

클라이머를 대상으로 한 연구는 없었지만 수직 점프 능력을 향상시키기 위해 복합 훈련을 사용한 결과 크게 향상되었다는 보고가 있다. 이 연구 결과에 의하면 6주간의 근력 훈련으로 수직 점프에서 3.3센티미터가 증가하였으며 6주간의 파워 훈련을 한 후에는 3.8센티미터가 증가된 반면 6주간 복합 훈련을 한 그룹에서는 무려 10.7센티미터나 증가하였다.

두 가지 운동을 결합하는 것이 왜 서로 상승효과가 있는지 이해하려면 근육신경계가 어떤 방식으로 부하를 받는지 알아야 한다. 일단 고강도 근력 훈련으로 시작하면 근육은 거의 최대치의 운동 단위가 동원되며, 두 번째 단계에서는 이미 동원된 근육을 더 높은 스피드로 기능하게 한다. 이러한 방법을 통하여 복합 훈련은 근육 섬유를 신경계와 연계시켜 지근섬유가 마치 속근 섬유처럼 기능하도록 자극시킨다. 결론적으로 복합훈련은 그저 평균 정도의 속근 섬유를 지닌 평균 클라이머를 위한 '마법의 탄환' 같은 운동이 될 수 있다.

복합 훈련을 자신의 운동 프로그램에 포함시키려면 여러 가지 방식으로 할 수 있다. 기억해야 할 것은 최대 근력 운동 바로 다음에 파워 운동을 결합시켜야 한다는 점이다. 즉 중급 클라이머는 가벼운 과중력 훈련을 한 다음 한쪽 팔 가로지르기 훈련과 결합할 수 있다. 또는 손가락 끝으로 하는 어려운 볼더 문제 몇 개를 한 다음 펌핑이 일어난 상태에서 곧바로 한쪽 팔 런지 동작을 몇 세트 할 수도 있다.

복합 훈련은 상당히 스트레스를 주는 훈련이므로 과거에 부상 전력이 없는 좋은 컨디션의 클라이머들만 사용해야 한다. 빈도는 4일에 한 번으로 제한해야 하며 격주로 실시해야 한다. 또한 복합 훈련에서 완전히 회복되는 데는 3~5일이 소요되므로 초과회복 기간에 다른 심한 훈련이나 등반을 하면 그 장점이 모두 헛수고가 된다.

제11장

개인 훈련

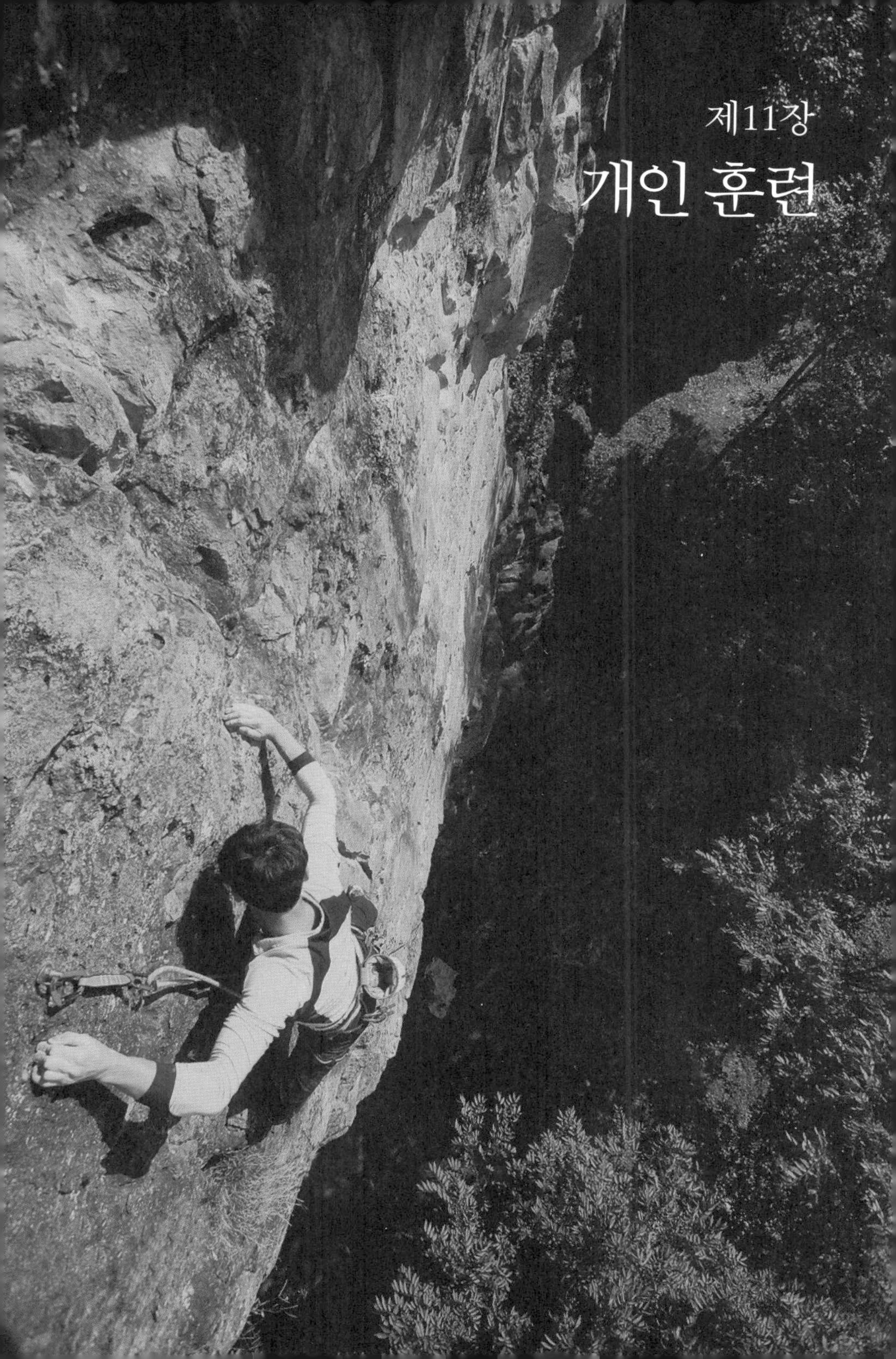

지금부터는 클라이머에게 유용한 몇 가지 컨디셔닝 운동에 대해 좀 더 자세히 살펴보도록 하자. 클라이머가 등반을 잘하기 위해서는 자신의 신체적 능력을 잘 알아야 한다. 초급 클라이머가 수년간 바위 경험이 있는 중급 클라이머와 똑같은 근력 훈련을 하기는 어렵다. 마찬가지로 힘이 좋은 상급 클라이머가 중급 클라이머와 똑같은 훈련을 한다면 역시 별 소득이 없을 것이다. 따라서 이 장에서는 클라이머들이 해야 할 훈련을 세 등급을 나누어서 설명하겠다.

먼저 기본 운동은 가장 기초적인 훈련으로서 능력과 관계없이 모든 클라이머가 이용할 수 있는 운동이다. 다음 중급 운동은 좀 더 어려운 훈련으로 기초적인 피트니스 수준이 되고 1년 이상 등반을 경험해 본 사람에게 적당하다. 이러한 경험이 중요한 이유는 신체의 각 부위(손가락, 팔, 상체 관절 등)가 등반에 맞게 적응되기 때문이다. 마지막으로 고급 운동은 기본이나 중급 운동으로는 더 이상 소득이 없는, 높은 수준의 정신력과 기술을 겸비한 상급 클라이머를 위한 운동이다.

체지방 비율의 측정

이상적인 몸이 안 되는 클라이머는 근력을 증가시키기보다 체중을 줄임으로써 가장 빨리 근력 대 체중 비율을 증가시킬 수 있다. 자신의 대략적인 체지방 비율을 알면 체중을 얼마만큼 줄여야 하는지 알 수 있다. 대부분 헬스클럽에는 체지방을 측정할 수 있는 기구가 있으므로 쉽게 자신의 체지방을 알 수 있다.

남자 스포츠 선수들은 레슬링 선수는 4퍼센트, 달리기 선수는 8~12퍼센트, 축구 선수는 16퍼센트 정도가 적당하며 상급 선수들의 평균은 12퍼센트 이하라고 한다. 여자 선수들은 8~25퍼센트 사이가 적당하며, 상급 선수들의 평균은 15퍼센트이다. 따라서 상급 수준 정도의 체지방 비율(남자는 12퍼센트, 여자는 15퍼센트)이 대부분의 클라이머에게는 좋은 목표가 될 수 있다.

정확한 체지방을 측정하기 어렵다면 집에서 할 수 있는 경제적인 방법도 있다. 즉 자기 엉덩이 위의 피부를 한 겹 꼬집어서 2센티미터 이상이 잡힌다면 체지방을 좀 더 줄일 필요가 있다. 1~2센티미터 사이의 두께라면 클라이머로서는 약간 체중이 많은 편이라고 할 수 있다. 만일

1센티미터 이하라면 우리가 추구하는 목표와 비슷하거나 좀 더 적다고 할 수 있다.

체지방 비율 최적화뿐만 아니라 근육의 크기와 위치를 고려해야 한다. 예를 들어 클라이머가 헐크 같은 다리 근육을 갖고 있으면 허리에다 자동차 타이어를 두른 것보다도 더 나쁘다고 할 수 있다. 근육은 지방보다 단위 부피당 무게가 더 무겁기 때문이다. 등반에서는 다리 근육이 절대 가장 약한 부분이 아니므로 다리 근육의 사이즈를 키우는 훈련 방법에는 '안녕'을 고해야 한다. 또한 신체의 다른 부위에서도 근육 부피를 키우는 하중 운동을 하지 말아야 한다.

체지방 최적화를 위한 전략

훈련과 식이요법을 통하여 자신의 체지방을 변화시키는 데는 유전적인 제한이 있기 마련이다. 어떤 사람들은 원래부터 체지방이 약간 더 많으며, 어떤 사람들은 본래 체격이 크고 근육도 크다. 그러나 많은 초급 클라이머는 등반에 도움이 되는 방식으로 자신의 체지방을 변화시킬 수 있다. 이때 가장 중요한 두 가지 전략은 식사와 유산소 훈련을 하는 것이다.

영양에 대해서는 12장에서 깊이 다룰 예정이지만, 여기에서는 분명한 사실 한 가지만 얘기하고자 한다. 체지방 감소는 며칠 내지 수 주간에 걸쳐서 칼로리 부족 상태가 되기만 하면 가능하다는 점이다. 즉 소모하는 것보다 더 많은 칼로리를 연소시키면 신체는 저장된 지방을 태우기 시작한다. 급격한 식이요법은 건강에 좋지 않을 뿐만 아니라 위험하다. 대신에 매일 최대 500칼로리까지 부족한 상태가 되도록 노력한다. 1주일이 지나면 3,500칼로리 부족이 되며, 이것은 체지방 500그램을 제거하는 효과와 같다. 체중계를 보면 체중이 더 많이 줄어든 것으로 나타나겠지만, 추가적인 체중 감소는 물과 글리코겐의 손실인 경우가 많다. 이렇게 지방이 아닌 부분의 중량 감소는 다음번에 열량을 초과해서 먹게 되면 글리코겐이 다시 채워져서 원래 상태로 회복하게 된다.

매일 칼로리가 부족한 상태로 만들기 위해서는 열량 섭취를 줄이고 열량 사용을 증가시키면 된다. 다시 말해 우리 몸에서 입력보다 출력을 크게 하면 된다. 지방을 연소시키기 위해서는 달리기, 자전거, 수영 같은 유산소 운동이 가장 좋다. 등과 무릎이 건강하다면 다리 근육을 키우지 않는 달리기가 가장 좋은 선택이 된다. 다음으로 좋은 방법은 천천히 수영하기와 평지에서 자전거를 타는 것이다. 산악자전거는 다리 근육을 키우기 때문에 좋은 운동 방법이 되지 못한다. 어떤 방법을 선택하든 일주일에 최소한 4일 이상, 중간 정도의 강도로 30분 이상 꾸준히 운동해야 한다.

너무 바빠서 일주일에 2시간 이상 시간을 내기 어렵다면 좀 더 짧은 시간동안 고강도의 인터벌 훈련을 함으로써 비슷한 효과를 볼 수도 있다. 예를 들어 3분 정도 가볍게 조깅한 다음, 전력 질주와 조깅을 1분씩 번갈아 하고 12분 동안 달리기하는 방법이 있다. 이렇게 15분간 격렬하게 인터벌 훈련을 하면 실제 훈련하는 동안 연소되는 지방은 더 적지만 신진대사가 빨라져서 하루 중 남은 시간 동안 더 많은 열량을 연소하게 된다. 어떤 방식을 택하느냐에 관계없이 아침에 식사 하기 전에 운동하는 것이 가장 효과적이다.

원하는 체지방 비율에 도달하게 되면 유산소 훈련을 줄이고 다른 쪽으로 노력을 집중하도록 한다. 열량 섭취를 조금씩 증가시키면서 허리둘레와 체중을 관찰해서 최종적으로는 매일 섭취하는 열량과 사용하는 에너지양이 같도록 체중을 일정하게 유지시키도록 한다.

체지방에 관한 문제는 체중 대비 근력을 강화시켜야 하는 스포츠에서는 가장 중요한 문제이지만 그것이 전부는 아니다. 어떤 클라이머는 거의 굶는 수준으로 식사량을 줄여서 체지방 비율을 최소화시키기도 한다. 이런 사람들 중 극소수는 정신력과 기술 덕분에 상당히 높은 수준으로 등반하기도 하지만, 결과적으로 영양부족 상태가 되면 더 힘든 등반을 할 수 없게 된다. 극단적인 식이요법과 과도한 유산소 운동은 암벽 클라이머에게 좋은 훈련 전략이 되지 못한다.

유연성 훈련

등반에서는 아주 뛰어난 유연성을 필요로 하지 않는다. 최상급 클라이머들조차 나무토막처럼 뻣뻣한 사람들도 있다. 루트에 따라서 극단적인 벌려 오르기(stemming) 자세가 요구되거나 서커스처럼 몸자세를 해야 하는 경우도 있지만 대부분의 등반에서는 그렇지 않다. 따라서 스트레칭의 일차적인 목표는 등반과 훈련에 신체가 적응하고 회복 과정을 돕는 것이다. 스트레칭의 두 번째 목표는 하체의 운동 범위를 확대시켜주는 것이다. 하지만 그저 많이 등반하기만 해도 하체는 충분히 스트레칭이 되며 시간이 지날수록 유연성도 눈에 띄게 좋아지게 된다. 상체에는 가벼운 스트레칭 운동이 워밍업과 쿨다운에 좋지만 과도한 스트레칭은 오히려 부상의 가능성을 높여준다.

스트레칭

등반과 훈련의 워밍업으로서 스트레칭은 항상 약한 정도여야 하며 고통스럽지 않아야 한다는 점을 명심하라. 스트레칭이 근육에서 혈액 흐름을 증가시키고 워밍업에 도움을 주는 반면, 차가운 근육을 강제로 스트레칭하면 근육을 파괴할 수도 있다. 결론적으로 스트레칭 전에 몇 분 동안 가벼운 유산소 운동을 해주는 것이 가장 좋다. 예를 들어 몇 분간 조깅을 하거나 가볍게 점프를 하기만 해도 심장 박동이 빨라지고 근육이 눈에 띄게 더워진다. 야외에서 등반할 때는 바위 밑까지 걸어가기만 해도 등반 전의 스트레칭을 위한 충분한 준비가 된다.

스트레칭을 할 때 주의할 점
- 처음에는 약한 스트레칭부터 천천히 시작하고 근이 느슨해진 것을 느낀 다음 더 깊이 있는 스트레칭을 한다.
- 편안한 자세로 스트레칭을 한다. 근에서 느껴지는 긴장은 스트레칭을 계속하면 조금씩 가라앉는다.
- 숨을 쉴 때는 천천히, 길게 그리고 자연스럽게 들이마시고 앞으로 굽히면서 숨을 내쉬도록 한다. 숨을 쉴 수 없을 때까지 스트레칭을 해서는 안 된다.
- 스트레칭을 하면서 절대 반동을 주지 않는다. 반동을 주면 스트레칭을 하려고 하는 근육이 뭉쳐 효과가 떨어진다.
- 스트레칭하고 있는 근육에 생기는 긴장을 느껴야 한다. 만일 스트레칭을 할 때 긴장이 더 커지면 지나치게 스트레칭하고 있는 것이다.

스트레칭 자세와 방법

• 어깨와 팔 스트레칭

어깨 바깥쪽 근육과 관절 그리고 팔 근육을 펴는 스트레칭이다. 손바닥이 바깥쪽을 향하도록 각지를 낀 다음 팔꿈치를 구부리지 않고 두 팔을 될 수 있는 대로 반듯하게 펴준다.

• 옆구리 스트레칭

옆구리를 중심으로 몸 옆면을 펴주는 스트레칭이다. 몸을 옆으로 굽힐 때 윗몸이 앞뒤로 기울지 않도록 해야 한다. 허리를 쑥 내밀고 몸무게를 기울이는 반대쪽 발에 싣는 것이 좋은 방법이다.

• 어깨 스트레칭

어깨 근육과 팔 관절을 모두 펴주는 스트레칭이다. 될 수 있는 대로 머리가 앞으로 숙여지지 않게 가슴을 앞으로 쑥 내미는 느낌으로 등을 반듯하게 펴야 자세가 좋아진다. 팔꿈치를 뒤로 뺄 때는 조금 힘을 주면 효과가 있다.

• 등, 어깨, 팔 스트레칭

팔과 어깨 그리고 늑골 바깥쪽에 있는 근을 펴기 위한 스트레칭이

다. 팔을 머리 위로 뻗고 두 손바닥을 붙여서 조금 뒤쪽으로 스트레칭 하도록 한다. 다음에 왼손을 등 뒤로 돌려서 오른손으로 왼쪽 손목을 오른쪽 아래로 잡아당기면서 왼쪽 팔과 어깨 그리고 등을 스트레칭 한다. 마지막으로 팔과 어깨, 등을 스트레칭 하는 데 아주 좋은 방법이다. 두 발을 넓게 벌리고 서서 의자나 책상을 두 손으로 짚고 윗몸을 앞으로 숙인다. 등과 얼굴을 조금 아래로 내리듯이 하고 허리를 뒤로 빼는 것처럼 자세를 잡아야 긴장을 많이 느낄 수 있다.

• 배 스트레칭

두 팔을 머리 위로 곧게 펴고 윗몸을 뒤로 크게 젖혀준다. 이때 배 근육을 펴주는 것에 마음을 써야 한다.

• 허리와 어깨 스트레칭

허리와 어깨 관절을 펴주기 위한 스트레칭이다. 무릎을 구부리지 않도록 주의하고 등을 반듯하게 세운 채로 얼굴은 위를 보도록 한다. 가슴이나 넓적다리 근육을 펴주는 효과도 있다.

• 종아리 스트레칭

뒤로 뻗은 발의 무릎을 구부리지 않도록 하고, 발꿈치를 바닥에서 떼지 않은 채로 앞에 있는 발의 무릎을 될 수 있는 대로 깊이 구부린다. 이때 뒤에 있는 발은 아킬레스건 스트레칭에도 효과가 있다.

• 넓적다리 안쪽과 골반 스트레칭

다리 관절을 넓히고 넓적다리 안쪽에 있는 근을 펴준다. 두 다리를 될 수 있는 대로 넓게 벌려서 무릎을 구부리고 앉은 자세로 두 손을 무릎 위에 올린다. 다음에 한쪽 어깨를 안쪽으로 비틀면서 그 손으로 한쪽 무릎을 바깥으로 밀어준다. 반대쪽 손은 균형을 잡고 등을 곧게 편 자세로 윗몸을 되도록 세워야 한다.

• 다리관절을 부드럽게 하는 스트레칭

　다리관절을 부드럽게 하는 스트레칭이다. 스트레칭을 조금 세게 하면 넓적다리 근육도 펴주는 효과가 있다. 두 발을 되도록 넓게 벌리고 앞으로 내민 발의 무릎 각도가 90도를 넘지 않도록 해야 하고 두 발끝은 반듯하게 앞으로 놓는다. 다음에 바로 앞의 스트레칭 방법을 조금 달리한 자세다. 윗몸을 앞으로 굽히고 두 손으로 바닥을 짚어 몸을 받쳐 준다. 마지막으로 오른발을 곧바로 옆으로 벌리고 왼쪽 무릎을 굽혀 두 손으로 균형을 잡는다.

• 장딴지와 허벅지 뒤쪽을 펴주는 스트레칭

　다리 뒤쪽에 있는 근육들을 펴주면서 등이나 허리 근육도 펴주어 몸이 앞으로 잘 굽혀지게 만들어준다. 두 발을 가지런히 모아 무릎을 굽히고 손바닥을 바닥에 댄다. 다음에 손바닥을 바닥에 댄 채 천천히 무릎을 편다. 이때 무릎을 구부리지 않도록 하고 허리를 끌어올리는 기분으로 천천히 스트레칭을 한다. 마지막으로 종아리를 두 팔로 감싸

안고 얼굴을 될 수 있는 대로 무릎에 붙인다. 단 반동을 주면서 스트레
칭해서는 안 된다.

• 어깨와 늑골, 등 스트레치

두 손으로 철봉을 잡고 발을 바닥에서 떼고
매달리면서 턱을 앞으로 늘어뜨리도록 한다.

• 아킬레스건 스트레칭

아킬레스건과 넓적다리 근육을 펴주는 스트
레칭이다. 윗몸을 앞으로 굽혀주면서 가슴으로
무릎을 눌러준다. 이때 발꿈치가 조금이라도 바
닥에서 뜨면 아킬레스건을 펴주는 효과가 없어
지므로 발바닥이 잘 닿아 있도록 해야 한다.

• 넓적다리 안쪽과 골반 스트레칭

발을 될 수 있는 대로 넓게 벌려 넓적다리 안쪽과 골반에 긴장을 느끼도록 한다. 엉덩이가 바닥에 닿고 무릎이 곧게 펴지도록 하는 것이 가장 좋은 방법이지만, 많이 펴지지 않는다고 해서 반동을 주거나 고통을 느낄 정도로 해서는 안 된다. 두 손을 바닥에 대고 균형을 잡으면서 천천히 윗몸을 내린다.

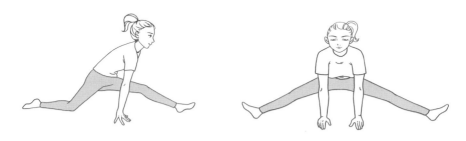

• 팔뚝과 팔목 스트레칭

두 무릎을 바닥에 대고 손가락이 무릎과 일직선이 되도록 바닥에 놓는다. 팔뚝 근육을 스트레칭 하기 위해 손바닥이 바닥에서 떨어지지 않도록 하면서 몸을 천천히 뒤로 빼준다.

• 등 스트레칭

무릎을 바닥에 대고 앉은 자세로 두 손을 멀리 뻗어 바닥을 짚고 엎드린다. 손을 앞으로 뻗은 채로 허리를 뒤로 빼서 등에 긴장이 느껴지도록 얼굴과 가슴을 바닥에 붙인다.

• 넓적다리와 골반 스트레칭

주로 넓적다리 안쪽에 있는 근육을 펴주면서 무릎을 부드럽게 하는 스트레칭이다. 발꿈치가 넓적다리에 닿도록 당겨 잡고 등을 곧게 편 채로 무릎이 바닥에 닿도록 노력한다. 무릎이 바닥에서 멀리 떨어지면 두 팔꿈치로 무릎을 눌러 준다.

• 허리와 넓적다리 스트레칭

두 발을 가지런히 해서 앞으로 뻗은 다음 오른쪽 발을 왼쪽 넓적다리 너머로 엇갈리게 해서 무릎을 세운다. 왼손으로 왼발 무릎을 잡고 팔꿈치로 오른발 무릎을 왼쪽으로 밀어주면서 윗몸을 오른쪽으로 비

튼다. 균형을 잡기 위해 오른손으로 바닥을 짚고 목을 오른쪽으로 돌려서 목 근육도 같이 스트레칭을 한다. 주의해야 할 것은 윗몸을 비틀때 등을 반듯하게 편 채로 해야 한다.

• 넓적다리 스트레칭

앉은 자세에서 한쪽 다리를 곧게 펴고 한 손으로 발목 바깥쪽을 잡으면서 반대쪽 손과 팔뚝으로는 굽힌 다리를 감싸 잡는다. 넓적다리 뒷근육에서 약한 스트레칭을 느낄 때까지 다리를 가슴 쪽으로 부드럽게 당긴다. 중요한 것은 무릎에 긴장을 느끼면 스트레칭을 잘못하고 있다는 점이다.

• 발 뒤쪽과 허리 스트레칭

왼쪽 발을 곧게 펴고 오른쪽 발바닥을 왼쪽 넓적다리 안쪽에 붙인다. 두 손으로 왼쪽 발바닥을 감싸 잡고 윗몸을 앞으로 굽힌다. 좀 더 깊이 있는 스트레칭을 원한다면 가슴이 왼쪽 무릎에 닿도록 윗몸을 더 깊게 숙이고 팔꿈치가 바닥에 닿도록 당긴다. 두 발을 앞으로 가지런히 뻗고 발목을 세운 다음 두 손으로 발끝을 가볍게 잡아 가벼운 긴장을 느끼도록 한다. 등을 곧게 편 채 허리를 굽히고 두 손으로 발끝을 잡아당겨 좀 더 효과적으로 스트레칭을 한 다음, 두 손으로 발목을 감싸 잡고 가슴을 되도록 무릎에 닿도록 한다.

• 등과 허리 스트레칭

무릎을 세우고 앉아서 팔을 종아리 아래로 돌려 발목을 가볍게 쥐고 윗몸을 굽힌다. 두 무릎 사이에 윗몸을 끼워 넣는 기분으로 하되 될 수 있는 대로 등을 둥글게 해서 허리부터 목까지 근육을 펴준다.

• 다리관절과 넓적다리 스트레칭

무릎이 굽혀지지 않도록 두 다리를 천천히 벌려 앉는다. 두 손으로

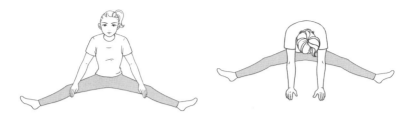

두 무릎을 벌리듯이 해서 넓적다리 안쪽과 다리 관절에 가벼운 긴장
이 느껴지도록 한다. 두 팔을 머리 위로 편 채 숨을 들이마시고 천천히
숨을 내쉬면서 윗몸을 앞으로 숙인다. 두 다리는 너무 아프지 않을 정
도로 넓게 벌리고 좀 더 깊이 있는 스트레칭을 하기 위해 가슴과 손을
바닥에 붙인다.

• 허리와 다리관절 스트레칭

두 다리를 바깥쪽으로 넓게 벌려 앉은 다음 두 손으로 한쪽 발끝을
쥐고 몸쪽으로 잡아당긴다. 정면을 향한 채 윗몸을 곧바로 옆으로 기
울이고 왼손은 오른쪽 넓적다리 쪽으로 향하게 해서 오른손으로 왼쪽
발끝을 잡도록 노력한다. 이때 윗몸이 앞으로 숙여지지 않도록 하면서
옆구리를 펴준다.

• 허리 스트레칭

허리둘레의 근육을 펴주기 위한 스트레칭이다. 오른손으로 오른쪽 발꿈치를 누르면서 오른쪽 허리를 바닥에서 조금 띄우고 허리를 왼쪽 앞으로 밀어주는 기분으로 비틀어 준다. 허리를 비틀 때 발끝을 뒤쪽으로 향하게 하지 않으면 스트레칭 효과가 줄어든다.

• 사두근 스트레칭

오른손을 등 뒤로 해서 발끝을 잡고 가벼운 긴장이 느껴질 때까지 왼쪽 뒤꿈치를 엉덩이 가운데로 당기면서 엉덩이 앞부분을 아래로 천천히 내린다.

• 허리 스트레칭

편안히 누운 자세에서 한쪽 다리를 굽혀 두 손으로 감싸 잡는다. 굽힌 다리 무릎을 가슴에 닿을 때까지 잡아당긴다. 이때 될 수 있는 대로 발끝을 세우면 스트레칭 효과가 더 커진다.

다음에 위를 보고 누운 자세에서 두 팔을 옆으로 넓게 벌린다. 손과 어깨가 바닥에서 떨어지지 않도록 주의하면서 한쪽 발을 구부려 반대쪽으로 넘긴다. 반대쪽 손으로 구부린 다리를 감싸 잡고 비틀어진 허리에서 긴장을 느끼도록 한다.

· 넓적다리 앞쪽 스트레칭

　한쪽 다리를 펴고 앉은 자세에서 두 손을 뒤로 짚고 천천히 윗몸을 뒤로 젖혀 넓적다리 앞쪽 근육을 스트레칭을 한다. 구부린 다리의 무릎이 바닥에서 떨어지지 않도록 하고, 발을 엉덩이 옆으로 놓아 발꿈치가 엉덩이에 닿도록 한다. 다음에 두 발을 구부리고 앉은 자세에서 두 손을 뒤로 짚고 천천히 몸을 뒤로 눕혀 윗몸과 머리가 바닥에 닿도록 한다. 몸이 부드럽지 못한 사람은 팔꿈치로 윗몸을 받쳐 알맞은 긴

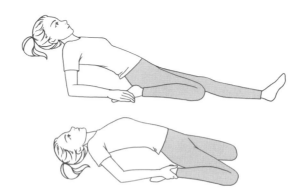

장을 느끼도록 한다.

• 발 스트레칭

옆을 보고 누워서 한쪽 다리를 위로 곧게 올린다. 손으로 종아리를 감싸 잡아 머리 쪽으로 조금 당긴다. 약한 스트레칭을 느낀 다음 발끝을 잡아 천천히 머리 쪽으로 당긴다. 될 수 있는 대로 무릎을 곧게 편 채로 스트레칭 하는 것이 더 효과가 있으며, 바닥에 있는 발은 무릎을 조금 굽혀 주는 것이 균형을 잡기에 좋다.

• 다리, 발, 발목 스트레칭

머리를 팔로 괴고 옆으로 누운 자세에서 다른 쪽 손으로 발끝과 발목 관절 사이를 잡는다. 발목과 넓적다리 앞부분을 스트레칭하기 위해

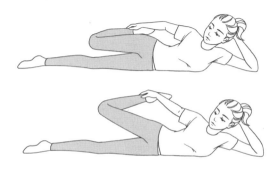

뒤꿈치를 엉덩이 쪽으로 부드럽게 당긴다. 다음에 넓적다리 앞부분을 스트레칭하기 위해서 발을 잡고 있는 손을 곧게 펴고 발을 걷어차듯이 해서 엉덩이를 스트레칭을 한다.

• 목과 등 스트레칭

등과 어깨, 그리고 목둘레의 근육을 풀어주는 스트레칭이다. 무릎을 세운 채 두 손으로 깍지를 껴 머리를 당기고 목 뒤쪽과 등 위를 스트레칭 한다. 주의할 것은 배에다 힘을 주지 말고 목과 등, 어깨에서 긴장을 느껴야 한다.

• 배와 등 스트레칭

두 손을 허리에 대고 몸무게를 어깨에 실리게 해서 허리를 될 수 있는 대로 높게 올린다. 배와 등이 곧게 펴지도록 하고 허리에 댄 손에 힘이 너무 많이 들어가지 않도록 한다.

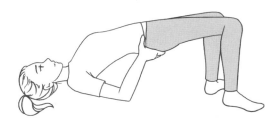

• 목과 등, 어깨 스트레칭

두 손으로 허리를 받치면서 두 다리를 머리위로 추어올려 물구나무서기 자세를 한다. 몸무게가 목과 어깨를 누르도록 해서 약한 스트레칭을 느낀다. 발을 그대로 머리 위쪽으로 넘겨서 발끝이 바닥에 닿도록 한다.

• 배와 가슴, 등 스트레칭

엎드려 누운 자세에서 두 팔을 뒤로 뻗어 발목을 감싸 잡는다. 팔을 곧게 편 상태로 무릎을 펴주듯이 하면서 몸을 둥글게 만든다. 배와 가슴, 그리고 등에서 긴장을 느끼면서 천천히 팔을 당긴다.

등반 고유의 근력 훈련

등반에 고유한 근력을 증가시키는 것은 대부분의 클라이머가 원하는 것이다. 이런 목적을 위해서 근력, 파워, 무산소 지구력을 증가시킬 수 있는 다양한 운동들을 소개하겠다. 그러나 앞서 얘기했다시피 모든 사람을 위한 운동은 아니다. 각 운동은 기본, 중급, 상급의 세 등급으로 나뉘어서 초보자, 중급자, 상급자 운동으로 구분된다.

손가락 자세

실제 운동에 들어가기 전에 우리가 등반할 때 사용하는 기본적인 손가락 자세를 이해할 필요가 있다. 기본적인 손가락 자세는 당겨 잡기, 감싸 잡기, 집어 잡기 자세이다. 특정성의 원리에 따르면 근력의 향상은 운동의 동작, 몸자세, 기능적인 쓰임이 등반과 극히 비슷할 때만 효과적이 된다.

• 당겨 잡기

당겨 잡기는 많은 클라이머들이 선호하며 특히 초보자들이 그렇다. 이 자세는 사용이 굉장히 자연스럽게 느껴질지 모르지만 관절과 건에 가장 스트레스가 심한 자세다. 연구에 의하면 당겨 잡기는 손가락의 첫째 마디에 큰 힘을 가하기 때문에 붓고 염증이 생길 수도 있다. 또한 당겨 잡기를 사용하면 굴근의 건에서 나오는 잠재적인 힘을 이용하지 못할 수도 있다고 한다. 결론적으로 이 자세는 작은 에지, 납작하게 꺾인 홀드 등에서만 이용하도록 제한하는 것이 가장 좋다. 훈련할 때는 이러한 홀드를 많이 사용하지 않아야 한다.

• 감싸 잡기

감싸 잡기는 당겨 잡기에 비해서 뚜렷한 장점이 있다. 특히 이 자세는 관절이 바위로부터 지지를 받기 때문에 건의 긴장이 줄어서 가장 안전한 자세가 된다. 또한 굴근의 건이 충분히 활용될 수 있어서 최대 근력을 훈련할 수 있다는 장점이 있다. 이 자세는 둥글고 흐르는 홀드에서 가장 효과적이고 특히 구멍에서 당길 때 유용하다. 감싸 잡기에 익숙하지 않다면 처음에는 상당히 무섭고 불편하게 느껴질 것이다. 그러나 집중해서 훈련하면 감싸 잡기 근력이 크게 증가할 수 있다. 감싸 잡기는 매우 효과적인 잡기로서 원숭이들이 나무에서 옮겨 다닐 때 사용하는 자세이다.

• 집어 잡기

집어 잡기는 자갈 모양이나 뼈대 모양의 바위를 잡을 때 필요하다. 당겨 잡기와 감싸 잡기보다는 덜 쓰이지만 집어 잡기는 훈련할만한 가치가 충분하다. 바이스처럼 엄청난 당겨 잡기 근력을 갖고 있더라도 집어 잡기 홀드에서도 똑같은 힘을 쓸 수 있는 것은 아니다. 훈련의 특정성 원리에 따라 다양한 집어 잡기를 포함한 모든 자세를 훈련해야 한다.

팔 자세와 동작

세 가지 기본적인 팔 자세는 아래로 당기기, 위로 당기기, 옆으로 당기기이다. 손가락 자세와 마찬가지로 운동할 때 실제 등반에서 사용하는 팔 자세를 포함시키는 것이 좋다.

• 아래로 당기기

수평 홀드를 아래로 당기는 자세다. 이것은 등반에서 가장 흔한 자세이며 팔을 굽힌 정도와 팔꿈치를 바깥으로 한 정도에 따라 세분화할 수 있다.

• 위로 당기기

아래로 향하고 있는 홀드를 손바닥을 위로 하여 잡고 팔꿈치를 아래나 뒤쪽으로 하여 팔을 굽혀서 근육을 수축시키는 자세이다. 사용하는 근육이 아래로 당기기 동작과 거의 같은 것처럼 보이지만 위로 당기기 자세와 직접적인 연관이 없다. 두 동작을 모두 잘하려면 둘 다 훈련해야 한다.

• 옆으로 당기기

등반이 점점 어려워질수록 옆으로 당기기를 사용할 필요성이 늘어날 것이다. 이름에서 알 수 있듯이 이 동작은 보통 옆으로 향해 있는 홀드를 잡는 동작이다. 대부분의 사람은 자신의 오른쪽 또는 왼쪽에 있는 홀드를 잡고 몸쪽으로 당기는 동작을 잘하고 편하게 느낀다. 그러나 몸 앞에 있는 홀드를 사용해야 할 때는 더 어려운 옆으로 당기기 동작을 해야 한다. 예를 들어 얼굴 앞에 왼쪽 방향으로 나 있는 수직 홀드가 있다고 생각해 보자. 이 홀드를 가장 잘 이용하는 방법은 오른손으로 잡고 오른쪽 바깥으로 당기는 것이다.

손가락과 전완근 훈련

등반은 손가락 관절과 건에 매우 스트레스를 주기 때문에 등반 외에 추가적인 손가락 훈련을 하려면 스트레스를 제한하도록 설계해야 한다. 그에 대한 접근 전략은 다음과 같다.

- 먼저 쉬운 전신 운동부터 어려운 등반 고유의 운동에 이르기까지 점진적으로 워밍업을 해 준다.
- 고통스럽고 스트레스를 주는 홀드(날카로운 홀드나 손가락이 틀어지는 느낌의 작은 구멍 턱)들을 의식적으로 피한다.
- 각 세션마다 몇 가지 다른 운동을 함으로써 중복을 피한다. 하나의 기구(핑거 보드 또는 캠퍼스 보드) 또는 한 가지 형태의 문제에서 오랫동안 훈련하지 마라.
- 부상 신호가 오면 즉시 훈련을 멈춘다.

- 세션 사이에 충분히 휴식함으로써 오버훈련과 과도한 손가락 사용을 피한다. 고강도의 운동은 72시간의 회복시간을 필요로 한다.

강도 높은 손가락 훈련을 하기에 앞서서 손가락과 팔에 대한 워밍업이 가장 중요하다. 차가운 근육과 건, 인대는 등반이나 훈련할 때 부상을 입기 쉽지만 따뜻한 조직은 더 강하고 유연하다. 먼저 손가락을 굽혔다 펴기를 20회 하고 부드럽게 전완근을 스트레칭해 준 다음 몇 분간 손과 전완근을 마사지한다. 이렇게 하면 잔뜩 긴장한 손에서 혈액순환이 증가한다.

휴식과 회복 시간은 훈련 시간만큼 절대적으로 중요하다. 강도 높은 손가락 운동을 하면 최소한 하루를 온전히 쉴 필요가 있다. 일반적으로 일주일에 4일 이상 손가락에 무거운 하중을 가해서는 안 된다. 몇몇 선수급 클라이머는 이틀 연속으로 손가락을 훈련하기도 하지만 보통 아마추어 클라이머에게는 권장할만한 방법이 아니다.

팔을 펴서 매달리기 또는 한팔 고정하기 운동을 점차 증가시키되 팔꿈치나 어깨에 통증이 느껴지면 즉시 세트수를 줄이도록 한다. 초보자는 저항을 줄이기 위해 고무줄을 이용하거나 의자 한쪽 끝에 서서 운동하고, 과체중의 클라이머는 이 운동을 아예 하지 말아야 한다. 반대로 상급 클라이머는 지속적으로 근력 향상을 자극하기 위해서 적절한 저항을 유지하려면 자신의 몸에 점차 하중을 추가할 필요가 있다.

• 팔을 펴서 매달리기(초급)

턱걸이 바에 1~2분 동안 매달리는 것은 매우 기본적인 운동이지만 왕초보 클라이머에게는 꽤 힘든 일이다. 전혀 훈련되지 않은 전완근은 처음 1분이 지나면 젖산 축적으로 타는 듯한 느낌이 들기 시작한다. 이

때 다음 1분간을 버티는 것이 육체적, 정신적으로 자신의 한계를 확장시킬 수 있는 방법이다. 한 루트에서 하나의 홀드를 이렇게 오래 매달릴 필요는 없을지 모르지만 이 운동은 초보 클라이머의 전완 지구력을 증가시키고 타는 듯한 느낌 중에 얼마나 오래 버틸 수 있는지에 대한 감각을 길러줄 수 있다. 어깨에 통증이 느껴지면 즉시 이 운동을 중단해야 함을 명심하라. 어깨가 약하거나 과체중인 사람들은 한 자세로 계속 매달리게 되면 부상을 입을 수도 있다.

이 운동에는 두 가지 훈련 전략이 있다. 흔히 사용하는 방법은 단순히 매달려서 힘이 빠질 때까지 버틴 다음, 5분 동안 쉬고 다시 반복하기를 총 5세트 수행하는 것이다. 이보다 좀 더 나은 방법으로 인터벌 전략이 있다. 이것은 근육이 완전히 지치기 전에 각 인터벌을 끝내면서 쉬는 시간을 줄이는 방법이다. 결론적으로 보면 인터벌 전략은 매달리는 시간을 더 증가시키며 훨씬 나은 훈련 효과를 보여준다.

완전 초보자라면 20초 매달리고 40초 쉬는 간단한 인터벌을 10~20회 하는 것이 좋다. 지구력이 향상되면 매달리는 시간을 약 1분까지 늘리고 1분 휴식한다. 이때도 역시 10~20세트를 한다. 어깨 관절 주위의 근육을 의식적으로 수축시켜서 어깨에 항상 긴장을 유지하는 것이 중요하다. 이렇게 함으로써 어깨 부상을 예방할 수 있다. 마지막으로 이 운동은 스포츠 고유의 운동으로는 많은 한계를 갖고 있다. 훈련 초기 몇 개월이 지나고 나면 다음에 얘기할 다른 운동(예를 들어 펑거 보드 훈련이나 볼더링 등)으로 넘어가는 것이 좋다.

• 손가락 끝 턱걸이(초급+)

처음 등반에 입문한 사람들은 문턱에서 손가락 끝으로 턱걸이하는 것이 주된 훈련이었다. 요즘에도 실내 암장이나 다른 기구를 사용하기 어렵다면 턱걸이를 하는 것이 가장 빠르고 좋은 훈련 방법이다. 세 가지 기본자세(당겨 잡기, 감싸 잡기, 집어 잡기)를 이용해서 각각 턱걸이를 2~3세트 실시한다. 또한 팔을 펴고 매달리기나 프렌치(ILV 턱걸이)를 할 수도 있다.

핑거 보드를 이용한 최대 근력 훈련

1980년대 중반 이후로 핑거 보드는 턱걸이와 매달리기를 위한 기본 도구가 되었다. 또한 핑거 보드는 경제적이고 어떤 집에도 설치가 가능하다. 집에 벽을 설치할 공간이 없다면 핑거 보드를 반드시 고려해 보도록 한다. 핑거 보드 훈련의 분명한 장점은 쉽게 이용할 수 있다는 점과 다양한 자세를 분리하여 훈련할 수 있다는 점이다. 단점은 잡는 자세를 제외하면 실제 등반하는 방식(몸자세, 동작, 전완근을 수축하는 방식 등)과 비슷하게 할 수 없어서 특정성이 부족하다는 점이다. 따라서 가장 좋은 전략은 가능한 등반과 비슷한 방식으로 다양하게 잡는 것이다. 이렇게 하기 위한 몇 가지 방법이 있다.

고빗사위에서 어려운 홀드를 가능한 한 빨리 넘어가는 것이 좋은 등반 요령임을 이미 알고 있을 것이다. 이렇게 하면 에너지를 보존할 수 있고 각 홀드 사이에 짧지만 귀중한 회복시간을 가질 수 있다. 이 과정을 생리적으로 분석하면 혈류는 고강도로 수축하고 있는 근육에서 막혀 있다가 근육이 이완될 때만 다시 흐르는 과정이 되풀이된다. 결국 어떤 홀드를 최대의 힘으로 꼭 잡아야 한다면 전완근에서 혈류는 멈춘 상태가 된다. 그러나 최대 근력으로 잡는 사이에 잠깐 근육이 이완되는 시간이 있으면 상당히 오랜 시간 동안 등반을 계속할 수 있다. 상급 클라이머들은 바로 이러한 점을 이용해서 아주 불가능해 보이는 루트도 계속해서 등반할 수 있다. 바로 그런 원리를 이용하는 것이 핑거 보드 훈련의 비법이다.

물론 충분한 워밍업은 필수다. 심박수와 근육 온도를 높이기 위하여 가벼운 운동을 한 다음 턱걸이 몇 세트와 함께 손가락과 상체의 스트레칭을 한다. 그리고 손가락, 전완근, 팔을 마사지하여 워밍업을 충분히 해준다. 마지막으로 손가락 아래쪽에 테이프를 단단히 감아서 건을 보호해 주는 것이 좋으며 관절이나 건에 통증이 오면 즉시 훈련을 중단해야 한다. 일반적인 근력 훈련 중 가장 좋은 운동은 작은 홀드에서 고강도로 매달리는 것이다. 아래의 두 가지 방법을 사용한다.

• 리피터(중급)

똑같은 홀드 한 쌍에 최대 강도로 5회 매달리기를 실시한다. 1회 매달리는 시간은 단지 3~10초 사이여야 하며 각 횟수 사이에 5초간 휴식을 취한다. 5번 매달리기를 한 세트 한 다음에는 1~2분간 휴식하고, 이번엔 다른 모양의 홀드 한 쌍에서 5번 매달리기를 한 세트 실시한다. 제일 먼저 가장 어려운 자세를 훈련하고 나서 점점 더 크고 쉬운 홀드로 옮겨가며 연속적으로 운동한다. 또한 최대한 다양한 자세로 운동하기 위하여 잡는 자세에도 순서를 매겨놓는다.

예를 들어 얕은 두 손가락 구멍, 작은 당겨 잡기, 좁은 집어 잡기, 작고 흐르는 홀드, 얕은 세 손가락 구멍, 중간 크기의 당겨 잡기, 깊은 두 손가락 구멍, 중간 크기의 흐르는 홀드, 중간 크기의 당겨 잡기, 큰 흐르는 홀드의 순서로 한다. 10가지 잡는 자세를 각각 1회씩 하고 나면 총 50개 가까이 최대 근육 수축을 위한 손가락 운동이 된다. 좀 더 실력이 좋은 클라이머라면 15분 휴식한 다음 2, 3세트도 할 수 있을 것이다.

리피터를 훈련할 때는 각 홀드를 고강도로 훈련하는 것이 가장 중요하다. 중상급 클라이머는 최대 강도에 근접하도록 하중을 추가할 필요가 있다. 일반적으로 홀드를 잡고 10~15초 이상 버틸 수 있으면 하중을 추가하는 것이 좋다. 약 2킬로그램 무게의 벨트를 하거나 비슷한 무게를 안전벨트나 배낭에 매달아서 시작하고 최대한 자기 체중의 20퍼센트까지 증가시킨다.

반대로 덜 숙련된 클라이머들은 1~2년 동안 자기 몸무게나 더 적은 무게로 훈련하는 것이 좋다. 두꺼운 고무줄에 의지하거나 핑거 보드 뒤쪽에 의자를 두고 발끝으로 지지하는 방법으로 저항을 줄일 수 있다. 후자의 방법을 이용하면 체중을 앞뒤로 이동할 수 있어서 저항을 쉽게 변화시킬 수 있다.

• 피라미드(중급)

변화의 원리에 따르면 핑거 보드 훈련 방식을 변화시키는 것이 더 좋은 방법이다. 피라미드 방법은 최대 근력을 훈련하기 위한 또 다른 방법이 될 수 있다. 한 쌍의 같은 홀드에 대해서 매달리기를 4초-6초-8초-10초-8초-6초-4초씩 실시하면서 사이사이에 5초씩 휴식한다.

한 세트의 홀드를 이용하여 총 7단계 피라미드 훈련을 하고 1분 휴식 후에 다른 세트의 홀드를 이용하여 다시 피라미드 훈련을 해보라. 리피터 훈련과 마찬가지로 7~15세트를 하면서 모든 자세를 다 훈련할 수 있다. 세트 사이에는 단 1분만 휴식해야 한다. 이 방법이 자신의 최대 근력을 키우는데 약하다면 하중을 늘리거나 더 작은 홀드를 이용하도록 한다. 보통 자신의 최대한도는 각 피라미드의 마지막 몇 단계를 실행하기 힘든 정도에 해당한다.

핑거 보드를 이용한 지구력 훈련
움직이며 매달리기는 마치 실제로 바위에서 연속 동작을 하듯이 보드에서 몇 분 동안 연속적으로 매달리는 훈련이다. 이 훈련을 할 때는 연속동작을 하면서 보드에서 손을 옮기는 동안 발을 어딘가에 지지하고 있을 필요가 있다. 한 가지 방법은 여러 가지 작은 발 홀드를 붙여놓은 벽에서 30~60센티미터 떨어진 위치에 보드를 설치하는 방법이다. 핑거 보드를 문틀에 설치한다면 보드 뒤쪽에 의자를 놓아두면 된다. 발끝을 의자 모서리에 의지하게 되면 하늘벽 루트에서의 몸자세와 유사하게 되며 핑거 보드에서 홀드를 따라 손을 옮겨 다닐 수 있게 된다.

훈련하는 방식은 어려운 홀드들을 이용해서 10~20개의 긴 동작을 한 다음 잠깐 손을 털 수 있도록 아주 좋은 홀드로 옮겨 간다. 10~20초간 휴식한 후 다시 10~20개의 동작을 계속하고 큰 홀드로 옮겨가서 쉰다. 이런 방식으로 총 3~10분 동안 계속한 다음, 10분간 휴식한다. 이것을 한 세트로 하여 총 3~6세트를 실시한다.

• 볼더링(초급)

볼더링은 클라이머에게는 가장 좋은 전천후 훈련 방법이라고 할 수 있다. 볼더링을 통해서 등반의 세 가지 영역(신체적 능력, 기술적 능력, 정신적 능력)을 모두 향상할 수 있다. 확보하거나 장비를 설치할 필요도 없이 자신이 할 수 있는 가장 어려운 동작을 등반하는 일에만 집중할 수 있다. 친한 친구들과 함께 하는 볼더링은 훈련과 등반에서 가장 유쾌한 일 중의 하나이다.

한편 볼더링은 몇 가지 제한점도 있다. 긴 시간 동안 가로지르기를 할 수 있는 벽이 없다면 지구력을 훈련하기 어렵다. 또한 손가락의 최대 근력을 효과적으로 훈련하려면 근력을 개발하기에 가장 좋은 방식으로 근육을 써야 하지만, 주어진 문제가 기술적으로 어렵다면 그 역시 어려운 부분이다. 그리고 문제를 풀면서 다양한 손가락 자세를 이용하기 때문에 한 가지로 잡는 자세를 훈련할 수 없는 경우가 많다. 그러나 이러한 단점 중 대부분은 실내 암장에서 해결할 수 있는 부분이다. 특정한 팔 자세만 이루어진 루트를 설계하면 가장 효과적인 훈련 전략이 될 수 있다. 특정한 문제를 세팅해서 유연성을 키우는 연습을 하는 것이 실내 암장에서 훈련하는 이유 중의 하나이기도 하다.

특히 하늘벽에서의 볼더 문제는 상체의 파워를 키우고 복근을 강화하는 데 탁월한 효과가 있다. 복근은 손과 발 사이에서 지렛대처럼 작용하여 서로의 힘을 연결시키는 중요한 역할을 하기 때문이다. 바로 이런 이유 때문에 모든 클라이머는 하늘벽에서 볼더링을 자주 해야 한다.

① 야외 볼더링

대부분 야외 볼더링은 상체의 파워 기술을 훈련함과 동시에 끈기, 집중력, 킬러 본능과 같은 정신력을 훈련하기에도 좋은 방법이다. 볼더링을 할 때는 한 가지 목적을 갖고 하는 것이 좋다. 예를 들어 어려운 루트만 하면서 파워와 최대 근력을 훈련한다든가 좀 더 쉬운 루트의 완등을 목표로 해서 무산소 지구력 훈련을 하거나 특정 기술이나 신체적인 약점을 훈련하기 위한 루트를 할 수도 있다. 대부분의 클라이머가 첫 번째 목적, 즉 최대 근력 훈련을 주로 염두에 두지만 목적에 변화를 주어 다양하게 볼더링하면 분명 이득이 되므로 각 접근 방식이 모두 의미가 있다.

야외 볼더링에서 훈련 효과를 최대로 하려면 양보다는 질에 초점을 맞추어야 한다. 한 개 루트를 연이어서 계속하거나 잘 알고 있는 루트들을 되풀이하는 것은 비생산적이다. 이렇게 하면 루트에서 최선을 다할 수가 없고 비효율적인 동작을 자꾸 반복하게 되며 부상을 입을 위험도 있다. 충분히 쉬면서 각 문제를 할 때마다 육체적, 정신적, 기술적으로 최대한 노력하는 것을 목표로 한다. 일반적으로 여섯 동작 이하의 짧은 볼더링 문제 사이에는 3~5분 동안 휴식하는 것이 좋다. 중간 길이의 문제(7~15동작)에는 5~10분의 휴식을 주고 그보다 더 긴 문제를 할 때는 15분 이상씩 쉬는 것이 좋다.

마지막으로 한 번의 볼더링 세션이 너무 길어지지 않도록 주의하여 부상의 위험을 방지해야 한다. 2~4시간 정도면 충분하다고 할 수 있으며 상급 클라이머의 경우에는 추가로 근력 훈련(하중 달고 턱걸이하기, 홀드에서 몸을 고정하기, 캠퍼스 훈련 몇 세트 정도)을 더 하는 것도 좋다.

② 실내 볼더링

실내 볼더링은 상당히 재미있기도 하고 손가락 근력을 개발하기 위해서는 야외 볼더링보다 더 효과적이라고 할 수 있다. 위에서 언급했듯이 특정한 손가락 자세나 팔 자세를 훈련할 목적으로 루트를 설계하는 것이 가장 좋다. 또한 최대 근력과 파워 훈련을 위해서라면 10~12동작 정도가 적당하고, 무산소 지구력을 위해서는 12~40동작 정도로 길이와 강도를 다양하게 할 수도 있다. 이 경우에는 기술적으로 어렵지 않은 문제를 세팅하여 주로 근력의 한계를 시험할 수 있도록 한다. 또한 날카로운 홀드같이 부상을 입을 수 있는 홀드를 피해야 한다. 훈련과 휴식 시간은 야외 볼더링 때와 같이 적용한다.

• 시스템 훈련(중급)

시스템 훈련은 실제 바위 등반을 제외한다면 최상의 체계적인 운동이 될 수 있다. 손가락 근력의 훈련에는 최상의 방법이 아닐지 몰라도 손끝부터 발끝까지 등반에 중요한 근육들을 단련하는 방법이 될 수 있다. 시스템 훈련이 효과적인 이유는 각도가 센 벽에서 특정한 손가락 자세와 팔 자세만을 조합하여 등반 동작을 반복하여 지치게 만들기 때문이다. 예를 들어 위로 당기기 자세와 감싸 잡기 자세만 이용해서 하나의 시스템을 만들어서 반복할 수 있다.

시스템 훈련을 위한 기본 벽은 적어도 약 2미터 넓이에 2.5~3미터 길이여야 하며 대부분 30~50도 정도 거꾸로 누운 각이어야 한다. 가장 중요한 것은 홀드의 형태와 배열이다. 일단 똑같은 홀드를 여러 개 준비하여 손가락과 팔 자세가 양쪽 대칭이 되게 세팅할 수 있도록 한다. 8~12개의 시스템 홀드를 구입하여 어깨너비로 한 쌍이 되도록 벽을 따라 올라가며 붙이는 것이 가장 좋다. 다양한 시스템 루트를 만들기 위해서 다른 크기의 나무 조각이나 정해진 모양의 홀드를 사용할 수도 있다. 홀드 타입과 관계없이 같은 쌍의 홀드를 20~25센티미터 떨어지도록 배치해서 사다리를 타듯이 올라갈 수 있도록 한다. 벽 전체에는 작은 발 홀드를 여기저기 배치한다. 손과 발 홀드가 모두 완벽한 대칭이 되도록 하면 가장 이상적인 세팅이 된다.

시스템 벽에서 훈련하는 방법은 아주 다양하지만 특정한 손가락 자세와 팔 자세의 조합만을 이용해서 벽을 오르는 것이 가장 중요하다. 무산소 지구력이 부족하다면 큰 홀드와 발 홀드를 이용해서 여러 번 시스템 벽을 오르내릴 수 있도록 한다. 총 20~40개의 손동작을 하는 것을 목표로 한다. 순수 근력을 훈련하기 위해서는 더 작은 홀드와 어려운 팔 자세를 이용해서 10~20동작 만에 힘을 소진하도록 구성한다.

캠퍼스 보드 훈련

캠퍼스 보드 훈련은 볼더링이나 스포츠클라이밍을 하는 상급 클라이머에게는 매우 중요하다. 아무리 타고난 힘이 좋고 자주 어려운 등반을 한다고 해도 캠퍼스 훈련을 몇 주일만 하고 나면 근력과 파워를

10퍼센트 정도 증가시킬 수 있다. 물론 그 정도로 근력이 증가하면 등반 실력이 한두 등급 이상 증가될 수 있을 것이다. 하지만 짧은 기간 동안 너무 많이 캠퍼스 훈련을 하면 재앙이 될 수 있다. 따라서 다음 가이드라인을 잘 지켜야 한다.

- 적어도 2년 동안 훈련을 해 왔고 최근에 손가락이나 팔에 부상을 입은 적이 없는 상급 클라이머만 캠퍼스 훈련을 한다.
- 충분히 워밍업 한다. 30분간 볼더링 강도를 점차 높여가면서 준비하고 테이프를 손가락에 감고 나서 훈련을 시작한다.
- 양보다는 질을 중시한다. 5세트를 정확하게 하는 것이 10세트를 대충 하는 것보다 더 낫다. 캠퍼스 훈련은 근력 훈련 방식의 작은 부분일 뿐이며 훈련의 유일한 방식은 아니라는 점을 기억하라.
- 피로가 쌓인 상태에서는 캠퍼스 훈련을 하지 마라. 좋은 기술과 높은 질의 훈련을 유지해야 한다. 예를 들어 완전히 팔을 편 상태로 홀드를 잡지 말아야 한다.
- 관절이나 건에 통증이 조금이라도 있으면 즉시 훈련을 중지한다.
- 캠퍼스 훈련을 한 다음에는 적어도 2일간 휴식한다. 일주일에 두 번 적당한 수준으로 훈련하며 2주 훈련하고 2주 쉬도록 한다.

집이나 실내 암장에 캠퍼스 보드를 설치하려고 한다면 다음 지침을 따르도록 한다. 바닥에서 약 1.2미터 정도 띄워서 벽을 설치해야 한다. 합판은 수직에서 정확하게 15도 각도로 누워야 하고 가로 막대의 두께는 0.6~4센티미터가 적당하다. 15~20센티미터 간격으로 작은 가로 막대를 붙이고 큰 막대는 20~30센티미터 정도 떨어져서 붙이는 정도가 좋다. 세 가지 기본적인 캠퍼스 훈련 방법은 사다리 오르내리기, 락 오프, 이중 다이노다. 여러 달에 걸쳐서 점차로 새로운 훈련 방법을 익히도록 한다. 처음에는 사다리 오르내리기를 하고 근력과 자신감이 붙을 때 몸을 고정하기와 이중 다이노로 넘어가도록 한다.

• 사다리 오르내리기(중급+)

캠퍼스 훈련에서 가장 기본이 되는 이 운동은 이름에서 알 수 있듯이 보드에서 발 없이 사다리를 올라가는 동작이다. 한 홀드에서 다른 홀드로 발 없이 런지하는 것을 '캠퍼싱'이라고 한다. 근력이 충분하다면 발 없이 보드를 내려올 수도 있다.

가능한 한 멀리 떨어진 막대로 올라가는 것을 목표로 한다. 훈련을 기록하기 좋도록 밑에서부터 막대마다 번호를 매겨준다. 처음에는 1-2-3-4-5 막대 순으로 올라가겠지만 점차 발전하면 1-3-5-7로 올라갈 수도 있다. 일반적으로 가장 작은 막대에서 사다리를 타는 동작은 상체 파워보다는 손가락 접촉 근력을 훈련하기에 좋으며, 막대들 사이를 길게 런지하는 동작은 상체의 파워를 키우기에 더 좋다. 세트 사이에는 3~5분 정도 휴식한다.

이 운동에서는 훈련의 질이 양보다 더 중요하다. 세트 수는 자신의 훈련 경험에 따라 5~15회 사이로 할 수 있다. 캠퍼스 보드 대신에 각도가 센 벽에서 홀드와 홀드 사이를 캠퍼싱 하는 방법도 상당히 효과적이다. 단 손가락에 무리를 주지 않는 둥근 모양의 홀드를 사용해야 한다.

• 락 오프(중급+)

이 운동은 홀드에서 몸을 고정하는 팔 자세에다 손가락의 다이나믹한 동작을 결합한 훈련 방법이다. 보드의 아래쪽 막대에 매달린 상태로 시작한다. 다음에 홀드에서 몸을 고정하는 자세가 되도록 양손을 당긴 후에 한 손을 가능한 한 높이 뻗어서 위쪽 막대를 터치하거나 잡는다. 몇 초 동안 락 오프 자세를 유지하고 다시 원래 홀드에 매달리는 자세로 돌아간다. 곧바로 다시 락 오프 자세로 끌어올린 다음 반대쪽 손을 뻗는다. 마찬가지로 몇 초 동안 그 자세를 유지하다가 원래 홀드로 돌아와서 매달린다.

이렇게 양손을 번갈아가며 총 12번의 터치를 반복한다. 이상적인 자세는 꼭대기에서 완전히 정지된 락 오프 자세를 취하고 내려와서는 아주 잠깐 멈춘 후 바로 다음 터치를 위해 올라가는 자세이다. 세트 사이에는 3~5분 동안 휴식한다. 캠퍼스 훈련에서 좀 더 잘할 수 있게 되면 두 손가락만 갖고 락 오프를 몇 세트 하도록 한다. 어떤 홀드를 이용하든지 5~15세트까지만 하도록 한다.

• 이중 다이노 (고급)

이 운동은 비디오에서 많이 볼 수 있는 매우 인상적인 모습으로 캠퍼스에서 양손으로 다이나믹하게 오르내리는 동작을 하는 것이다. 보기보다 그리 어렵지는 않지만 이렇게 폭발적인 운동은 상당히 스트레스를 주며 최상급 클라이머를 위한 운동이다.

막대 번호 3 또는 4에서 팔을 편 상태로 매달린 다음 떨어지면서 양손으로 동시에 아래쪽 막대를 잡는다. 그리고 곧바로 원래 막대로 되돌아간다. 쉬지 않고 곧바로 다시 아래로 떨어지고 잡은 다음 다시 위로 올라간다. 더 이상 잡지 못할 때까지 이런 방식으로 계속한다. 막대의 크기에 따라서 1회부터 10회(한번 내려왔다 올라가는 것이 1회)까지 가능하다. 5분 동안 휴식한 후 다음 세트를 진행한다.

이런 이중 다이노 캠퍼스 훈련을 잘할 수 있게 되면 더 작은 막대를 갖고 훈련하거나 위와 아래 막대의 거리를 더 크게 하도록 한다. 마지막으로 덧붙이자면 이 운동은 본질적으로 감싸 잡기를 사용할 수밖에 없으므로 다른 홀드를 이용하는 락 오프 훈련과 더블 다이노 훈련을 결합하면 더욱 광범위한 상체 훈련을 할 수 있다.

턱걸이 훈련

클라이머들에게 턱걸이는 오랫동안 중요한 운동이었다. 일주일에 며칠간 턱걸이를 몇 세트 하면 가장 기본적인 수준의 근력을 개발할 수 있다. 그러나 좀 더 난이도가 있는 등반을 하려면 홀드를 락 오프하거나 재빠르고 파워풀한 동작을 해야 하며, 이 경우에는 더욱 특정한 형태의 근력을 개발해야 한다. 기본 턱걸이는 특정 근력을 발달시키기에는 한계가 있다.

예를 들어 턱걸이를 수십 회 할 수 있지만 정작 5.10이나 5.11을 잘 해내지 못하는 클라이머를 자주 봤을 것이다. 기술 부족이 문제일 수 있지만 다양한 락 오프 자세에서 버티는 정적인 근력이 부족하거나 각도가 센 벽에서 어려운 동작을 파워풀하게 올라가는 동적인 근력이 부족한 경우도 많다. 결론적으로 '턱걸이 15회'를 할 수 있다면 더 많은 턱걸이를 해서 얻는 이득은 별로 없다.

당기는 근육 운동을 상세하게 살펴보기 전에 자신이 바위에서 가장 약한 부분이 무엇인가 다시 한 번 생각해보라. 턱걸이 파워와 락 오프 근력은 분명 중요한 부분이지만 기술 부족과 정신 컨트롤 실패가 더 중요한 원인일 수 있다. 또는 잡는 근력이 충분하지 못한 점이 원인일 수도 있다.

• 턱걸이(초급/중급)

앞에서 얘기했지만 이 운동은 초보자에게는 매우 유용하지만 상급 클라이머의 능력을 향상하는 데는 별로 가치가 없다. 자신이 한 번에 15회 턱걸이를 할 수 없다면 일주일에 3일 정도 이 훈련을 계속해야 한다.

먼저 턱걸이 바 또는 핑거 보드의 손잡이 홀드에서 턱걸이 훈련을 실시한다. 초기 목표는 손가락이 아니라 당기는 근육의 훈련이다. 손바닥을 바깥쪽으로 하고 어깨너비로 벌려서 훈련한다. 가능한 최대 횟수로 5세트를 실시하며 세트 사이에는 3~5분간 휴식한다. 일주일에 3일 훈련이 가장 좋다. 주중에 등반할 계획이라면 등반 마지막 날에 턱걸이를 하고 휴식일에는 하지 않는 것이 좋다.

장기적으로는 10~15회 턱걸이를 한 세트로 하여 세트 사이에 3~5분을 쉬면서 5세트 하는 것을 목표로 한다. 이 목표에 도달하게 되면 허리에 하중을 추가하는 것이 좋다. 결론적으로 턱걸이 훈련이 너무 단조롭고 등반 근력 획득에 별 보탬이 되지 않는다는 사실을 깨닫게 될 것이다. 이러한 시점에서 다음의 여러 훈련 중의 한 가지 방식을 이용하도록 한다.

• 턱걸이 인터벌(초급)

이 운동은 당기는 근육이 혈중 산도가 높은 상태에 적응되도록 설계한 운동이다. 긴 시간 동안 지속해서 등반을 하면 혈액 내에 젖산의 축적이 증가하면서 혈중 산성도가 증가하여 근육이 펌핑되기 전에 타는 듯한 느낌과 경직되는 느낌이 들게 된다. 턱걸이 인터벌을 1분간 하는 운동으로서 매분 시작할 때마다 여러 횟수의 턱걸이를 하고 남은 시간 동안 쉬는 방식으로 운동한다.

턱걸이 4회(약 10초)를 한 세트로 하여 시작하고 내려와서 나머지 10초간 휴식한다. 이런 방식으로 턱걸이 한 세트마다 4회를 할 수 없을 때까지 계속한다. 총 20분 정도(턱걸이 80회)를 할 수 있게 되면 세트마다 턱걸이 횟수를 5회로 늘린다.

• 30초 턱걸이(초급)

이 운동은 느린 동작으로 하는 기본 턱걸이다. 올라가는데 10초, 내려오는 시간이 20초가 되도록 한다. 이 규칙에 따라 운동을 더 이상 할 수 없을 때까지 계속한다. 이렇게 하여 1~3세트를 실행한다.

• 파워 턱걸이(중급)

보통의 턱걸이 동작을 하되 가능한 한 빨리 올라가고 3초 동안 천천히 내려온다. 한 세트에 6~8회를 실시하고 1~3세트를 한다.

• 프렌치(초급+)

이 운동은 ILV 턱걸이라고도 하며 당기는 근육의 무산소 지구력을 키우기에 가장 좋은 운동이다. 근육에 젖산이 축적되어 타는 듯한 고통도 느끼겠지만 한편으로는 운동 후 단 몇 주일 만에 턱걸이와 홀드에서 몸을 고정하는 능력이 눈에 띄게 향상된 것을 느끼게 될 것이다. 이런 효과는 턱걸이 동작과 아이소메트릭(등척성) 근수축이 결합함으로써 만들어진다.

먼저 턱걸이(손바닥을 밖으로 하고 어깨너비로 벌려서)를 한 개 하고 꼭대기에서 락 오프 자세를 5초 동안 취한다. 다음으로 아래로 내려와서 다시 올라간다. 그러나 이번에는 즉시 팔을 90도가 되도록 반쯤 내리고 5초간 락 오프 자세를 유지한 후 내려온다. 즉시 다음 턱걸이를 하고 이번에는 팔이 120도 각도가 되도록 내려서 5초를 유지하고 내려온다. 이렇게 세 번의 락 오프 동작이 한 주기를 구성하며 완전히 팔이 펌핑 될 때까지 계속한다. 이렇게 총 2~3세트를 실시한다. 세트마다 2주기를 할 수 없다면 체중을 줄일 수 있는 고무줄을 이용하거나 홀드를 사용하며, 반대로 한 세트에 5주기를 할 수 있으면 하중을 추가해서 실시한다.

• 언밸런스 턱걸이(중급)

이 운동은 한쪽 팔의 근력과 홀드에서 몸을 고정하는 능력을 개발하는데 최고의 운동이라고 할 수 있다. 언밸런스 턱걸이를 오랫동안 훈련하면 결국에는 한쪽 팔 턱걸이가 가능해진다.

턱걸이 바에 한 손을 올리고 다른 손은 바에 둘러놓은 슬링을 잡아서 높은 손보다 15~60센티미터 낮게 위치하도록 한다. 물론 두 손을 같이 당기지만 위쪽에 있는 손이 힘을 더 많이 쓰게 된다. 손 사이의 거리가 멀면 멀수록 위쪽 손이 더 힘을 써야 한다. 4~8회 턱걸이를 한 세트로 하여 첫 번째 세트 후에 2분간 휴식하고 이번에는 손의 위치를 바꾸어서 턱걸이를 실시한다. 각 손에 대해서 3세트를 실시한다. 한 세트에 10회 이상을 할 수 있게 되면 손 사이의 수직 거리를 더 증가시키고 4회 미만으로 턱걸이를 한다면 거리를 좁히도록 한다. 다른 턱걸이 운동을 하지 않는 대신 일주일에 두 번 정도 이 운동을 한다.

• 하늘벽 락 오프(중급)

이 운동은 근력의 향상이 완벽하게 바위로 전이된다는 점에서 상당히 효과적인 운동이다. 하늘벽의 볼더링에서 실시하는데 실제로 어떤 문제를 등반하는 것이 아니라 똑같은 홀드를 이용해서 한쪽 팔 락 오프를 반복적으로 실시하는 방법이다. 벽에 발을 딛고 하기 때문에 몸을 틀거나 긴장시켜서 더 견고하고 효율적인 락 오프 자세를 만들 수 있다. 이런 특정성 때문에 운동 효과가 실제 바위에서도 잘 적용될 수 있다.

수직에서 30~50도로 누운 하늘벽의 밑에서 앉은 자세로 두 개의 홀드를 잡고 시작한다. 홀드는 둥글게 안쪽으로 파인 홀드나 두세 손가락이 깊이 들어가는 구멍 턱이 좋으며 벽 아래쪽의 홀드를 발 홀드로 이용한다. 손을 당겨서 오른손으로 락 오프 자세를 만든다. 락 오프가 가장 견고하게 되도록 몸을 비틀고 긴장시킨다. 다른 쪽 손을 높이 뻗어서 가능한 가장 높은 홀드를 터치하되 잡지 않은 상태로 5초를 유지한다. 다시 아래로 내려와서 왼쪽 홀드를 잡았다가 곧바로 다시 당겨 올려서 5초간을 버틴다. 근육이 더 이상 힘을 못 쓸 때까지 4~8회를 실시한다. 이것이 가능하지 않다면 좀 더 큰 홀드를 사용하거나 각도가 약한 벽을 이용한다.

꼭 1분간만 휴식하고 다른 손으로 락 오프 운동을 반복하며 두 번째 세트를 마친 다음에 5분간 휴식한다. 이런 방식으로 양 손에 대해서 3~5세트를 하면 된다. 이 운동은 상당히 격렬한 운동이므로 볼더링 훈련 시간 마지막에 하는 것이 가장 좋다.

• 한쪽 팔 락 오프(중급+)

이 운동은 어려운 볼더링과 스포츠클라이밍에 잘 적용될 수 있는 인기 있는 고난도 운동이다. 그러나 보통 한 번에 20회의 턱걸이를 할 수 없다면 한쪽 팔 락 오프 운동을 해서는 안 된다. 이 운동을 할 때는 턱걸이 바나 핑거 보드의 손잡이 홀드를 이용한다. 난이도에 따라 다음과 같은 세 가지 운동 방식이 있다. 이 운동을 장기적으로 하면 많은 클라이머들이 한쪽 팔 턱걸이를 할 수 있게 된다.

① 손바닥을 안쪽으로 하는 락 오프(중급+)
손바닥을 자기 쪽으로 향하게 해서 꼭대기에서부터 한쪽 팔로 락 오

프한다. 가능한 한 높이 몸을 끌어올린 상태에서 락 오프를 유지하고 겨드랑이까지 바를 당기는 것에 완전히 집중한다. 20초간 견고한 자세를 유지하는 것을 목표로 한다. 락이 풀리기 시작할 때 다른 손으로 바를 잡거나 천천히 내려오도록 한다. 급하게 몸을 떨어뜨려서 팔을 펴면 안 된다. 내려와서 한숨 돌린 다음 다른 팔로 다시 한다.

적어도 5초 이상 락 오프를 유지할 수 없으면 다른 손으로 같이 잡거나 두꺼운 고무줄을 이용하도록 한다. 아마도 곧 10~15초 동안 한쪽 팔 락 오프를 할 수 있게 될 것이다. 상급 클라이머라면 하중을 더 추가함으로써 매달리는 시간을 15초 이하로 할 수 있다.

② 손바닥을 바깥으로 하는 락 오프(중급+)

이 운동은 턱걸이 자세처럼 손바닥을 바깥으로 해서 똑같은 방식으로 하는 것이다. 이것이 더 힘들지만 클라이밍에는 더 고유하고 유용한 방식이다. 팔마다 3~5세트를 실시하고 세트 사이에는 2분간 휴식한다.

③ 여러 각도로 락 오프하기(중급+)

이 운동의 마지막 버전은 팔의 각도를 45, 90, 120도로 하여 락 오프를 실시하는 것이다. 두 팔로 당겨서 특정 각도를 만든 다음 한쪽 팔로 락 오프하여 가능한 오랫동안 버틴다. 이것은 매우 어려운 운동이며, 앞에서처럼 꼭대기에서 락 오프를 완전히 할 수 있을 때만 해야 한다. 세 가지 자세에 대하여 각각 2~3회 락 오프를 하고 2분간 휴식한다. 마지막으로 꼭대기에서 락 오프(손바닥을 바깥으로)를 2회 하고 마무리한다.

• 줄사다리(중급+)

줄사다리는 발 없이 등반하도록 되어 있어서 이 운동을 하려면 상당한 신체 근력을 갖추고 있어야 한다. 턱걸이와 상체 스트레칭으로 충분히 워밍업한 후에 사다리를 한 손씩 올라간다. 꼭대기에 다다르면 느리고 부드러운 동작으로 근수축을 하면서 다시 내려온다. 한 세트에 5~10회를 오르내린 후 3~5분 휴식한다. 앞에서의 운동과 마찬가지로 양보다는 질이 중요하다. 미끄러질 듯이 겨우 잡고 위험하게 떨어지면서 내려오는 동작으로 4회 하는 것보다는 견고한 락 오프 자세와 느린 근수축 동작으로 2회 등반하는 것이 낫다.

복근 훈련

수직에서 하늘벽 바위로 등반할 때 상체의 복근은 팔과 다리 사이에서 지렛대로 작용하여 손에서 발로 또는 그 반대로 토크를 전달하는데 결정적인 역할을 한다. 초중급 클라이머들이 처음으로 각도가 센 벽을 등반하게 되면 좋아 보이는 홀드도 어려워하고 금방 펌핑이 나며 그리 길지 않은 거리도 아주 긴 것처럼 느끼게 된다. 그러한 이유는 좋지 못한 기술과 부족한 팔 근력 그리고 몸통 때문이다.

결국 복근을 강화하는 좋은 방법은 각도가 센 벽에서 자주 등반하는 것이다. 주로 하늘벽 루트를 등반하거나 동굴 같은 루트에서 볼더링을 자주 한다면 아마도 이미 상당한 복근을 갖고 있을 것이다. 그러나 초보자거나 주로 각도가 약한 루트를 등반해 왔다면 다음의 복근 훈련을 통해서 상당히 이득을 얻을 수 있다.

볼더링할 때 복근을 특히 단련하고 싶다면 특정 자세와 홀드를 사용하지 않음으로써 복근이 더 사용되도록 할 수 있다. 예를 들어 동굴 같은 하늘벽에서 직상으로 등반할 때 드롭 니와 힙-턴 자세를 하지 않고 정면을 보는 자세로 직상한다. 이런 동작은 스타일의 관점에서는 나쁜 전략이겠지만 복근을 단련시킬 목적이라면 더 나은 동작이다. 동굴의 꼭대기에 도달하면 같은 스타일로 벽을 다운클라이밍 한다. 각도가 센 벽을 다운클라이밍 하는 것은 복근에 굉장히 힘이 들어가도록 하는 좋은 방식이다.

벽에서 훈련하는 또 다른 방법으로 약한 하늘벽에서 발을 낮게 두고 손은 머리 위로 하여 가로지르기 하는 방법이 있다. 이렇게 하면 몸이 벽에서 떨어지지 못하게 하기 위해서 복근을 계속 사용하게 된다. 벽에서의 훈련 방법 외에도 다음의 운동을 마지막 시간에 일주일에 두 번 정도 하면 좋다.

• 사이드 힙 레이즈(초급)

마루에 옆으로 누워서 마루와 몸이 삼각형이 되도록 팔을 편다. 팔을 편 상태를 유지하면서 엉덩이가 바닥에 닿을 때까지 내렸다가 다시 올린다. 이렇게 엉덩이를 내렸다 올리는 과정을 10~15회 반복한다. 양 팔에 대해서 두 세트씩 실시하고 세트 사이에는 1분간 휴식한다.

• 어퍼 트렁크 익스텐션(초급)

얼굴을 바닥 쪽으로 하고 누워서 다리를 어깨너비로 벌려서 뻗고 팔은 양옆을 짚는다. 가슴과 머리를 천천히 들어 올려서 어깨의 양 날개를 등 쪽으로 당기고 등줄기를 가능한 한 멀리 올린다. 그 자세에서 잠시 정지했다가 원래 자세로 되돌아온다. 천천히 10회를 실시하고 1~2분간 쉰 다음 두 번째 세트를 한다. 동작하는 동안 목을 긴장시키지 않아야 하며 골반은 바닥을 확실히 누르고 있어야 한다.

• 아쿠아맨(초급)

얼굴을 바닥으로 향하게 누워서 팔을 머리 위로 뻗는다. 한팔과 반대쪽 다리를 천천히 바닥에서 들어 올려서 긴장을 주도록 한다. 가슴과 골반은 마루에서 떨어지지 않도록 하며 멀리 위로 들어 올린 다음 잠깐 멈추었다가 다시 원래 자세로 돌아온다. 반대쪽 팔과 다리로 반복한다. 양쪽에 대해서 각각 5~8회를 실시한다. 동작하는 동안 몸이 틀어지거나 돌지 않도록 주의한다.

• 매달려서 무릎 들어 올리기(초급)

이 운동은 하복부 엉덩이 굴근, 몸통 측면의 톱니근을 훈련할 수 있는 강도 높은 운동이다. 턱걸이 바에 매달려서 가슴까지 무릎을 들어 올렸다가 약간 구부린 상태까지 천천히 내린다. 곧바로 다시 올라가는 동작을 반복한다. 어깨에 계속 긴장을 유지하고 복근이 수축할 때 상체가 뻣뻣해지는 느낌에 집중한다. 무릎을 가슴까지 올리는 것이 중요한데 옆쪽 톱니근(측복근)을 발달시키려면 무릎을 좌우로 돌리도록 한다. 목표는 20회 정도를 두 세트 하는 것이다.

• 복부 크런치(초급)

이 운동은 바닥에 누워서 발을 의자에 올리거나 무릎을 90도 각도로 굽힌 자세로 실시한다. 팔을 상체에서 교차시키거나 손을 머리 양옆에 둔다. 바닥에서 어깨를 들어 올리면서 숨을 내쉰다. 등 전체가 아니라 위쪽 등만 들어 올리도록 주의한다. 25~50회 실시한 다음 2분간 휴식한다. 50회를 3세트 하는 것을 목표로 한다. 이 목표에 도달하고 나면 더 이상 크런치 운동이 큰 도움이 되지는 않는다.

• 프론트 레버(중급/고급)

턱걸이 바 또는 허공에 매달린 링을 잡고 몸을 긴장시킴과 동시에 끌어 올려서 바닥과 평행이 되는 자세로 만든다. 그 상태를 3~5초간 유지한다. 이것은 극히 어려운 동작인데 좀 더 쉽게 하려면 한 다리를 굽혀서 몸 중앙으로 당기면 된다. 그래도 3초 이상 버티기 힘들면 다른 사람이 발끝을 받치도록 도와주면서 한다. 총 다섯 번 실시하고 사이에 1분씩 휴식한다.

길항근 훈련

각도가 센 벽에서 자주 등반을 하고 있다면 길항근 훈련을 해주는 것이 반드시 필요하다. 등반할 때 주로 사용되는 당기는 근육은 바위를 잡을 때마다 운동이 되는 반면, 반대쪽 미는 근육은 훨씬 덜 사용된다. 장기적으로 근육의 불균형이 커지면 다양한 부상의 위험이 있으며 특히 팔꿈치와 어깨에 부상이 올 수도 있다.

등반 스포츠에서는 부상이 잦은 편인데도 어깨와 가슴, 전완근 뒤쪽의 길항근을 훈련해주는 클라이머는 거의 없는 것 같다. 훈련에 필요한 시간은 얼마 되지 않으며 그렇게 어렵지도 않다. 근육의 균형을 충분히 유지하기 위해서 약간의 노력만 기울여도 미래의 부상을 예방하는 데 큰 도움이 된다.

미는 근육을 효과적으로 훈련하기 위한 기본 가이드라인은 다음과 같다. 각 근육 훈련에 15~20분을 투자하고 일주일에 2회 정도 한다. 또한 지나친 길항근 훈련은 피해야 한다. 보디빌더 같이 큼직한 근육을 단련할 목적이 아니라 가벼운 강도로 운동하는 것을 목표로 한다.

• 손과 전완근

전완근의 근육조직은 신체에서 가장 복잡한 편이다. 전완근은 크게 손목을 안쪽으로 꺾어주는 역할을 하는 굴근과 손목을 뒤쪽으로 꺾어

주는 역할을 하는 신근으로 이루어져 있다. 등반은 이들 근육을 매우 특정한 방식으로 움직이므로 시간이 지나면 팔꿈치의 안쪽이나 바깥쪽에 건염을 일으킬 수 있다. 만성적인 휴식 부족이나 똑같은 동작 형태를 계속하게 되면 필연적으로 부상을 초래하게 된다. 아래의 두 가지 운동은 이러한 부상에 대해 훌륭한 대책이 될 수 있다.

① 리버스 리스트 컬

2~5킬로그램의 덤벨을 이용해서 손바닥을 아래로 하여 손목 컬 운동을 한다. 이때 전완근은 무릎이나 벤치 탁자 같은 곳에 의지한 상태여야 한다. 약 20회 정도 실시한다. 즉 손목을 편 상태에서 시작해서 덤벨을 위로 들어 올리고 2초간 멈추었다가 원래 자리로 내린다. 이 운동을 일주일에 두 번씩 2~3세트를 운동 마지막 시간에 한다.

② 전완근 회전

종종 헬스클럽에 가면 손 회전 운동 기구를 볼 수 있다. 만일 없다면 간단한 전완근 훈련 기구를 만들어서 워밍업이나 쿨다운에 이용할 수 있다. 2.5센티미터 지름의 바에서 30센티미터 길이의 못이나 덤벨 바를 구입해서 한쪽 끝에 500그램짜리 중량을 몇 개 끼우면 완성된다.

앉아서 팔꿈치를 다리에 대고 팔을 90도 각도로 굽힌 상태로 시작한다. 무게를 끼우지 않은 쪽 바를 손으로 잡고 엄지가 안쪽과 바깥쪽을 번갈아 향하도록 손을 돌린다. 20~25회 반복하여 손목을 돌리고 운동할 때마다 두 번씩 두 세트를 실시한다. 즉 운동 시작할 때와 끝날 때 2세트씩 하면 된다. 중량을 추가하거나 손을 더 바깥쪽으로 잡는 방식으로 저항을 조절한다.

• 큰 근육 훈련

이 운동들은 어깨와 상부 몸통의 근육에 균형을 유지하기 위하여 필수적인 운동이다. 아래의 두 가지 운동을 꾸준히 하면 필요한 균형을 유지할 수 있으며 수년간 어려운 등반을 하더라도 어깨의 건강을 지킬 수 있다. 현재 어깨에 문제가 있다면 이 운동을 함으로써 통증을 완화하고 더 이상의 부상을 방지할 수도 있지만 일단 의사와 상의하여야 한다. 다음의 운동들은 일반적인 헬스 기구로 하는 것들이지만 덤벨 몇 개만 있더라도 할 수 있다.

① 어깨 프레스

헬스 기구나 덤벨 두 개를 이용해서 이 운동을 하되 일주일에 두 번씩 2~3세트를 하고 한 세트에는 20~25회를 실시한다. 총 무게는 자기 체중의 20~40퍼센트로 제한해야 한다. 덤벨을 구입할 계획이라면 여자는 4~7킬로그램짜리, 남자는 10~15킬로그램짜리 두 개를 구입하는 것이 좋다.

② 푸쉬 업

기본 푸쉬 업을 2~3세트씩 일주일에 두 차례 한다. 세트당 20~25회를 하는 것이 좋다. 25회 이상을 할 수 있게 되면 양 손을 점점 더 모아서 난이도를 높일 수 있다. 벤치 프레스가 이용 가능하다면 같은 방식으로 어깨 프레스를 해 준다. 총 중량을 자기 체중의 40퍼센트 이하로 해야 하며 더 무겁게 하면 불필요하게 근육량을 늘리기 때문에 등반에 부담만 된다.

유산소 훈련

보통 암벽 등반에는 그저 평균 수준의 유산소 운동만 요구된다. 그러나 빅월 등반과 워킹 등산에는 더 높은 유산소 능력이 요구된다. 또한 체지방의 최적화가 암벽 클라이머에게는 첫 번째 과제이다. 과다한 체지방은 적절한 영양 섭취와 유산소 운동을 통해서 조절할 수 있으며, 등반이 눈에 띄게 향상될 수 있다. 또한 유산소 훈련을 적당히 해주면 중강도의 등반을 더 긴 시간 동안 할 수 있으며 근육에서 젖산을 제거하는 능력을 키울 수도 있다. 결론적으로 등반 중 쉬는 지점이나 등반 사이에 더 빨리 회복될 수 있다.

하지만 많은 양의 유산소 훈련은 클라이머에게 바람직하지 않다. 단순히 많이 등반하기만 해도 순환계의 적응은 빠르게 일어난다. 사실 고강도의 무산소 지구력 훈련을 하면 유산소 능력도 상당히 향상된다. 따라서 자신이 숨을 헐떡이는 정도로 등반하고 있다면 부수적으로 순환기 계통도 강화하는 훈련을 하고 있는 셈이다.

• 볼더링과 스포츠 클라이머

최적 상태의 체지방에 도달했다면 단지 제한된 양의 유산소 운동만 하는 것이 좋다. 이런 등반에서는 고도의 근력과 파워가 요구되므로 가장 약한 고리인 전완근과 상체 근육 훈련에 집중할 필요가 있다. 하지만 많은 양의 유산소 훈련은 상체 근력과 파워 훈련에는 마이너스가 된다.

일단 훈련시간을 낭비하는 셈일 뿐만 아니라 유산소 훈련을 많이 하면 피로가 쌓여서 충분히 훈련하지 못하게 된다. 또한 과다한 유산소 훈련은 상체 근육에 이화작용, 즉 오랜 훈련 시간 동안 신체는 근육을 대사하기 시작한다. 그 증거로 장거리 달리기 선수의 상체를 보면 갈비

씨처럼 보이지 않는가? 궁극적인 훈련 목표가 상체의 근력과 파워를 키우는 것이라면 일주일에 세 차례 15~30분 이상 달리기를 하는 것은 득이 되지 않는다.

• 빅월과 알파인 클라이머

이런 종류의 등반은 강철 같은 손가락보다는 하루 이상의 지구력을 더 요구한다고 할 수 있다. 따라서 이런 요구사항에 맞추어서 훈련하는 것이 좋다. 아래에 두 가지 좋은 훈련 전략이 있다. 근처에 자연 암장이 있다면 다른 어떤 훈련보다도 바위에서 여러 날 등반하는 것이 가장 좋다. 하루 종일 가능한 많은 루트를 등반하거나 빅월 등반 루트를 줄기차게 등반하면 좋은 훈련이 된다.

마땅한 자연 암장이 없다면 일주일에 5일 정도 유산소 훈련을 60~90분간 꾸준히 할 필요가 있다. 달리기, 산악자전거 등이 가장 좋은 운동이며 속도보다는 거리에 중점을 두고 운동해야 한다. 체력이 향상됨에 따라 하루에 두 번씩 45~60분 운동시간을 증가시킨다. 이것은 상당히 힘든 훈련 프로그램이지만 긴 벽이나 고산을 등반할 때 상당히 유용할 것이다.

효과적인 훈련 프로그램의 핵심

오늘날 대부분의 열성적인 클라이머들은 추가적인 훈련을 하며 수많은 초보자와 중급 클라이머도 더 어려운 등반을 하기 위해서 훈련한다. 따라서 일반 클라이머들은 실력 향상을 최대화하면서 부상 위험을 최소화하는 훈련 프로그이 필요하다. 이번에는 현재 수준의 몸 상태와 등반 실력에서 가장 효과적인 훈련 프로그램을 짜도록 하자.

자신의 약점을 목표로 하라

많은 클라이머에게 가장 약한 부분은 주로 기술과 정신력 컨트롤이다. 똑똑하지 못한 클라이머는 신체 근력 강화를 위해서만 훈련하지만, 가장 좋은 방법은 자신의 약점을 훈련하는 것이다. 기술과 정신력, 신체 근력을 훈련하는 데 투자하는 시간의 양은 스스로 자신을 평가한 결과와 현재의 능력 수준에 따라 달라진다.

일반적으로 초, 중급 클라이머는 훈련 시간의 70퍼센트를 기술과 요령, 정신력 향상에 써야 하며 나머지 30퍼센트만 신체 훈련에 투자하는 것이 좋다. 반면에 상당히 정교한 기술을 소유하고 있는 상급 클라이머들은 최대 근력과 파워의 향상에 훨씬 더 많은 시간을 투자하는 것이 현명하다.

훈련을 정기적으로 수정하라

이전에 언급한 것처럼 훈련을 정기적으로 수정하는 것이 중요하다. 안타깝게도 많은 사람이 매주 똑같은 기본 운동을 하면서 더 이상의 실력 향상이 없다고 실망한다. 또한 매번 똑같은 훈련이나 주말 등반을 하다 보면 자신을 한계 이상으로 밀어붙이면서 열심히 하려는 동기 부여도 서서히 약해지게 된다.

훈련 프로그램을 잘 설계하려면 훈련과 등반을 정기적으로 변화시켜야 한다. 실내 암장에서는 운동 강도와 양, 운동시간, 세트 사이의 휴식 등을 세밀하게 변화시키는 것이 중요하다. 바위에서는 새로운 형태의 등반을 시도하려는 의지와 비례하여 동기 부여와 성취도 커지게 되므로 새로운 암장을 방문하여 자신의 한계가 어디까지인지 시험해보라.

최대 효과를 내도록 하라

프로 선수들은 중요한 이벤트나 경기 일정에 맞춰서 최대 효과를 낼 수 있도록 자신의 훈련 스케줄을 설계한다. 그러나 상당수의 클라이머들은 최대 효과를 내기 위해서 세밀하게 훈련을 계획하지 않는 것 같다.

어려운 루트에 대한 등반 시점에 최고의 컨디션에 도달하도록 운동 일정을 짜는 일은 어렵지 않다. 현재 일주일에 3~4일 정도 등반하고 있다면 가장 힘든 부분을 이미 하고 있는 것이다. 이제 필요한 것은 특정 가이드라인에 따라 강도, 양, 휴식의 빈도를 조절하고 훈련 노트에 기록해 가는 것이다.

운동일정의 시스템화

이상적인 결과를 얻기 위해서 몇 주 또는 몇 개월, 1년에 걸친 운동 스케줄을 짜는 방법은 다음과 같다. 스포츠 과학자들의 말에 따르면 중요한 시간 단위는 단기, 중기, 장기 훈련주기라고 한다.

• 단기 훈련주기

일주일 훈련 방향의 구조와 내용은 프로그램의 효율성을 결정하는 가장 중요한 요인이다. 단기 훈련주기에서는 무엇을, 얼마나, 많이 훈련할지 선택하기 때문에 이것은 훈련 스케줄에서 가장 핵심적인 부분이다.

많은 클라이머들의 프로그램은 시작부터 잘못되어 있는데, 일주일의 코스 중에 훈련의 우선순위를 제대로 정하지 못하기 때문이다. 효과를 극대화하려면 올바른 방식으로, 올바른 순서에 따라 훈련할 필요가 있다. 충분히 워밍업 한 후 가장 훈련 순서는 ① 기술 전략과 정신력, ② 최대 근력과 파워, ③ 무산소 지구력, ④ 길항근, ⑤ 순환계 지구력의 순서로 한다.

매일같이 다섯 종류의 영역을 효과적으로 훈련할 수는 없다. 대신에 단기 훈련주기 동안 자신이 집중할 수 있는 단기 목표와 임무를 개발해야 한다. 이 영역 중 몇 가지를 훈련하든 위의 순서에 따라 훈련해야 한다. 예를 들어 초보자들은 기술과 전략을 훈련하고 순환계 지구력 운동을 해야 한다. 마찬가지로 상급 클라이머는 기술과 정신력을 훈련하기 위해 볼더링 문제를 한 다음에 최대 근력과 파워를 키우기 위한 운동을 한다. 이 순서를 뒤바꿔서 운동하게 되면 훈련의 질과 등반 성과가 떨어지게 된다.

단기 훈련주기 동안 두 번의 중요한 휴식기간이 있다. 운동 중의 휴식과 운동 사이의 휴식이 그것이다. 열정적인 클라이머는 휴식 부족의 덫에 빠지기 쉽다. 따라서 자신이 원하거나 필요하다고 느끼는 것보다 더 많이 쉬는 것이 현명하다.

개별 운동과 세트 사이에 쉬는 휴식시간은 훈련 자극에 중요한 역할을 한다. 1~2분 이하로 쉬게 되면 혈액 중 젖산의 농도가 높아져서 무산소 지구력을 훈련하게 된다. 이러한 형태는 상당히 효과적인 인터벌 훈련 전략이 된다. 반대로 세트 사이에 2분 이상 쉬면, 더 많이 회복할 시간을 주기 때문에 훈련의 질과 강도를 높일 수 없다. 더 오래 쉬는 것은 기술 훈련이나 최대 근력 훈련할 때뿐이다.

하루의 운동이 끝난 후의 적절한 휴식 시간은 측정하기에 더 어렵다. 훈련의 강도에 따라서 24시간에서 72까지 걸릴 수 있다. 저강도의 일반 운동이나 쉬운 등반은 일주일에 5~6일까지 할 수도 있다. 하지만 최고 강도의 훈련(복합 훈련 또는 과중력 훈련)에서 완전히 초과회복되려면 최대 96시간이 필요하므로 일주일에 2회 정도로 제한해야 한다. 두 양극단 사이의 훈련이라면 주당 3~4일 정도면 적당하다.

• 중기 훈련주기

변화의 원리에 따르면 장기 훈련의 정체 현상을 피하기 위해서 운동을 정기적으로 변화시켜야 하며 그러한 목적으로 스케줄을 조절하는 주기가 바로 중기 훈련주기이다.

근력 훈련의 경우에는 1~4주마다 초점을 변화시키는 것이 가장 효과적이다. 말하자면 훈련의 초점을 지구력에서부터 최대 근력과 파워 훈련으로 또는 무산소 지구력 훈련으로 몇 주마다 바꿔나가야 한다. 4-3-2-1 훈련 주기가가 이상적인 형태이다.

① 4-3-2-1 훈련 주기

4-3-2-1 훈련 주기는 대부분의 중급 클라이머들에게 적당한 방식이다. 이 주기는 4주간의 지구력훈련-3주간의 최대 근력과 파워 훈련-2주간의 무산소 훈련-마지막으로 1주일의 휴식으로 이루어진다.

4주간의 등반 지구력 기간에는 그저 많이 등반하면 된다. 등반은 실내나 야외 등반 또는 두 종류의 혼합일 수도 있다. 이 기간에는 최대한으로 등반하기보다는 여러 장소의 다양한 루트에서 많은 등반을 해야 하며, 이러한 점이 다른 기간과의 핵심적인 차이가 된다. 이렇게 4주간 훈련하고 나면 기술과 요령이 늘고 새로운 등반 기술을 배우게 되며 팔과 상체, 가슴의 지구력이 발달하게 된다. 일주일에 4일 등반이 대부분 적당하다.

그다음 단계는 3주간의 최대 근력과 파워 훈련이다. 어려운 볼더링, 과중력 훈련, 캠퍼스 훈련, 복합 훈련 등을 최대 강도, 최대 스피드, 최대의 노력으로 하도록 한다. 결론적으로 볼더 문제나 운동, 훈련, 일 사이에 더 많이 휴식해야 한다. 이틀 연속으로 운동하지 않는 것이 좋다. 격일 훈련 또는 하루 훈련과 이틀 휴식이 가장 이상적인 형태이다. 따라서 전체 훈련 일수는 주당 2~3일 정도가 적당하다.

2주간의 무산소 지구력 기간은 가장 힘들고 고통스러운 일정이다. 적당히 높은 강도로 훈련하면서 운동 사이에 휴식을 줄이게 되면 몸과 마음의 의지를 시험하는 극심한 펌핑과 젖산 축적을 경험하게 된다. 인터벌 훈련은 무산소 지구력을 개발하는 기본 운동법이다. 말하자면 90분간 가능한 많은 어려운 루트를 등반하는 훈련이 바로 무산소 지구력 훈련이다. 불행히도 많은 클라이머들이 이 방법을 남용해서 부상을 초래하거나 훈련 정체 현상을 가져온다.

2주간의 무산소 지구력 훈련은 하루 운동과 이틀 휴식 또는 이틀 운동과 이틀 휴식 방식으로 적용한다. 10주간의 주기 중 마지막 단계는 7일간 등반을 전혀 하지 않는 것이다. 하루나 이틀 동안 완전히 휴식한 다음 나머지 기간 동안은 가벼운 등반을 한다. 이렇게 일주일간 쉬는 것은 다른 운동만큼이나 중요하다. 이 기간에 신체 근력과 동기부여가 새로운 수준으로 다시 만들어지기 때문이다. 또한 학습 직후보다 일정 시간이 지난 후에 더 기억이 잘나는 현상으로 인해 등반기술이 새로운 경지에 도달하게 된다.

② 3-2-1 훈련 주기

상급 클라이머는 매우 정교한 기술과 풍부한 경험을 보유하고 있기 때문에 4-3-2-1 주기 중 4주간의 등반에서 별로 얻을 부분이 없다. 5.12급 이상의 클라이머에게는 보다 높은 수준의 최대 근력, 파워, 무산소 지구력을 획득하는 것이 더 높은 그레이드로 올라가기 위한 열쇠가 된다. 물론 어떤 클라이머도 근력의 증가만이 더 어려운 등반을 위한 유일한 해답이라는 식의 닫힌 마음자세를 가져서는 안 된다. 자신의 약점(신체, 정신, 기술)을 부단히 관찰해야 한다.

어쨌든 최상의 클라이머는 기술이나 지구력 훈련보다는 최대 근력과 파워 훈련에 훨씬 더 많은 시간을 쓸 필요가 있다. 3-2-1 훈련 주기에서는 4-3-2-1 주기의 두 번째 단계부터 따르면 된다. 즉 3주간 최대 근력훈련, 2주간 무산소 지구력훈련, 나머지 1주일간 휴식한다.

• 장기 훈련주기

장기 훈련주기는 시즌 및 비시즌의 훈련과 등반에 대한 연간 계획을 의미한다. 일반적으로 스포츠에서 장기 훈련주기는 경기 일정에 맞추어 주요 대회에서 최고의 컨디션이 되도록 계획하지만, 등반에서는 최고의 등반에서 최고의 효과를 내기 위해서 훈련을 계획하게 된다.

우선 달력에 등반 계획이나 경기 일정이 있는 달을 표시하고 비시즌의 훈련 기간과 일 년 중 훈련을 쉬는 때도 표시하여 대략적인 맵을 만든다. 휴식기간은 자신의 동기부여를 다시 고취하고 긴 등반기간 동안 입었을지 모르는 부상을 치료하기 위하여 반드시 필요하다는 점을 기억하라. 많은 클라이머들은 보통 12월을 휴식기로 하는데, 이것은 1년간의 부단한 훈련과 엄격한 식이요법에 대한 멋진 보상이 되기도 한다.

선호하는 등반에 따라 훈련을 달리하라

자신이 선호하는 등반 형태에 따라 훈련 내용을 달리하라는 SAID 원칙을 소개한 바 있다. 볼더링부터 알파인 등반까지 등반 종류에 따라 요구되는 훈련이 다르다. 훈련의 효과를 최대로 하려면 등반 종류에 맞춰서 매일 운동을 세팅해야 한다.

예를 들어 SAID 원리에 따르면 알파인 클라이머는 볼더링을 하거나 펑거 보드에 매달리기보다는 고-운동량의 지구력 훈련과 달리기를 하면 훨씬 더 이득이 된다. 물론 빅월 또는 알파인 클라이머에게 가장 고유하고도 효과적인 훈련은 바로 최고난도 이하의 등반을 많이 하는 것이다. 반대로 실내 암장에 가는 것은 볼더, 스포츠 클라이머 또는 멀티 피치 클라이머에게 가장 좋다.

또한 훈련을 할때도 선호하는 등반 스타일에서 요구되는 등반 성과와 비슷하게 해야 한다. 볼더링을 주로 하는 사람은 중기 훈련주기 중에 최대 근력과 파워 훈련을 많이 해야 하며, 멀티 피치 클라이머는 중기 훈련주기에서 무산소 지구력과 부분 지구력 훈련에 더 많은 시간을 할애해야 한다. 고도의 기술을 지니고 있는 스포츠 클라이머라면 최대 근력과 무산소 지구력을 번갈아 가며 집중하는 것이 최선이 된다.

최상의 훈련 프로그램은 자신의 기술적 능력과 신체 근력, 약점에 따라 변해야 한다. 이러한 이유로 정기적으로 자기평가를 하고 목표를 다시 설정하는 훈련프로그램을 만들어야 한다.

가정 내 암장이나 실내 암장의 중요성

자기 능력과는 상관없이 연중 가장 효율적으로 훈련하기 위해서는 실내 등반을 따라올 것이 없다. 다행히도 요즘엔 집이나 직장 근처에 좋은 시설들이 많이 생긴 편이다. 그렇다면 암장에 가서 적어도 일주일에 두 번 이상 이용한다. 이것이 자신의 등반 실력과 적절한 체력을 향상시키는 최고의 방법이다. 그러나 가까운 곳에 실내 암장이 없는 경우도 있는데 그때는 집안에 벽을 세울 수 있으면 좋다.

공간이 협소하다면 단순히 가로, 세로 2미터의 45도 하늘벽을 하나 세워라. 이 벽은 분명히 한계가 있긴 하지만 훌륭한 상체 운동을 할 수 있을 뿐만 아니라 등반 동작과 몸자세에 대한 감각을 향상시키는 데 도움이 될 것이다. 좀 더 넓은 공간을 이용할 수 있다면 루프와 약간 하늘벽(10~25도 각도)으로 이루어진 벽과 45도 각도의 벽을 만들면 좋다. 천장이 높은 창고가 좋으며 여름, 겨울에 온도를 조절할 수 있다면 가장 이상적이다.

제12장
영양 섭취

우리가 매일 먹고 마시는 음식이 등반 성과뿐만 아니라 정신의 민감성, 격렬한 등반, 훈련 후의 회복 능력을 결정하는 데 중요한 역할을 한다. 따라서 식이요법을 잘 설계하면 등반 성과에서 상당한 진전을 이룰 수 있는 반면, 그저 보이는 대로 먹는 방식이라면 자신이 알아차리지 못하는 사이에 자신의 몸을 학대하고 있는 것이다.

식생활이 등반 성과에 얼마나 큰 영향을 미치는지 정확히 얘기하기는 어렵지만, 클라이머들이 영양 섭취를 개선하기 위해 충분히 노력한다면 전반적인 등반 성과에서 10~20퍼센트 정도는 향상될 수 있을 것으로 본다. 1980년대 후반에는 고탄수화물 식이요법이 대유행이었으며, 1990년대 초반에는 고단백질 식이요법이 유행이었다.

가장 최근에는 고지방, 저탄수화물 식이요법이 유행되는 듯하다. 흥미롭게도 이런 모든 식이요법에는 과학적인 연구결과들이 뒷받침되고 있는데 어느 정도까지는 체중 감량을 할 수 있다고 주장하고 있다. 그러나 체형이 그리 나쁘지 않은 선수라면 그런 다이어트를 굳이 할 필요가 없으며 장점도 없다. 등반 성과를 위한 영양섭취는 그리 복잡한 문제는 아니며, 그저 올바르게 먹는 것이 중요하다.

주영양소

클라이머에게 완벽한 단일 훈련 프로그램이 없는 것과 마찬가지로 완벽한 단일 식이요법은 존재하지 않는다. 자신에게 가장 좋은 음식의 형태와 양은 선호하는 등반에 따라 어느 정도 다르다. 예를 들어 알파인 클라이머는 영양과 에너지 측면에서 볼더링하는 사람들과 상당히 다른 모습을 보인다. 영양 측면에서 먼저 살펴보아야 할 것은 단백질, 지방, 탄수화물의 세 가지 주영양소이다.

클라이머에게 이상적인 영양소의 비율은 등반의 형태에 따라 다르다. 볼더링이나 자연바위처럼 고강도의 단속적인 등반에서는 탄수화물, 단백질, 지방에 대해 65:15:20의 비율이 가장 좋다. 느리고 지속적인 등반을 하는 알파인 클라이머는 하루에 요구되는 총 열량이 다소 높으며 지방이 좀 더 많은 식사가 적당하므로 55:15:30 비율이 더 적절하다.

단백질

단백질은 신체 조직을 만드는 기능, 면역 체계의 주요 성분으로 작용하는 기능, 신체 내의 모든 반응을 촉진하는 효소를 만드는 기능 등 체내에서 많은 기능을 담당하고 있다. 연구에 의하면 청소년은 새로운 조직을 많이 만들어야 하므로 성인보다 더 많은 단백질이 필요하다고 한다. 건강한 성인은 상당한 양의 단백질을 갖고 있으므로 체내의 다른 기능을 수행하도록 여러 번 단백질을 재활용할 수 있다. 따라서 성인의 일일 단백질 요구량은 평범한 수준이며, 이것은 근육량을 증가시키려고 훈련하는 사람에게도 마찬가지다. 성공적인 식이요법은 많은 단백질을 소모하는 일보다 적절한 훈련을 하고 훈련을 뒷받침해줄 충분한 탄수화물을 섭취하는 데 달려 있다.

• 일일 요구량

대부분의 클라이머에게는 매일 체중 1킬로그램 당 1.2~1.5그램의 단백질이 적당하다. 즉 70킬로그램의 개인은 매일 84~105그램 정도 섭취하면 된다. 이 수치는 미국식품의약국(FDA)에서 주로 앉아서 일하는 사람에게 권고하는 양인 0.8~1.0그램보다 높은 수치이다. 몇몇 연구결과에 의하면 선수들은 근육량을 늘리기 위해서가 아니라 운동 후 회복을 촉진하고 장시간의 운동으로 인한 조직 소모를 보상하기 위해서 약간 더 많은 요구량이 필요하다고 한다.

• 최상의 단백질원

탈지우유나 요구르트 같은 저지방 유제품과 저칼로리의 닭고기, 생선, 육류 등은 칼로리에 비해서 좋은 단백질을 제공하고 있다. 예를 들어 저지방의 육류 약 85그램은 열량이 단지 180칼로리임에도 불구하고 질 높은 완전 단백질 25그램을 보유하고 있다. 한 컵의 탈지우유에는 10그램의 완전 단백질이 들어 있고 지방은 거의 없다. 불완전 단백질(필수 아미노산 20종류를 모두 포함하지 않은 단백질)도 조합해서 섭취하면 유용하다. 이것은 단백질 부족이 되기 쉬운 채식주의자의 경우에는 특히 중요하다.

지방

대부분의 사람이 너무 많은 지방을 섭취하여 심장질환, 암, 고혈압, 비만 등의 발병률이 높은 것은 이미 알고 있는 사실이다. 그러나 너무 적은 지방을 섭취해도 똑같이 심각한 영향을 미친다. 지방은 우리 몸에 필수적인 지방산의 원료로 기능하는데, 지방산은 면역 체계 기능과 호르몬 생산과 같은 필수적인 생리과정에 관여하고 있다. 또한 우리 몸의 세포막은 대부분 인지질로 구성되어 있는데, 이것이 없으면 근육 세포를 비롯하여 새로운 건강한 세포를 만들 수 없다. 여자에게 지방 결핍은 생리불순을 유발하여 뼈 조직의 발달과 유지에 악영향을 미친다고 알려졌다.

• 일일 요구량

평균적으로 지방의 최소 요구량은 일일 15~25그램이다. 보통 지방섭취 권장량은 매일 소비되는 총 열량의 퍼센트로 표현된다. 클라이머의 경우에는 선호하는 등반 종류에 따라 총 열량의 15~30퍼센트를 지방에서 섭취해야 한다.

암벽등반과 볼더링에서는 체지방 비율이 낮은 쪽이 바람직하고 주로 무산소 에너지가 요구되므로 지방의 섭취도 15~20퍼센트로 한정되어야 한다. 그러나 알파인 클라이머의 경우에는 총 열량의 30퍼센트 이상을 지방에서 얻는 것이 좋다. 알파인 클라이머들은 스포츠 클라이머에 비해 좀 더 큰 근육(예를 들어 다리 근육)을 많이 사용하므로 훨씬 더 많은 에너지를 소비해야 한다. 지방은 탄수화물과 단백질보다 칼로리 함유량이 많으며, 긴 시간 동안 천천히 유산소 등반할 때 좋은 에너지원이 된다.

• 지방의 네 가지 형태

지방은 포화, 단일불포화, 다중불포화, 트랜스 지방산으로 분류되며 지방의 일일 요구량을 섭취할 때 어떤 형태의 지방이 좋고 나쁜지 아는 것이 중요하다. 각 지방은 그램당 9칼로리의 같은 열량을 갖고 있지만 등반과 관련해서 똑같은 역할을 하지 않는다. 결론적으로 적정량의 지방을 섭취하는 것뿐만 아니라 각 지방산의 적절한 비율을 유지하는 것도 중요하다.

포화 지방은 우유와 유제품, 육류, 가금류 같은 동물성 식품에 가장 많으며 견과류에도 상당량 포함되어 있다. 포화지방을 과다하게 섭취하면 혈중 콜레스테롤 중에서도 나쁜 종류의 콜레스테롤(LDL)이 증가하지만 호르몬과 인지질과 같은 신체 성분을 만들기 위해서는 일정량 필요하다.

단일불포화 지방산은 카놀라, 올리브, 땅콩, 아보카도 같은 야채류와 유지류에 많다. 이러한 단일 지방산은 좋은 콜레스테롤(HDL)을 감소시키지 않고 LDL을 낮추는 능력이 있기 때문에 심장질환을 예방하는 데 가장 좋다고 알려졌다.

다중불포화 지방산은 참치, 고등어, 연어, 송어와 같은 생선류와 옥수수유, 해바라기유, 콩기름 등에 많이 함유되어 있다. 어류에서 주로 발견되는 오메가-3 지방산은 관절염을 비롯한 염증 질환과 편두통, 심장질환을 치료하는 기능이 있다고 알려졌다.

트랜스 지방산은 거의 모든 지방에 미량 함유되어 있으나 대부분은 주로 경화유로부터 섭취하게 된다. 기름이 굳는 동안 액체상태의 식물성 기름은 수소 원자와 결합하여 고체로 바뀌게 되는데, 마가린과 쇼트닝이 대표적인 경화유이다. 결론적으로 경화 과정은 트랜스 결합을 형성함으로써 불포화 지방산을 포화 지방산으로 전환한다. 최근의 연구에 따르면 이러한 트랜스 지방산은 포화 지방과 비슷한 영향을 끼치며 암을 일으킬 수도 있다고 한다.

대부분의 뛰어난 선수들은 매우 건강한 콜레스테롤 분포를 보이지만, 어쨌든 트랜스 지방산의 섭취를 제한하는 것이 현명한 일이다. 불행하게도 경화유와 부분 경화유는 다양한 종류의 식품에 포함되어 있어서 피하기가 어렵다. 예를 들어 슈퍼에서 사는 거의 모든 빵, 쿠키, 과자류에는 이들 해로운 오일이 상당량 포함되어 있다.

식품의 라벨을 자세히 읽어보면 자신이 얼마나 많은 트랜스 지방산을 먹고 있는지 알고 놀라게 될 것이다. 시판되고 있는 대부분의 튀김류는 트랜스 지방산을 함유한 기름으로 조리된다. 결국 이런 음식들을 완전히 피할 수는 없지만 가능한 덜 섭취하는 것이 중요하다. 지방산의 기능이 다양하므로 포화지방, 단일불포화, 다중불포화 지방산을 같은 양으로 섭취하는 것이 가장 좋으며, 트랜스 지방산의 섭취를 최소화하는 것이 좋다.

탄수화물

지방과 단백질도 에너지를 생산하긴 하지만 탄수화물은 근육과 뇌를 위한 가장 효율적이고 효과적인 에너지원이 된다. 또한 고-탄수화물 식사는 단백질 보충 효과 때문에 선수들에게 중요하다. 탄수화물을 충분히 섭취하지 않는다면 근육을 구성하는 단백질이 에너지원으로 쓰이기 때문에 근육이 분해된다.

탄수화물에는 당과 녹말이라는 두 가지 형태가 있다. 당 종류의 음식에는 과일, 설탕, 소다, 잼, 꿀, 당밀과 같은 것이 있고 녹말 종류는 빵, 쌀, 시리얼, 면 종류들이다. 이런 식품들은 고강도의 트레이닝과 등반에는 최적의 에너지원이 되기 때문에 아마도 충분한 양의 식품들을 이미 섭취하고 있겠지만 모든 탄수화물이 같은 효과를 내는 것은 아니다. 탄수화물에 따라 서로 다른 속도로 혈액 속에 당을 내보내기 때문이다.

• 혈당지수

최근까지 영양학자들은 탄수화물을 단순탄수화물(당)과 복합탄수화물(녹말) 두 종류로만 구분했다. 단순 탄수화물은 혈당 수치를 올리고 빠른 에너지를 내는 반면, 복합 탄수화물은 느리고 일정한 에너지를 내는 것으로 알려졌다. 일반적으로는 이런 개념이 맞지만 최근의 연구에 따르면 음식물 섭취 후의 혈당의 변화는 두 그룹에서 상당히 다양하게 나타난다고 한다.

탄수화물의 대사를 좀 더 정확하게 구분하기 위하여 혈당지수라는 개념이 만들어졌다. 혈당지수는 특정 음식의 섭취가 포도당의 직접 섭취에 비해 혈당에 어떤 영향을 주는지를 말해준다. 높은 혈당지수를 가진 식품은 혈당을 빠르게 증가시키며 인슐린 반응성이 크다. 낮은 혈당지수의 식품은 좀 더 약한 변화를 보인다. 클라이머들도 혈당지수의 지식을 이용해서 에너지 레벨을 조절하고 운동 후의 회복속도를 빠르게 할 수 있다.

온종일 등반하거나 훈련이 길어질 때처럼 긴 시간 등반할 때는 안정적인 인슐린 레벨이 필요하다. 또한 전문가들은 지속적인 인슐린 커브는 근육 성장을 촉진하고 지방 축적을 막아준다고 말한다. 따라서 클라이머에게는 대부분 상황에서 혈당지수가 낮은 음식이 바람직하다고 할 수 있다. 높은 혈당지수의 음식은 혈당치와 인슐린 수치를 매우 증가시키기 때문이다.

특정 식품의 혈당지수는 생각보다 알기 어렵다. 예를 들어 단순 탄수화물로 분류되는 대부분의 식품(시리얼, 캔디, 과일, 주스 등)은 혈당지수가 높다. 그러나 감자, 백미, 빵 같은 복합 탄수화물도 역시 높은 혈당지수를 갖고 있다. 혈당지수가 낮은 식품에는 채소류, 전곡류(도정이 덜 된 곡식), 현미, 우유 등이 포함된다.

일반적으로 가공이 더 많이 되고 쉽게 소화되는 식품일수록 혈당지수가 높은데, 예를 들어 액상 형태의 식품이 고형 상태의 식품보다 혈당지수가 더 높다. 섬유질이 많은 식품은 인슐린 반응을 느리게 하므로 상대적으로 낮은 혈당지수를 가진다. 마지막으로 탄수화물과 더불어 단백질과 지방을 포함하고 있는 식품은 혈당지수가 대부분 낮다.

따라서 혈당지수를 외워서 활용할 재간이 없다면, 탄수화물을 먹을 때 단백질과 지방도 같이 먹도록 하여 전체 혈당 반응을 낮출 수가 있다. 따라서 바위에서 온종일 등반할 때 탄수화물뿐만 아니라 단백질과 지방도 어느 정도 함유한 에너지 바를 챙기도록 한다.

사탕, 주스, 탄산음료, 스포츠음료같이 혈당지수가 높은 식품을 소비하기 적당한 때는 운동이나 등반을 마쳤을 때다. 강도 높은 운동을 하고 나면 근육은 글리코겐 형태로 에너지를 축적하려고 한다. 혈당지수가 높은 식품을 먹기에 가장 적당한 시간은 운동 후 2시간 이내이며, 그 이후에는 느리고 지속적인 재충전을 위해 낮은 혈당지수의 식품이 더 좋다.

• 일일 요구량

매일 요구되는 열량의 3분의 2 정도는 탄수화물로 섭취해야 한다. 이것은 접시의 3분의 2 정도가 면, 밥, 감자, 야채류와 같은 식품으로 채워져야 하며, 나머지 3분의 1은 지방이 적고 단백질이 풍부한 식품이 되어야 한다는 의미이다. 간식을 먹을 때도 똑같은 규칙이 적용된다. 빵이나 과일과 같은 탄수화물은 탈지우유나 요구르트와 같은 단백질과 함께 먹도록 한다. 단백질은 탄수화물의 소화를 느리게 하므로 에너지를 더 오래 지속시켜 준다.

자신의 체중에 따라 필요한 탄수화물의 양을 대충 계산해 낼 수 있다. 매일 2시간씩 운동한다면 체중 1킬로그램당 7그램 정도의 탄수화물이 대충 필요할 것이다. 예를 들어 체중이 70킬로그램이라면 약 500그램의 탄수화물이 필요한데, 탄수화물이 그램당 4칼로리의 에너지를 내므로 약 2,000칼로리에 해당한다. 그러나 두 시간 훈련이 아니라 온종일 등반할 때는 체중 킬로그램당 10~14그램의 탄수화물이 필요하다.

물

물은 등반에 가장 중요한 영양소이지만 아직도 많은 클라이머들이 만성적으로 물 부족 상태에 있는 것 같다. 연구에 의하면 물이 1~2퍼센트만 부족해도 등반에 문제를 일으킨다. 약한 탈수 증세의 초기 증상은 집중력이 떨어지고 피로감이 증가한다. 물이 3퍼센트 부족하면 두통, 경련, 현기증이 일어난다. 또한 최근의 연구에 의하면 체중에서 단 1.5퍼센트만 수분이 적어져도 최대 근력에 심각한 저하 현상이 일어난다고 한다.

또한 등반같이 스트레스가 심한 스포츠에서는 탈수증상은 관절이나 건의 손상 위험을 증가시킨다. 적절한 수분을 공급해 줌으로써 세포에 영양소를 운반하는 과정을 촉진하고 조직을 부상으로부터 보호하며 관절의 유연성을 유지할 수 있다는 것을 명심하라. 따라서 훈련이나 등반 중의 부상 방지를 위해서는 적절한 워밍업만큼 수분 공급도 중요하다.

운동이나 등반하러 가기 전에 큰 컵으로 두 컵의 물을 마시는 것이 좋다. 매 시간 적어도 약 200밀리리터의 물을 마시도록 한다. 이렇게 하면 등반을 하는 8시간 동안 총 1.6리터의 물을 마시게 된다. 이것은 거의 최소량으로서 땀이 거의 나지 않는 추운 날에 적당한 정도이며, 땀이 많이 나는 습하고 더운 날에는 거의 두 배 정도 마셔야 한다. 즉 8시간 등반을 위해서 약 5리터의 물을 갖고 가야 한다. 물론 그 정도 양의 물을 준비하는 클라이머가 얼마나 될지 모르지만, 대다수의 클라이머는 약한 탈수 증상 때문에 자기도 모르는 사이에 등반 성과가 떨어진다.

미량영양소와 스포츠 보충제

미량영양소와 스포츠 보충제에 대한 주제는 너무 광범위해서 깊이 있게 논의하기에는 불가능하다. 그러나 스포츠에서 비타민 보조제와 기능성 식품의 사용은 흔한 일이어서 간단하게 논의하고자 한다. 비타민과 스포츠 보충제의 판매는 이미 커다란 산업을 형성하고 있어서 끊임없는 광고로 우리를 공략하고 있다. 체중 감소와 근력 증강에 대한 광고도 가끔 눈에 띄지만, 과학적인 연구결과로 뒷받침되는 광고는 거의 없다.

필수 비타민
비타민과 무기질은 필수적으로 섭취해야 하는 영양소이다. 이런 영양소들은 단백질이나 탄수화물에 비하면 아주 적은 양만 필요하지만, 근육 성장과 에너지 대사부터 신경 전달과 기억에 이르기까지 거의 모든 신체 기능에 핵심적인 역할을 한다. 최근의 연구에 의하면 일반적으로 우리가 먹는 식사 중 3분의 2 정도는 필수 비타민과 미네랄의 함량이 일일 권장량보다 낮은 결과를 보였다.

고강도 운동을 하게 되면 체내의 신진대사가 매우 활발해질 뿐만 아니라 많은 양의 활성산소가 생성되어 회복이 느려지고 질병의 위험도 커진다. 이러한 활성산소를 없애주는 항산화제가 바로 비타민 C와 비타민 E이며, 영양권장량보다 더 많은 양을 섭취하는 것이 좋다.

연구결과에 의하면 비타민 E를 1,200IU(국제단위) 섭취하여 활성산소 생산을 조절하면 무거운 하중, 훈련 후의 근육 손상을 줄일 수 있다고 한다. 비타민 C도 마찬가지로 근육 손상을 줄일 뿐 아니라 콜라겐(피부와 근육에서 연결 조직을 만드는 물질)의 형성에도 꼭 필요하며 면역체계를 지원하기도 한다. 따라서 식사를 통해서 얻는 양 외에 비타민 C와 비타민 E를 추가로 더 섭취하면 좋다. 비타민 C는 1~2그램, 비타민 E는 400~800IU 정도를 매일 2회(아침과 저녁)에 나누어 섭취하는 것이 좋다. 일반적으로 고른 영양소를 갖춘 식사를 하고 종합 비타민제를 먹어주면 충분한 양이라고 할 수 있다.

주요 미네랄

마그네슘과 아연은 대다수 사람이 권장량보다 적은 양을 섭취한다. 선수들은 이들 미네랄이 부족하면 훈련에 대한 반응이 충분히 일어나지 못한다. 최근의 연구결과에 의하면 마그네슘과 아연을 충분히 섭취한 선수의 근력이 그렇지 않은 선수에 비하여 더 증가했다고 한다. 또한 고강도의 근력 훈련을 하던 클라이머가 아연을 섭취함으로써 이득을 볼 수 있었다고 한다.

또 다른 중요한 미네랄은 셀레늄으로서 주로 항산화제로 알려졌다. 비타민 C와 E를 추가로 섭취하고 있다면 셀레늄 100~200마이크로그램을 더 섭취하면 좋다. 칼슘과 철은 클라이머들에게 종종 부족한 미네랄이다. 채식주의자들은 철분이 결핍되기 쉬우며 여자들도 철과 칼슘을 식사에서 충분히 얻지 못한다. 종합 비타민제가 가장 좋은 방법이며 비타민 C는 미네랄의 흡수를 증가시켜준다. 여자들이 칼슘을 더 섭취하고 싶다면 칼슘 영양제를 섭취하거나 탈지우유를 매일 몇 잔씩 마시면 좋다.

단백질 파우더

선수들은 격렬한 운동으로 단백질 순환이 높기 때문에 일반 사람들보다 단백질 일일 요구량이 더 많다. 엄청난 양이 필요하지는 않지만 70킬로그램의 클라이머는 매일 84~105그램의 단백질을 필요로 한다. 이 정도의 양은 식사를 잘한다면 충분히 섭취할 수 있지만 닭고기, 생선, 육류 등을 먹지 않는 사람이라면 충족시키지 못할 수도 있다.

단백질의 품질을 측정하는 다양한 방법들이 있는데, 생물가 (Biological Value, BV: 음식에 들어있는 단백질의 영양효과를 나타냄)는 흔히 사용되는 방법 중의 하나이다. BV는 섭취한 단백질이 실제로 몸 안에서 얼마나 흡수되고 이용되는지를 평가한다. BV가 큰 값일수록 우리 몸이 실제로 흡수할 수 있는 단백질의 양이 더 많다.

BV가 처음 개발되었을 때 계란은 완전한 단백질원으로 생각되었고 BV가 100으로 가장 높은 위치를 차지하고 있었다. 그 이후로 새로운 기술들이 개발되면서 지방은 하나도 없이 몸에 유용한 슈퍼단백질이 탄생하였다. 유청(우유가 엉거서 응고된 뒤 남은 액체 또는 치즈를 만드는 과정에서 나오는 맑은 액체)은 현재 제1의 BV를 가진 슈퍼 단백질이다. 따라서 선수들의 단백질 요구량을 만족시키기 위해서는 생선이나 쇠고기, 닭고기, 콩보다 유청 단백질이 더 좋다고 할 수 있다.

스포츠음료

1970년대 초반에 게토레이가 나온 이후 스포츠음료는 거대한 산업으로 성장했다. 이제는 에너지를 재충전하기 위해서 스포츠음료를 마시지 않는 선수를 찾기가 힘들 정도이다. 사실 모든 스포츠음료가 똑같지는 않다. 그저 설탕물인 종류도 있고 전해질이나 비타민, 미네랄, 허브 등이 포함되어 있거나 영양소가 포함된 종류도 있다. 스포츠음료의 중요한 활성 성분에는 전해질과 에너지를 공급해주는 두 가지 종류가 있다.

- 전해질 : 칼륨, 마그네슘, 칼슘, 나트륨, 염소와 같은 것으로 집중력, 에너지 생산, 신경 전달, 근육 수축에 필수적이다. 운동 중 전해질의 손실은 상당히 느리게 일어나므로 온종일 등반하더라도 심각할 정도로 부족하지는 않다. 식사를 잘하고 종합 비타민을 섭취한다면 일상의 훈련이나 하루 정도의 등반에 필요한 전해질은 모두 충족할 수 있다. 그러나 빅월이나 알파인 등반처럼 며칠간 이어지는 등반에서는 음식만으로는 부족할 수 있으므로 스포츠음료가 도움이 된다.
- 에너지 : 주로 탄수화물 종류로서 포도당, 설탕, 과당 같은 것들이다. 포도당과 설탕은 게토레이와 같은 오리지널 스포츠음료에 들어있는 주요 에너지원이다. 하지만 등반과 같이 단속적인 스포츠에서는 에너지를 사용함에 따라 혈당이 급격히 상승했다가 다시 떨어지게 된다. 이렇게 혈당이 떨어지는 작용 때문에 드링크를 마신 후가 마시기

전보다 더 피로한 상태가 된다. 결론적으로 물 다음으로 많은 성분이 포도당이나 고과당의 콘시럽으로 표시된 음료수는 마시지 말아야 한다. 아니면 과당(고과당 콘시럽과는 다름) 성분으로 표시되어 있는 파우더 형의 스포츠음료를 마시면 탄수화물의 방출도 더 천천히 일어난다.

근육과 간에서 탄수화물(글리코겐) 부족은 90분 이상의 장시간 등반할 때 피로의 일차적인 원인이 된다. 이렇게 90분 이상 지속하는 등반에는 추가적인 에너지원이 필요하며, 이런 경우에 스포츠음료가 도움이 된다. 따라서 과당이 들어 있는 스포츠음료는 온종일 등반할 때 에너지를 유지하는 데 도움이 된다. 반대로 1~2시간의 볼더링이나 암장 운동에는 스포츠음료가 별로 도움이 되지 않는다.

에너지 바

1980년대 후반 파워 바가 히트한 이후로 에너지 바는 많은 클라이머들에게 꾸준히 인기를 끄는 식품이 되었다. 원래 사이클나 달리기 같이 지구력을 필요로 하는 선수들을 위해 나왔는데, 혈류 속으로 당을 빠르게 내보내는 역할을 한다. 따라서 에너지 바는 대부분 상당히 높은 혈당지수를 보이며(60이상), 주요 구성 성분은 고과당 콘시럽이다. 혈당지수 72인 베이글이나 78인 게토레이보다는 지속적인 에너지를 필요로 하는 클라이머에게는 혈당지수 60 이하의 식품이 더 낫다.

최근에 시판되는 에너지 바들은 보통 40~60의 혈당지수를 가지고 있다. 이들 바에 포함되어 있는 단백질과 지방의 양이 많을수록 당이 혈류 속으로 분비되는 속도를 늦춰준다. 주 영양소 비율이 40:30:30이면 글리코겐의 보존뿐만 아니라 여러 날 등반할 때 에너지로 사용될 근육 단백질을 비축하는 데 도움이 된다. 결론적으로 에너지 바 두 개와 많은 양의 물을 함께 마신다면 에너지의 유지, 근육 단백질의 비축, 탈수를 예방하기 위한 최상의 조합이 될 것이다.

근육 및 근력 보강제

근육을 만들어 주고 근력을 증가시켜 준다는 수많은 스포츠 보충제가 있다. 사실 대부분은 쓸모없는 종류지만 크레아틴은 근력의 향상에 기여한다고 한다. 그러면 클라이머가 반드시 섭취해야 하는 보충제일까? 반드시 그렇지는 않다. 좀 더 자세히 살펴보도록 하자.

크레아틴은 현재까지 시판되는 가장 효과적인 스포츠 보충제이다. 많은 연구에서 폭발적인 근력 향상을 보여준다는 결과를 보였을 뿐 아니라 많은 양을 섭취할 때 근육이 더 크고 단단해지는 현상을 실제로 볼 수도 있다. 크레아틴은 가장 많이 팔리는 스포츠 보충제가 되었으며 축구선수와 야구선수, 역도선수, 보디빌더를 비롯하여 수많은 운동선수가 사용하고 있다.

크레아틴은 우리 몸에 원래 존재하는 화합물이며 근육에서 ATP 생성을 보조하기 위해 사용된다. 크레아틴은 적색 육류 같은 동물성 식품에도 포함되어 있지만, 평소 식사에는 아주 작은 양(하루 2그램 정도)이 섭취된다. 5~6일 동안 매일 크레아틴을 20그램 정도 섭취하면 단기간에 단거리 달리기, 역도와 같은 고강도 운동에서 성과를 나타낼 수 있다고 알려졌다. 이러한 크레아틴 섭취 방법은 대부분의 선수들이 이용하고 있지만 클라이머에게는 잘못된 방법이다.

크레아틴 섭취의 두 가지 부작용은 체중 증가와 근육 증대효과(근육 세포 부피가 커지는 현상)이다. 두 가지 효과 모두 크레아틴이 근육에 저장될 때 물과 결합하기 때문에 일어난다. 60일 이상 섭취를 계속하면 근육 속에 점점 더 많은 크레아틴이 축적되고 물의 양도 증가한다. 이렇게 되면 보디빌더들이 원하듯이 큰 근육이 생긴다. 이런 섭취 과정은 대부분의 사람에게 몇 킬로그램 이상의 물 무게를 증가시키는 결과가 된다. 이것은 체중과 스피드가 장점으로 작용하는 스포츠 분야에서는 유리하다. 그러나 체중 대비 근력 비율이 높아야 하는 스포츠에서는 부정적인 영향을 줄 수 있다.

몇몇 클라이머들은 크레아틴 덕분에 더 강해진 근육이 그 과정에서 증가된 체중도 쉽게 끌어올릴 수 있다고 주장해 왔다. 그러나 문제는 등반 근육뿐만 아니라 신체의 모든 근육에 크레아틴이 쌓인다는 점이며, 그중에서도 가장 큰 근육인 다리에 더 많이 쌓이게 된다. 다리 근력의 향상은 클라이머에게 나쁜 일이다. 또한 근육 증대가 부분적으로 근육 속의 모세혈관을 막아서 혈류를 느리게 만들기 때문에 결국 빠른 펌핑을 가져온다. 등반할 때의 목표는 완전한 펌핑이 일어나는 시점을 가능한 한 오래 피하도록 하는 것이다.

제13장

피로와 회복

등반 성과를 높이고 싶다면 회복 촉진에 신경 써야 한다. 피로를 제한하고 회복을 빨리하는 방법을 아는 것이 등반 기술을 배우는 방법보다 중요하다. 능동적으로 회복 과정을 이행하지 못한다면 결국 훈련도 최선으로 한 게 아니고 등반에서 실력 발휘를 다 하지도 못한 것이다.

잘 알다시피 육체적인 피로는 훈련이나 등반의 성과를 떨어뜨리는 주요한 요소이다. 따라서 회복의 촉진이란 등반 중에 손을 털거나 등반 사이에 휴식하는 동안 더 빨리 원래 상태로 돌아올 수 있다는 의미이다. 또한 훈련 사이에도 회복을 빨리할 수 있으면 적당히 쉬고 과도하게 훈련할 위험도 없이 장기적으로 근력을 더 많이 획득할 수 있다.

오늘날 많은 열성적인 클라이머들이 최신의 등반이나 훈련 기술을 열심히 습득하려고 하지만 놀랍게도 회복 촉진과 관련된 수많은 전략에 대해서 아는 사람은 드물다. 이 장에서는 최근의 연구들에서 제시된 회복 전략을 살펴보고 등반할 때 피로를 늦추고 회복을 빨리하는 기술에 대해서 알아보자.

회복 능력은 나이, 성별, 컨디션 정도에 따라 다르긴 하지만, 이러한 요인과 관계없이 회복 과정을 유도함으로써 더 빨리 회복할 수 있다. 최적의 훈련이 중요하듯이 최적의 회복을 중시한다면 훈련 결과뿐만 아니라 전체적인 등반 성과도 향상될 수 있다.

피로의 원인

훈련이나 등반할 때 나타나는 피로에는 몇 가지 요인이 있다. 이 요인들은 근육 에너지의 고갈, 대사 부산물의 축적, 글리코겐의 고갈, 낮은 혈당, 근육 경련(통증을 동반하는 근육 수축), 미세 파열, 신경 피로 등이 있다.

ATP-CP의 고갈

ATP와 크레아틴 인산(CP)은 에너지가 풍부한 인산 화합물로서 근육 세포에 소량으로 저장되어 있다. ATP와 CP는 최대 강도의 등반(짧고 어려운 볼더 문제, 한팔 턱걸이, 100미터 달리기 등)에 대해 에너지를 공급한다. 그러나 이들 에너지의 공급은 단지 5~15초 사이로 제한된다.

이렇게 최대한 에너지를 낼 수 있는 상태가 제한되기 때문에 발 없이 하는 캠퍼스 훈련을 15초 이상 할 수 없다. 따라서 최대한 어려운 동작을 15초 이상 등반할 수 없는 것이다. 15초 이상 운동을 지속하려면 강도를 낮추어서 젖산 에너지 시스템이 에너지 생산을 하도록 하는 수밖에 없다. 다행히도 ATP는 근육에서 지속적으로 생산되며 3~5분간 충분히 휴식하면 ATP는 다시 충전된다.

대사 부산물의 축적

15초에서 3분 사이의 적당히 강도 높은 등반은 일차적으로 글리코겐의 무산소 대사 작용을 통하여 에너지가 공급된다. 이러한 에너지 생산에서 주요한 대사 부산물인 젖산으로 인해 근육의 불편함이 유발되며 결국엔 근육의 피로로 이어진다. 젖산 농도가 올라가는 동안 얼마나 오랫동안 운동할 수 있는지는 개인의 젖산 역치에 달려 있다. 즉 젖산 처리 능력을 넘어설 만큼 젖산 농도가 짙어지기 전에 얼마나 높은 강도로 운동할 수 있는지 문제가 된다.

무산소 지구력 훈련은 무산소 역치를 증가시킬 뿐 아니라 젖산에 대한 저항도 증가시켜 준다. 휴식 없이 지속적으로 고강도 운동을 하면 젖산 농도는 폭발적으로 증가하며 3분 이내에 근육 피로가 일어난다. 이런 현상 때문에 자신의 최대 등급에 가까운 길고 어려운 고빗사위 동작에서는 등반이 3분 이내에 끝나 버린다. 3분 이전에 쉬어야 하며 그렇지 못하면 젖산의 바다에 빠져서 헤어 나올 수 없다. 휴식하는 동안 젖산 제거에 소요되는 시간은 10분에서 30분 사이로 다양한데, 젖산 농도가 얼마나 되는지와 휴식이 능동적인지 수동적인지에 따라 달라진다.

글리코겐의 고갈

지속해서 장시간 운동을 하면 90분 또는 2시간 만에 글리코겐이 소진된다. 글리코겐이 바닥나면 마라톤에서 흔히 얘기하는 'hitting-the-wall 현상'(마라톤에서 약 30킬로미터 정도 달렸을 때 글리코겐 고갈로 인해 마치 벽에 부딪히는 것 같은 극도의 체력 저하가 일어나는 현상)이 일어난다. 등반으로 말하자면 온종일 등반하고 그 다음 날에 등반을 못하는 이유가 바로 여기에 있다.

다행히 등반은 쉬었다가 올라가는 동작을 반복하는 운동이기 때문에 글리코겐이 두 시간 동안 충분히 공급된다면 거의 온종일 등반을 지속할 수 있다. 또한 에너지(스포츠음료와 음식물)를 추가로 섭취해 줌으로써 글리코겐 공급량을 비축해 놓을 수도 있다. 연구결과에 따르면 운동하는 동안 탄수화물을 섭취하면 글리코겐 공급을 25~50퍼센트까지 늘릴 수 있다고 한다.

처음 시작할 때의 글리코겐 수위가 얼마나 오랫동안 등반할 수 있는지를 결정하는 중요한 요소이다. 2~3일 연속으로 등반하려면 틀림없이 90분 또는 2시간 정도의 글리코겐 공급량을 가지고는 안 될 것이다. 왜냐하면 글리코겐 저장고가 완전히 채워지려면 24시간이 걸리므로 저녁 식사를 잘하고 잘 자는 것만으로는 충분하지 않기 때문이다. 따라서 이틀 이상 연속으로 등반할 때는 글리코겐 비축을 위해서 온종일 많은 열량을 섭취하는 것이 중요하다. 그렇게 하더라도 글리코겐은 첫째 날보다는 둘째 날에 더 빨리 고갈된다.

낮은 혈당 수치

혈당은 운동 중인 근육에서는 여러 가지 에너지 공급원 중의 하나일 뿐이지만 두뇌와 신경계통에서는 유일한 에너지가 된다. 장시간 등반하면서 글리코겐 공급이 줄어들 때 근육은 혈당을 더 필요로 한다. 혈당 수치가 떨어지면 빨리 지치고 정신적으로도 피로하게 된다. 앞서 언급했듯이 탄수화물을 섭취하면 혈당 수준이 적절히 유지되어 이러한 피로를 늦출 수 있다.

근육 경련과 미세 파열

근육 경련과 미세 파열도 근육 피로의 원인이 되는데 시기는 조금 다르다. 근육 경련은 보통 등반의 마지막 시기쯤에 일어난다. 예를 들어 길고 힘든 손 끼우기 구간 다음이나 긴 루트 중간에서 완전히 지쳤을 때 등이나 팔 근육에 경련이 일어나기도 한다. 그런 경우에는 20~30분 간 휴식하고 가벼운 스트레칭과 마사지를 해주거나 음료를 마시면 경련을 완화하고 정상적인 근육 기능을 회복할 수 있다.

미세 파열은 흔히 지발성 근육통의 1차 원인이다. 이런 근육통은 격렬한 운동 이후 24~48시간이 지나서 나타나는데 근육의 미세 조직이 파열되어 당기고 붓기 때문에 발생한다. 보통 2~5일 통증이 지속되며 그동안은 근력이 감소하게 된다.

신경 피로

격렬한 운동을 하고 나면 근육 피로뿐만 아니라 중추신경계에도 부정적인 영향이 발생한다. 신경 피로는 집중력, 어려운 동작 기술을 행하는 능력을 떨어뜨린다. 런지나 캠퍼스 훈련 같은 고강도 동작의 반복은 중추신경계에는 가장 힘든 일이다. 또한 특정 훈련(턱걸이, 핑거 보드 등)을 지나치게 많이 하거나 똑같은 볼더링 문제를 계속해서 하는 경우에도 신경 피로가 올 수 있다.

심각한 신경 피로는 다른 피로보다도 회복하는 데 오랜 시간이 소요된다. 신경 세포의 회복에는 근육 세포의 회복보다 7배 더 긴 시간이 필요하다. 물론 보통 즐기는 수준의 클라이머는 심각한 신경 피로를 경험할 일이 없다. 그러나 등반이든 훈련이든 자신의 한계까지 밀어붙이는 상급 클라이머의 경우에는 종종 신경 피로를 경험하기도 한다. 며칠 간 계속 휴식한 후에도 회복되지 않는다고 느껴진다면, 아마도 신경 피로를 경험하는 것일 수도 있다. 완전히 회복하기 위해서는 5~10일 정도 더 쉬는 것이 좋은데, 쉬고 난 후에는 오히려 등반 성과가 더 좋게 나타나기도 한다.

회복주기

회복은 직선적이 아니라 기하급수적으로 일어난다. 예를 들어 힘든 고빗사위 동작을 한 후 초기에는 빨리 회복된다. 회복기의 첫 3분의 1기간 동안 약 70퍼센트 정도가 회복되며, 다음 3분의 2 기간 동안 약 90퍼센트가 회복된다. 재충전, 음식 섭취, 재구성이라는 세 가지 중요한 과정이 회복기에 적용된다.

재충전(단기 회복)

첫 번째 회복기는 근육 운동 후 10초 내지 30분 정도에 해당한다. 예를 들어 고빗사위 동작 중간에 10초간 팔을 터는 시간이라든가 등반 중간에 5~30분 정도 쉬는 시간을 의미한다. 재충전 시간에는 ATP 재합성과 함께 운동 중인 근육으로부터 젖산 제거 과정이 진행된다. ATP 재합성에는 5분 이내가 소요되며, 젖산이 완전히 제거되는 데는 30분 정도가 소요된다. 그러나 원래 상태의 90퍼센트까지 회복하는 데는 총 휴식 소요시간의 3분의 2가 필요하다. 따라서 대부분의 ATP 재합성은 초기 3분 만에 일어나며, 27분이면 젖산도 약 90퍼센트가 제거되는 셈이다.

초기 회복기 동안은 어떤 음식을 섭취하더라도 바로 이어지는 운동에 별다른 영향을 미치지 못한다. 물은 위장에서 빠져나가려면 적어도 15분이 걸리며, 스포츠음료나 음식 종류는 더 오래 걸린다. 따라서 그날 하루 등반이나 훈련을 할 계획이라면 초기 30분의 휴식이 장기 회복을 촉진하는 데 상당히 중요하다.

음식 섭취(중기 회복)

음식 섭취에 의한 회복 기간은 운동이 끝난 후 30분부터 2시간 사이에 일어난다. 등반 중 제일 더운 한낮에 2시간 정도 쉬는 시간이나 훈련 또는 등반 후의 저녁 시간이 중기 회복기에 해당한다.

처음 30분 동안 ATP가 재합성되고 젖산이 완전히 제거되고 난 후 중기 회복기에는 혈당과 글리코겐이 다시 채워지고 경미한 조직 손상이 치유된다. 음식 섭취가 중기 회복의 특징이라고 할 수 있는데, 회복 과정을 촉진하려면 적절한 탄수화물을 많이 섭취해야 한다. 이틀 연속 등반할 때 총 회복시간의 3분의 2에 해당하는 16시간 동안 약 90퍼센트가 회복되기 때문이다.

재구성(장기 회복)

근육 성장과 신경 근육 적응은 보통 격렬한 운동 후 1시간에서 4시간 사이에 일어난다. 지발성 근육통의 정도는 운동할 때 근섬유가 얼마나 손상을 받았느냐에 따라 달라진다. 가벼운 근육통은 48시간 이내에 가라앉지만 심한 통증은 근육의 재구성에 4일 이상이 걸린다.

하루 정도 쉬면 근육이 재충전되고 에너지가 공급될 수 있지만 근육이 운동 전보다 더 강한 수준으로 재구성되는 초과회복이 완전하게 일어나려면 신경 근육 체계가 회복되도록 긴 시간의 휴식이 필요하다. 따라서 하루 정도 쉬고 나면 상당한 수준으로 다시 등반할 수 있지만, 재구성 과정이 생략되었기 때문에 근력이 완전히 회복되지 않는다. 장기적으로 볼 때 휴식을 충분히 하지 않는 상태가 오래 지속되면 등반 성과는 감소하고 부상을 입을 수 있으며 심지어 질병의 위험까지 있다.

단기 회복의 촉진

격렬한 등반 뒤에 10초 또는 30분간 지속하는 재충전 기간에는 특별한 회복 메커니즘이 작동한다. 이 시기의 목표는 재충전 과정을 촉진하는 것이다. 우선 피로의 크기를 최소화해야 하며 지톡스(G-Tox)와 적극적인 휴식을 통한 전완근 회복, 적당한 수분 보충, 젖산 완충액의 섭취 같은 방법이 있다.

효율적인 등반을 통한 피로 회복

단기 회복을 촉진하는 가장 간단하고 강력한 방법은 경제적인 동작과 적절한 등반 기술을 통해서 근육을 가능한 피로하지 않게 하는 것이다. 근육의 수축 강도를 낮추고 부하 시간을 줄일 수 있다면 당연히 ATP와 CP를 적게 사용할 뿐 아니라 젖산도 적게 만들게 된다. 이런 방식으로 즉시 피로의 크기를 줄일 수 있으며 빨리 원래의 근력으로 돌아올 수 있다.

사실 대부분의 클라이머는 너무 천천히 동작하며 별로 좋지 않은 기술을 사용한다. 또한 장비를 설치하기 위해서 시간을 지체하기도 하고, 다음 휴식 지점까지 밀어붙여야 할 때는 머뭇거리며 멈추기도 한다. 경험과 기술적 능력도 제한 요소이긴 하지만 천천히 등반하고 머뭇거리게 되면 결국 근력의 부족이 일차적인 문제라고 믿게 된다.

지톡스를 이용한 전완근 회복 촉진

팔을 늘어뜨리고 터는 동작은 지친 전완근의 회복을 돕기 위해 흔히 사용하는 기술이다. 몇 초 또는 몇 분간 팔을 털면 어느 정도 회복되긴 하지만 종종 충분하지는 않다. 완전히 펌핑되면 회복하는 데 오래 걸리며, 휴식 지점에 매달려 있을 때조차도 한쪽 팔이 회복되는 동안 다른 팔은 그만큼 에너지를 더 사용한다. 결국 전체적으로는 회복 효과가 없으므로 등반 성과를 향상하지 못한다. 그런 상황에서는 휴식하지 않고 등반을 계속하는 편이 더 나을 수도 있다.

다행히 전완근을 재충전할 수 있는 더 효과적인 방법이 있는데, 대부분의 클라이머들은 무시하거나 잘 알지 못한다. 팔을 늘어뜨린 자세와 머리 위로 올리는 자세를 번갈아 하며 회복 속도를 증가시키는 방법을 '지톡스(G-Tox)'라고 부르는데, 그 이유는 피로해진 근육의 독성을 제거하고 회복을 촉진하기 위해 중력을 사용하기 때문이다.

등반하는 동안 전완근에 느껴지는 고통과 펌핑은 젖산의 축적과 혈류의 저해 때문이다. 앞에서 얘기했듯이 젖산은 최대강도의 50퍼센트 이상으로 수축할 때 사용되는 글리코겐의 무산소 대사의 부산물이다. 최대강도의 20퍼센트로 수축하면 모세혈관의 혈류가 저해되며, 50퍼센트 강도의 수축에서는 혈류가 완전히 멈추게 된다. 결론적으로 저강도로 수축하거나 완전히 쉬고 있을 때 혈류가 다시 돌기 시작하는데, 그때까지 젖산 농도는 급격히 증가한다.

또한 팔을 늘어뜨리고 흔들면 초기에는 펌핑이 더 증가하는 느낌을 경험할 수 있다. 이것은 근육이 이완되면서 혈액이 근육으로 들어가지만 오래된 혈액이 나오는 과정은 느리게 일어나기 때문이다. 이런 혈액의 정체는 펌핑을 지속시키고 회복을 늦춘다. 결국 많은 클라이머들이 팔을 늘어뜨리는 자세를 계속하면서도 펌핑이 지속된다고 불평하게 된다.

지톡스 기술은 정맥 혈액이 심장으로 빨리 돌아가도록 촉진하는 역할을 한다. 팔에서 혈액이 더 빨리 빠져나가도록 함으로써 젖산의 제거를 촉진하고 혈중 젖산농도도 더 빨리 없앨 수 있다. 자세를 번갈아 하지 않고 팔을 올린 자세만 취하면 어떨까? 팔을 올리면 어깨와 가슴 근육을 수축해야 하므로 오랫동안 올린 자세만 유지하면 근육들이 피로해져서 등반 성과를 감소시킬 수 있다. 결론적으로 회복에 가장 좋은 방법은 두 팔의 위치를 5~10초간 번갈아가며 바꾸는 것이다.

적극적인 휴식

잘 사용하지 않지만 매우 효과적인 회복 전략으로 지톡스 외에 적극적인 휴식이 있다. 지톡스는 등반 중 휴식 지점에서 회복을 촉진하는 데 큰 효과를 보이지만, 적극적인 휴식은 등반과 등반 사이에 젖산 제거 속도를 증가시키는 효과적인 전략이다.

최근의 연구결과에 의하면 적극적인 휴식은 흔히 사용하는 소극적인 휴식에 비해 혈중 젖산 농도를 더 많이 감소시킬 수 있다고 한다. 한 과학자가 20미터의 5.12b 루트를 두 눈에 오르기로 시도하는 15명의 클라이머를 대상으로 연구를 진행하였다. 그 중 8명은 등반한 후에 적극적인 휴식(천천히 자전거타기)을 하고 나머지는 7명은 소극적인 휴식을 취하도록 했다. 혈중 젖산 농도를 주기적으로 측정해 본 결과, 적극적 휴식 그룹은 20분 이내에 등반 전의 수준으로 떨어졌다. 하지만 소극적 휴식 그룹은 원래 상태로 돌아오는데 30분이 소요되었다. 따라서 저강도의 적극적 휴식을 하면 젖산 제거 속도가 거의 35퍼센트만큼 촉진되었다.

연구결과를 바위에 적용하는 것은 아주 간단하다. 힘든 루트나 두 눈에 오르기 시도를 한 후에 그냥 앉아서 담배를 피우는 대신, 물병을 들고 가볍게 20분 정도 걸어라. 이렇게 하면 젖산을 더 빨리 제거할 수 있을 뿐 아니라 정신적인 휴식도 취할 수 있다.

또 다른 연구에서는 네 개 그룹으로 나누어 최대 근력의 회복을 비교하였다. 소극적 휴식, 적극적 휴식, 마사지, 마사지와 적극적 휴식 등 네 그룹으로 나누어 15분 휴식 후에 젖산 농도를 측정하였다. 그 결과 마사지와 적극적 휴식을 병행한 그룹에서 젖산이 가장 많이 제거되었다. 이것은 적극적인 휴식과 더불어 전완근과 상완근 근육에 대해 마사지를 해주면 더 효과가 크다는 것을 보여준다.

탈수 방지와 젖산 완충 용액

운동하기 전이나 운동 중에 음식을 섭취하는 것은 단기 재충전에는 거의 아무런 영향을 미치지 않지만, 충분히 수분을 보충하고 젖산 완충액을 섭취하면 회복 과정을 촉진할 수 있다.

물은 근육의 70퍼센트 이상을 차지하며 영양분과 대사물질의 수송, 세포의 기능에 중요한 역할을 한다. 수분이 부족하게 되면 등반 성과가 떨어지고 회복이 늦어진다. 따라서 운동이나 등반을 할 때는 두 시간 전부터 약 200밀리리터의 물을 마셔서 수분을 미리 보충해 주어야 한다. 등반하는 중에도 매시간 최소한 200밀리리터의 물을 조금씩 계속 마셔야 한다. 날씨가 더울 때는 물의 양을 두 배로 한다.

1950년대 이후 스포츠 과학자들이 연구한 바에 따르면 중탄산염과 인산염 화합물을 섭취하면 운동 성적이 향상될 수 있다고 한다. 나트륨 중탄산염은 혈액을 알칼리성으로 만들어서 강도 높은 운동을 할 때 발생하는 젖산을 완화할 수 있다고 알려져 있다. 또한 나트륨 인산염도 무산소 역치를 증가시켜서 등반 성과를 향상할 수 있다.

중기 회복의 촉진

중기 회복은 운동 이후 24시간 이내에 일어나는 회복을 의미한다. 이 회복 기간을 어떻게 보내느냐에 따라 등반 후반부까지 하룻밤의 휴식으로 얼마나 회복이 될 수 있는지가 달라진다. 특히 하루 온종일 등반하거나 다음날에도 연이어서 등반할 계획이라면 아주 중요한 문제가 된다.

중기 회복은 에너지 충전 기간이라고도 할 수 있다. 운동 후 30분에서 24시간 동안은 혈당 수준이 정상으로 회복되고 글리코겐이 재충전되는 시간이기 때문이다. 결론적으로 적당한 때 적절한 탄수화물을 섭취하는 것이 회복을 촉진하는데 가장 중요하다. 또한 스트레칭과 마사지를 통한 기분전환 운동도 회복 속도를 높여 줄 수 있다.

등반하는 동안 음식을 자주 섭취하라

클라이머들이 가장 많이 실수하는 회복 전략은 등반 중과 등반 후에 열량의 섭취를 지연시키는 것이다. 등반을 하다 보면 먹고 마시는 것을 쉽게 잊어버리게 되는데, 그 이유는 격렬한 운동을 하면 배고픔이 억제되기 때문이다.

하루 내내 열량을 섭취하면 혈당이 유지되어서 글리코겐의 사용을 늦출 수 있다. 그렇게 하기 위해서는 등반을 시작한 후 1~2시간 사이에 음식을 섭취해야 한다. 자연 암벽을 등반하고 있다면 첫 번째 등반을 마친 후 과일 한 조각이나 에너지 바 한 개 또는 스포츠음료 한 컵 정도를 마셔야 한다. 그 후로는 2시간마다 음식을 조금씩 계속 먹어야 한다. 온종일 등반할 경우 음식의 양은 과일 두 조각과 에너지 바 두 개, 물 몇 리터 정도가 될 것이다.

반나절 등반하거나 볼더링을 할 때는 음식량을 반으로 줄이는 것이 좋다. 그러나 온종일 힘든 등반을 하고 그 다음 날 등반을 위해서 회복을 빨리하고 싶다면 적어도 600~800칼로리를 섭취해야 한다.

적당한 때 적절한 종류의 음식을 고르는 것은 혈당지수와 관련이 있다. 혈당지수가 높은 음식은 혈당을 빨리 증가시켰다가 떨어뜨리며, 혈당지수가 낮은 음식은 에너지를 혈류로 내보내는 속도가 더 느리다. 등반과 같이 단속적인 스포츠에서는 혈당을 일정하게 유지해야만 에너지와 집중력을 지속해서 유지할 수 있다. 따라서 등반을 하는 중에는 혈당지수가 낮은 식품을 섭취하는 것이 좋다. 그러나 등반이나 운동이 끝난 다음에는 혈당지수가 높은 음식을 섭취하는 것이 가장 좋다. 최근의 연구결과에 의하면 운동 후 30분 이내에 무엇을 섭취하느냐가 얼마나 빨리 회복되느냐에 가장 결정적인 요인이 된다고 한다.

글리코겐의 충전을 빨리 시작하라

믿기 어려울지도 모르겠지만 운동 후 2시간이 지나서 탄수화물을 섭취하면 운동 직후 섭취할 때에 비해서 글리코겐의 재충전이 50퍼센트 가량 감소한다는 연구결과가 있다. 따라서 다음날 등반할 계획이라면 음식 섭취가 늦어지게 될 경우 다음 날 등반 성과에 큰 지장을 초래할 수 있다. 또한 훈련 후에 음식 섭취가 늦어지면 회복과 재구성 과정이 늦어져서 완전한 회복을 지연시킬 수도 있다. 그러면 등반이나 훈련할 때 가장 좋은 에너지충전 전략이 무엇인지 살펴보자.

등반 후 첫 30분 : 운동 직후에 혈당지수가 높은 음식을 섭취하면 근육의 글리코겐 교체속도가 빨라진다. 또한 단백질과 탄수화물을 함께 섭취하면 인슐린 반응이 더 커져서 글리코겐 합성이 40퍼센트 더 빨라진다는 연구결과도 있다. 결론적으로 글리코겐 재충전을 촉진하려면 탄수화물과 단백질 섭취 비율을 4:1로 하는 것이 가장 좋은 방법이다.

고체 음식은 액체보다 더 천천히 혈류 속으로 들어가기 때문에 운동 후에는 가능한 한 빨리 탄수화물과 단백질의 혼합액을 마시는 것이 좋다. 예를 들어 70킬로그램의 클라이머라면 약 100그램의 탄수화물과 25그램의 단백질을 섭취하면 된다. 게토레이나 포도당, 액상 과당 같은 스포츠음료 1리터를 마시면 혈당지수가 높은 탄수화물을 거의 100그램 섭취하는 셈이다. 탈지우유 두 컵, 고단백질 에너지 바, 유청 단백질은 약 25그램의 단백질과 같다. 훈련이나 등반 직후에 이런 식품들을 섭취하면 당장 회복을 시작할 수 있다.

등반 후 2시간 : 운동 후 30분 이내에 탄수화물과 단백질을 섭취했다고 가정하면 다음 2시간 이내에는 제대로 된 식사를 해야 한다. 영양소 비율이 65:15:20(탄수화물:단백질:지방)인 식단이 가장 바람직하다. 예를 들어 면과 닭 가슴살, 샐러드나 채소종류를 같이 먹는 것이다. 운동 직후에는 혈당지수가 높은 식품이 좋지만 2~24시간 사이에는 혈당지수가 중간 이하인 식품을 섭취하는 것이 더 이익이 된다. 그런 음식들은 포도당이 혈류 속으로 들어가는 과정이 느리고 길게 지속되어 글리코겐 재합성을 도와준다.

취침 전 : 잠자기 전 30분 이내에 탄수화물과 단백질을 약간 섭취하면 글리코겐 재합성과 조직 재구성을 더욱 보완할 수 있다. 취침 전에는 탈지우유가 가장 좋은데 그 이유는 혈당지수가 낮은 탄수화물, 고품질의 단백질, 필수 아미노산인 트립토판, 세로토닌 전구물질이 들어 있기 때문이다. 잠자기 전에 전곡 시리얼을 우유와 함께 먹거나 탈지우유 한 컵을 마시는 것이 좋다.

근육 스트레칭과 마사지

앞에서 적극적 휴식과 마사지를 같이 하면 젖산이 효과적으로 제거되어 회복을 촉진할 수 있다고 했다. 스포츠 마사지는 등반 전 워밍업에도 좋지만 중장기 회복을 촉진하기에도 효과적인 방법이다. 특정한 스포츠 마사지를 이용하면 등반 성과를 20퍼센트까지 향상할 수 있고 부상의 위험을 줄여줄 뿐만 아니라 회복도 촉진할 수 있다.

전통적인 마사지는 근육에 산소를 공급하고 혈류를 증가시키는데 사용된다. 그러나 이러한 표면적인 마찰 효과는 등반 성과에는 거의 영향을 주지 못한다. 그에 반해 스포츠 마사지는 근육 깊숙한 곳까지 충혈(혈류의 확장과 팽창)을 일으킨다. 또한 충혈 상태는 마사지가 끝난 후에도 오래 지속되어 등반에 도움이 된다.

여러 가지 방법이 있지만 가장 효과적인 것은 '크로스 파이버(cross-fiber)' 마찰이다. 이 방법은 손가락을 아래위로 겹쳐서 사용하는데, 단순히 근육을 가로질러서 앞뒤로 밀어주는 방법이다. 짧고 리드미컬하게 마찰을 계속하면서 압력을 점차 높여주어 근육 깊숙한 곳까지 열이 침투하도록 한다.

스포츠 마사지는 모든 근육에 적용할 수 있지만 주로 상체에 사용하는 것이 좋고, 특히 손가락 굴근과 신근(전완근), 이두근과 삼두근(상완근)에 집중해서 활용하는 것이 좋다. 워밍업 할 때 스트레칭과 더불어 5~10분간 마사지를 해주면 운동이나 등반을 더 잘할 수 있다.

신체는 원래 특정한 스포츠 동작을 계속할 때 과부하가 일어나는 약점이 있다. 등반에서는 과부하를 받는 부분이 전완근과 상완근 그리고 등 부분이다. 이 근육들은 제일 먼저 지치고 회복은 가장 느리다. 하지만 같은 동작으로 특정한 부하를 받는 지점에 스포츠 마사지를 하면 피로를 완화하고 회복을 촉진할 수 있다.

부하를 받는 지점을 잘 알려면 근육이 어떻게 작용하는지 이해해야 한다. 수의근의 양 끝은 건에 의해 뼈에 부착되어 있다. 한쪽 끝은 고정된 부착점이며 다른 쪽 끝은 움직이는 부착점이다. 예를 들어 이두근의 고정된 부착점은 어깨 쪽에 있으며 움직이는 부착점은 팔꿈치 바로 아래쪽에 있다. 운동신경은 두 지점 사이에 두꺼운 근육 부분으로 둘러싸여 있다. 두 지점에서부터 모든 수축이 시작되며 더 강한 수축이 필요할 때 근육의 양 끝으로 퍼져 나간다. 따라서 근육이 최대로 수축할 때만 근육의 양쪽 끝 지점에 분포된 근섬유가 기능한다.

이러한 이유로 보통 강도의 워밍업은 전체 근육을 움직이지 않는다. 근육 끝쪽의 섬유는 워밍업 과정에서 생략되기 쉬우며, 고강도 운동을 할 때 충분한 힘을 내지 못하게 된다. 또한 이 지점은 부하를 받는 경향이 강해서 경련도 자주 일어난다. 등반 전에 이 부분에 대해 스포츠 마사지를 해주면 최대 근력을 쓸 때 저항도 줄이고 부상의 위험도 감소시킬 수 있다.

직접 압박으로 건과 뼈를 이어주는 근육에 스포츠 마사지를 적용해 보라. 15~60초간 손가락으로 누르고 있으면 된다. 이렇게 하면 미세 경련을 풀어주고 기능하기 어려운 근섬유를 데울 수 있다. 하지만 건이나 관절에 부상을 입은 조직에는 스포츠 마사지 기술을 적용해서는 안 된다.

장기 회복의 촉진

며칠간의 회복 기간은 격렬한 운동이나 등반을 한 후 장기적인 회복이 일어나는 시기이다. 등반의 강도와 운동량에 따라 완전한 회복에는 1일에서 4일 정도의 시간이 걸린다. 아침에 일어날 때 근육이 아프다면 미세한 부상을 입었다는 신호이며, 회복을 위해서는 적어도 24시간이 필요하다는 것을 의미한다.

이런 경우에 두 가지 선택사항이 있다. 하나는 근육 통증에도 불구하고 다시 등반하거나 훈련하는 것인데, 등반 성과가 떨어지고 부상 위험이 증가한다. 다른 하나는 신경근육계가 훈련 전보다 높은 수준으로 회복되도록(초과회복) 하루 또는 이틀을 쉬는 것이다. 주말을 이용한 등반 여행에서는 근육이 아프더라도 연속해서 이틀 등반하고 싶은 상황이 된다. 이때는 영양 섭취를 잘하고 워밍업을 충분히 해서 신중하게 등반하는 것이 좋다.

자주 먹고 소식하라

하루에 세 끼를 먹는 대신 적은 양의 식사를 여섯 끼로 나누어서 먹으면 회복을 빨리 촉진할 수 있다. 이때 혈당지수가 높은 음식을 피해야 하는데 그런 음식들은 운동 후 처음 2시간 동안의 회복에 덜 효과적이기 때문이다. 따라서 혈당지수가 낮은 음식을 식사 때마다 섭취하고 온 종일 적어도 열 컵의 물을 마시면 된다.

적어도 세 끼 이상은 단백질을 충분히 섭취해야 한다. 예를 들어 아침에는 계란 두 개나 탈지우유 또는 유청 단백질을 포함한다. 점심에는 요구르트나 탈지우유, 참치 한 캔 정도의 음식을 포함하도록 한다. 저녁에는 지방이 적은 육류, 닭고기, 생선 한 조각을 먹는 것이 좋다.

각 식사에는 탄수화물이 어느 정도 포함되어 있어야 하며, 지방이 많은 튀김 종류와 경화유가 포함된 스낵류는 반드시 피해야 한다. 매 끼니는 영양소의 비율을 65:15:20으로 지키도록 노력한다. 나머지 다른 세 끼는 약 200칼로리 정도가 적당하며 혈당 수준을 유지하고 회복 과정을 지속하는 데 중요하다. 혈당지수가 높지 않은 음식이 가장 좋으며 과일 한 조각, 에너지 바, 탈지우유 한 컵 정도가 이상적이다.

충분한 수면을 취하라

온종일 일하고 일주일에 며칠씩 훈련하고 주말에 등반하는 클라이머에게 가장 중요한 회복 기술은 바로 충분한 수면이다. 대부분의 신경 근육 재생은 잠자는 동안 일어난다. 수면은 실력을 극대화하고 싶은 열성적인 클라이머에게는 아주 중요한 부분이다. 최소한 7~8시간의 수면이 필요하며 격렬한 훈련이나 온종일 등반한 다음에는 9~10시간 자는 것이 가장 좋다. 그러나 바쁜 현대에는 희생해도 좋은 유일한 것이 잠인 것처럼 보인다. 그렇더라도 TV나 웹 서핑같이 덜 중요한 일 대신에 잠을 포기하지 않는다면 나중에 큰 보상을 받게 될 것이다.

적극적인 휴식을 취하라

격렬한 운동 후에 회복을 촉진하는 방법으로 적극적인 휴식이 좋다는 연구결과가 있었다. 장기 회복의 관점에서도 적극적인 휴식은 유용한데, 그 이유는 손상된 근육에 혈액 순환을 증가시키고 경직된 근육을 풀어주는 효과가 있기 때문이다. 클라이머에게 가장 좋은 적극적 휴식은 하이킹, 조깅, 가벼운 산악자전거 등이다. 그러나 이런 휴식을 숨이 찰 정도로 해서는 안 되며 약간 땀이 날 때까지 하는 것이 중요하다. 적극적인 휴식은 30~60분으로 제한해야 하며, 휴식 이상의 운동이 되지 않도록 노력해야 한다.

긍정적이고 고요한 태도를 유지하라

회복을 위한 마지막 팁은 모호하지만 상당히 강력하다. 긍정적이고 여유가 있으며 낙관적인 태도를 보이면 등반 성과가 더 좋아질 뿐만 아니라 회복도 증가하고 근육 성장에도 도움이 된다. 격렬한 운동을 하거나 스트레스가 심한 운동에서는 여러 종류의 화학물질과 호르몬이 혈류 속으로 분비된다.

성장 호르몬 같은 어떤 호르몬은 장기적으로 긍정적인 효과를 낸다. 그러나 에피네프린이나 코르티솔 같은 호르몬은 만성적으로 분비되면 부정적인 영향을 끼친다. 특히 코르티솔은 근육을 분해하는 작용을 한다. 이런 관점에서 상급 선수들은 성장 호르몬의 분비를 증가시키고 코르티솔을 억제하는 데 관심을 가져왔다. 그리고 바로 이런 이유 때문에 어떤 선수들은 신체에 동화작용을 하는 스테로이드를 사용하기도 한다.

다행히도 적절한 훈련과 휴식을 통해서 성장호르몬과 코르티솔을 조절할 수 있는데, 생활방식을 바꾸는 것도 좋은 방법이다. 예를 들어 원래 공격적인 성향을 보이는 사람은 코르티솔 수치가 높으며 성장 호르몬 수치는 낮다. 그러나 행동을 바꾸고 정신적인 스트레스를 줄이면 이런 효과를 거꾸로 할 수 있다. 따라서 등반에 좀 더 여유롭게 접근하고 유머러스한 생활 태도를 가지면 훈련 적응과 등반 성과의 질을 높이는데 매우 긍정적인 영향을 끼칠 수 있다.

제14장
부상의 치료와 예방

등반은 부상의 위험이 상당히 큰 스포츠이다. 모든 클라이머 중에 75퍼센트가 부상을 겪은 적이 있다는 연구결과도 있다. 다행히 그중에서 추락에 의한 급성 외상은 극히 일부분이며 나머지는 근육과 관절의 부상으로서 손가락, 팔꿈치, 어깨에 자주 일어난다. 근육의 부상은 생명을 위협하지 않지만, 자신도 모르는 사이에 몸을 약하게 하고 만성 통증이 되기도 한다.

이번 장에서는 가장 흔히 일어나는 근육과 관절 부상의 원인과 증상에 대해 얘기를 하고자 한다. 근육 부상을 줄이는 가장 좋은 방법은 미리 인지하는 것이며, 통증을 무시하고 저절로 낫기를 바라면 항상 만성적인 부상이 되어서 수개월 동안 고생할 것이다.

훈련과 등반에서 위험한 상황을 인식하고 항상 조심하는 것이 부상을 예방하는 최선의 처방이다. 수많은 클라이머들이 부상을 당한 후에 자가 치료를 하며 계속 등반하려는 경향이 있다. 이러한 접근 방법은 문제를 더 악화시키며 장기적으로는 불필요한 침체기를 만든다.

부상의 종류

등반과 훈련을 하다 보면 광범위한 종류의 부상이 발생한다. 부상에 관한 조사 결과를 보면 등반과 관련된 부상 중 대다수는 추락이 아니다. 부상 경험이 있는 클라이머라면 누구나 잘 알고 있듯이 손가락, 어깨, 팔꿈치가 가장 흔한 부상 부위다.

손가락 부상

등반할 때 손가락에 걸리는 엄청난 부하를 고려한다면 손가락이 가장 흔한 부상 부위라는 사실은 당연할지도 모른다. 불행히도 손가락 부상은 정확히 진단하기 어렵고 초기 단계에서는 무시되는 경향이 있어서 더 악화되기도 한다. 손가락 하나가 부상당하더라도 다른 아홉 개의 손가락이 건강하고 거의 최대 근력 수준까지 힘을 쓸 수 있다는 논리로 등반을 계속하려는 클라이머들이 많다. 그러나 부상당한 손가락으로 계속 등반을 하면 부상이 더 심각해지고 회복에 필요한 시간이 2~3배 이상 증가하게 된다.

가장 흔한 부상을 이해하려면 손에 대한 해부학적 지식이 필요하다.

우선 손가락에는 근육이 없다는 사실을 알아야 한다. 손가락과 손목을 굽히는 힘은 전완근에서 만들어지며 전완근은 팔꿈치 안쪽 중간에서 시작하여 건에서 끝난다. 건은 손가락의 중간마디 뼈와 끝마디 뼈에 부착되어 있다.

팔꿈치 부상

팔꿈치 관절 주위의 건염은 클라이머에게 흔한 만성질환으로 팔꿈치 뼈 안쪽 또는 바깥쪽 팔꿈치의 꼭대기 부분에 나타날 수 있다.

• 내상과염(골프 엘보우)

팔꿈치 뼈 안쪽 주위의 건염은 골프 엘보우 또는 클라이머 엘보우라고 부르는데, 말 그대로 이런 스포츠를 하는 사람들에게 가장 흔히 일어난다. 이것은 전완굴근과 팔꿈치 안쪽의 울퉁불퉁한 곳을 연결하는 건에서 염증이 일어나는데, 보통 등반 중이나 후에 쑤시는 듯한 통증이 점차 심해지는 증상으로 나타난다. 간혹 급성으로 나타나는 예도 있는데 그런 경우에는 격렬한 볼더 문제나 한쪽 팔 턱걸이와 같이 어려운 동작을 하는 중에 격심한 통증이 생기게 된다. 이것은 미세 파열이 누적되어 있다가 한 번의 파열로 큰 손상을 받은 경우이다.

대부분은 내상과염은 너무 자주 어렵게 등반하고 휴식을 하지 않으면 전완근의 불균형이 생겨서 일어난다. 손가락을 굽히는데 사용되는 모든 근육은 내상과에 연결되어 있음을 기억하라. 또한 손바닥을 아래로 해서 바깥으로 돌릴 때 사용되는 근육도 내상과에서 나온다.

회외 동작(손바닥을 위로 향해서 비트는 동작)할 때는 이두근 수축이 일어나지만, 바위를 잡을 때는 일반적으로 회내 동작(손바닥을 아래로 향해서 바깥으로 돌리는 동작)이 필요하다. 이두근을 당기는 회외 동작과 더불어 바위를 잡고 유지할 때 필요한 회내 동작을 하게 되면 평소에 단련되지 않았던 전완근의 회내 근육과 내상과에 긴장이 유발된다.

이러한 요인들 때문에 내상과에 부착된 건은 강한 스트레스 부하를 반복적으로 견뎌야 하고 결국은 미세 파열로 이어진다. 근육의 미세 파열이 초과 회복되면 새롭고 강한 근육이 만들어 질 뿐 아니라 건도 강력해지고 더 강한 스트레스 부하를 견딜 수 있게 된다. 그러나 손상과 회복 과정은 근육보다는 건에서 더 천천히 일어난다. 따라서 근육은 더 강해지지만 건은 건염으로 이어지기 쉽다.

다른 부상 치료처럼 내상과염도 초기 단계에서 부상을 인지하고 예방 치료를 한다면 쉽게 관리할 수 있고 회복 속도를 빠르게 할 수 있다. 일찍 치료를 시작하면 6주간 등반을 쉬어야겠지만 계속 등반하면 6개월간 등반을 쉬어야 할 것이다.

내상과염 치료는 두 단계로 나누어진다. 1단계는 통증 해소이며 2단계는 회복과 재발 방지이다. 1단계에서는 일단 모든 훈련을 포함해서 등반을 중단하고 항염증 치료를 병행해야 한다. 매일 두 번씩 10~15분간 팔꿈치에 얼음을 대고 항염증제를 사용하면 염증과 통증이 점차 약해진다. 의사들 사이에는 다소 이견이 있지만 만성적이거나 심한 경우에는 코르티손 주입도 도움이 되는데 회복 과정에는 좋지 않다고 알려졌다. 부상 정도에 따라서 1단계 치료는 2주부터 몇 개월까지 소요될 수 있다.

2단계 목표는 스트레칭과 강화 운동을 통해서 손상된 조직을 재훈련하고 회복시키는 것이다. 전완근의 불균형이 부상의 일차적인 원인이기 때문에 전완근에서 약한 부분을 강화시키는 운동이 중요하다.

스트레칭과 강화 운동을 시작하기 전에 워밍업을 하거나 찜질 패드를 팔꿈치에 대어서 따뜻하게 해주는 것이 중요하다. 처음에는 전완근을 하루 두 차례씩 스트레칭 해준다. 전완근 운동으로 동작 범위가 정상으로 돌아오고 통증이 없을 때에는 덤벨 운동으로 강화 운동을 해준다. 하중 훈련 운동은 천천히 발전시켜 나가야 하며 통증이 오면 즉시 중단해야 한다. 매일 스트레칭 운동을 하고 하중 훈련은 일주일에 3일간만 한다.

통증이 없는 상태로 3~4주간 훈련한 후에 등반을 점진적으로 시작한다. 낮은 각도와 쉬운 루트로 시작해서 1~2개월 후에 원래 수준까지 회복하도록 한다. 클라이머로 활동하는 한 스트레칭과 강화 훈련을 지속해야 예방할 수 있다. 회복에 실패하면 수술이 필요하다.

마지막으로 팔꿈치 건염의 치료 또는 예방으로 X자 모양으로 테이핑하거나 상완근 주위를 테이핑하는 방법이 있다. 내상과염 예방을 위해 특별히 디자인한 X자 모양의 테이핑은 조직에 힘을 분산시킴으로써 근육을 편안하게 해준다. 이러한 테이핑은 적절한 회복 요법을 대체할 수는 없으며 충분히 회복된 후에 재발 방지를 도울 뿐이다.

• 외상과염(테니스 엘보우)

흔히 테니스 엘보우로 부르는 외상과염은 전완 신근과 손 외전 근육을 팔꿈치 바깥쪽의 외상과에 연결하는 건에 염증이 일어난 상태를 말한다. 전완 신근은 바위를 잡을 때 자주 사용하는 전완 굴근의 길항근이다. 신근은 굴근에 비해 약하기 때문에 이 근육을 정기적으로 강화 훈련을 해주는 것이 부상을 예방하는 데 중요하다.

통증은 점진적으로 진행되고 힘든 등반을 한 후에 처음 나타나는 것이 보통이다. 치료하지 않으면 상태가 점점 나빠져서 등반이 점점 고통스러워지고 일상생활도 지장을 받게 된다. 심각한 경우에는 등반을 쉰 상태에서 6개월 이상의 회복 기간이 필요하므로 부상을 조기에 완화시키는 것이 아주 중요하다.

외상과염의 치료법은 기본적으로 내상과염의 경우와 같다. 등반 중지는 필수적인 사항이다. 항염증제를 사용하여 냉찜질을 해주면 초기의 통증과 염증을 진정시키는 데 도움이 되지만 그렇더라도 등반을 계속해서는 안 된다.

통증과 부종이 가라앉으면 앞에서 나왔던 스트레칭 운동을 매일 해주어야 한다. 스트레칭 전에 찜질 패드를 몇 분 동안 사용한 다음 10~15분간 냉찜질을 한다. 전완근 강화를 위하여 점차 덤벨 운동을 추가하고 몇 주에 걸쳐서 조금씩 중량을 증가시킨다. 염증이 약하면 이런 회복 과정을 거친 후 6~8주 만에 등반을 다시 시작할 수 있다. 팔꿈치 바로 아래쪽에 X자 모양으로 테이핑을 해주면 등반을 다시 시작할 때 도움이 된다.

앞서 얘기했듯이 염증이 심각한 경우에는 치료와 회복에 6개월 이상 소요되므로 가능한 한 일찍 치료를 시작해야 한다. 모든 보존적 치료가 실패하면 최후의 수단으로 수술하는 방법이 있다. 가장 보편적인 수술 방법은 건에서 병리조직을 떼어내고 건을 뼈에 다시 붙이는 것이다. 환자의 85~90퍼센트는 3개월 만에 치료되고, 10~12퍼센트는 운동할 때 약간의 통증을 느끼는 정도로 회복되며, 2~3퍼센트만 치료되지 않는다.

어깨 부상

어깨 관절은 등반할 때 많은 부하를 받는 부위인데 특히 몹시 어려운 볼더링이나 각도가 센 벽 훈련을 할 때는 더욱 그렇다. 건염이나 회전근개 파열에서부터 어깨 관절의 탈골까지 다양한 부상이 일어날 수 있다. 어깨 관절은 상당히 복잡하기 때문에 진단이 어려우며 회전근개의 파열이나 미세한 부상을 찾아내려면 MRI를 이용해야 한다.

• 어깨 불안정성

클라이머들이 가장 흔히 겪는 어깨 부상은 어깨가 느슨하거나 불안정해지는 현상일 것이다. 이것은 클라이머들이 펭거 보드에 너무 장시간 매달려 있었거나 상체 스트레칭을 너무 과하게 해서 어깨가 불안정해지기 때문이다. 여러 날을 연속해서 하늘벽 루트에서 등반하거나 적절한 휴식과 길항근 훈련을 하지 않고 어려운 볼더링과 훈련을 하면 어깨가 느슨해질 수 있다. 직접적인 원인이 무엇이든 간에 인대와 건을 지속해서 늘이고 근육의 불균형이 심해지면 어깨 관절이 탈골되고 부상당하기 쉬운 상태가 되며 나중에는 수술이 필요하게 될 수도 있다.

가장 흔한 부상 부위는 어깨 관절이 불안정해져서 어깨 등 쪽 깊은 곳에서 통증을 느끼게 된다. 격렬한 동작을 하는 동안 팔꿈치가 몸 뒤쪽으로 가 있는 상태에서 어깨 관절의 위치가 앞으로 튀어나오게 된다. 관절이 지렛대 역할을 하면서 받는 힘은 팔을 팔꿈치 뒤로 펼 때 더 커진다. 즉 높은 역방향 홀드를 잡을 때나 하늘벽 바위에서 길게 뻗는 동작을 할 때 관절이 받는 힘이 세다.

어깨부상 치료는 2단계 과정으로 이루어지는데 우선 통증이 사라질 때까지 휴식한 다음 어깨 회전근개를 강화하기 위한 회복 운동을 시작한다. 회복 과정 중에는 등반을 현저하게 줄이거나 하지 말아야 하며 머리 위로 팔을 드는 동작이나 기타 어깨에 통증이 오는 동작은 피해야 한다. 하루 2회 항염증제 복용과 냉찜질을 해주면 초기 통증과 부종을 가라앉히는데 유용하다.

일반적인 치료과정은 부드러운 스트레칭과 어깨 강화운동으로 시작하지만 어깨를 위로 올리는 운동은 삼가야 한다. 회복 과정은 물리

치료사의 도움을 받는 것이 가장 좋으며, 등반을 다시 시작하기까지는 보통 2~6개월 정도 걸린다.

불행하게도 어깨 부상 환자 중 상당수는 수술이 필요하다. 수술 과정은 손상된 조직을 제거하고 약한 파열을 복구하며 인대와 건을 조이는 것이다. 수술 후에는 장기간 물리치료를 해야 하며 수술이 성공적이었다면 6~12개월 후에 등반을 시작할 수 있다.

• 어깨 회복 운동

일주일에 3~4일은 어깨 회복 운동을 시행하며, 양쪽 어깨를 다 운동해야 한다.

① 덤벨 인터널 로테이션

옆으로 누워서 바닥 쪽 팔을 허리 앞에 놓고 머리에는 베개를 고인다. 바닥 쪽 팔로 500그램짜리 덤벨을 잡고 전완근이 몸에 수직이 되도록 한다. 상체를 움직이지 않는 상태에서 하중을 몸 위로 들어서 잠시 멈추었다가 다시 바닥으로 내린다. 전완근과 상완근 사이 각도가 90도인 상태로 움직일 수 있는 최대 범위까지 운동한다. 천천히 20회 동작을 하며 모두 3세트를 한다. 500그램씩 점차 하중을 늘이면서 몇 주일간 운동한다.

② 덤벨 익스터널 로테이션

앞의 운동과 같은 자세를 누워서 운동하되 이번에는 위쪽의 팔을 운동한다. 팔 아래에는 수건을 말아서 둔다. 팔꿈치는 90도 각도로 굽히고 위쪽 팔을 천장 쪽으로 들어서 바닥과 평행이 되도록 하여 멈춘 다음 다시 원위치로 내린다. 20회를 천천히 제어하는 상태에서 반복하여 총 3세트를 한다. 마찬가지로 500그램씩 하중을 늘이면서 몇 주일 간 운동한다.

③ 벤트 오버 암 레이즈

한쪽 다리를 앞으로 낸 상태에서 상체를 굽히되 한 손으로는 앞쪽 다리의 무릎을 잡고 지지한다. 반대쪽 손에 가벼운 덤벨을 잡고 팔을 옆으로 들어서 바닥과 평행이 되도록 한다. 잠시 멈춘 다음 천천히 원래 위치로 내려온다. 동작하는 동안 팔꿈치를 편 상태를 유지해야 한다. 10~15회를 3세트 실시한다.

④ 벤트 오버 암 킥백

앞의 운동과 같이 굽힌 자세를 취하되 이번에는 덤벨을 뒤로 들어서 바닥과 평행이 되도록 한다. 잠시 멈추었다가 원래 자리로 되돌아오며 팔꿈치는 편 상태를 유지한다. 10~15회를 3세트 실시한다.

무릎 부상

등반에서의 무릎 부상은 새로운 추세로서 실내 등반 및 스포츠클라이밍이 활성화되는 것과 직접적인 연관성이 있다. 무릎을 꺾는 새로운 등반기술은 1990년대 이전에는 인기가 없었지만, 오늘날에는 가파른 벽에서 동작할 때 일반적으로 사용된다. 강한 부하를 준 상태에서 무릎을 꺾는 동작을 반복적으로 하게 되면 무릎의 반월상 연골이 파열될 수 있다.

반월상 연골은 대퇴골과 경골 끝 사이에 있는 거친 섬유질의 연골이다. 이 연골은 뼈의 말단에서 관절 표면을 보호할 수 있도록 충격 흡수제 역할을 한다. 두 개의 분리된 C자형 연골이 있어서 한쪽은 무릎 안쪽 반(내측 반월)을 차지하고 다른 쪽은 바깥쪽 반(외측 반월)을 차지한다. 반월상 연골이 파열되는 현상은 발이 고정된 상태에서 무릎에 힘을 가해 돌릴 때 발생한다. 등반에서 이러한 파열은 극단적인 드롭니 자세를 취할 때 가장 흔히 일어난다. 또한 완전히 힙을 튼 상태에서 하이 스텝을 쓰거나 볼더 문제에서 점프할 때도 일어날 수 있다.

이런 동작을 반복적으로 하면 부분 파열이 점차 발달하거나 한 번에 갑자기 파열될 수도 있다. 파열은 아주 일부만 일어날 수도 있고 연골의 완전 분리가 일어나기도 한다. 증상은 약한 통증에서부터 격렬한 통증과 부종, 운동성 저하까지 다양한 범위로 나타난다. 삐걱거리거나 터지는 소리가 나기도 하고 특정 자세에서 무릎이 잠기는 현상도 일어난다.

모든 반월상 연골 파열이 큰 문제를 일으키지는 않는다. 연골의 바깥쪽 두꺼운 부위에 약한 파열이 일어났을 때는 혈액 공급이 잘 되기만 하면 자체 치유될 수도 있다. 어떤 경우에는 증상이 저절로 사라지기도 하지만, 일상생활에 영향을 끼칠 정도의 지속적인 통증이 있거나 심한 통증이 나타나면 수술을 해야 한다.

관절경 수술을 하면 통증이 사라지고 충분히 기능을 회복할 수 있다. 관절경 수술은 가능한 많은 연골을 보존하여 관절염으로 발전할 가능성을 낮추기 위해 실시한다. 연골 바깥쪽 부분이 찢어진 경우에는 안쪽 파열보다 혈액 공급이 쉬워서 회복이 좀 더 쉬운 편이다. 얇은 쪽 연골이 파열되면 보통 완전히 분리되어 연골의 일부가 없어진다.

관절경 수술 후 회복은 이른 시일 내에 가능한데, 수술을 받은 다음 다리를 들어 올린 상태로 냉찜질하고 3~7일간 휴식하면 된다. 수술 후 일주일 동안 목발을 사용한다. 대부분 환자는 일주일 이내에 일을 시작할 수 있고, 2~3주 후에는 일상적으로 등반할 수도 있다.

부상 예방

열성적인 클라이머 세 명 중 한 명은 부상을 입을 가능성이 있다. 따라서 이 책의 마지막 부분에서는 그런 부상을 줄이는 노력에 관해 얘기해보자. 먼저 절제가 절대적이고도 유일한 예방법이다. 등반은 부하가 큰 스포츠이고 부상은 불가피한 것인지도 모른다. 그러나 다음에 얘기하는 규칙을 잘 지키기만 한다면 적어도 50퍼센트 정도는 부상 위험을 줄일 수 있다.

근력 훈련보다 기술 훈련에 집중하라

개인의 등반 경력에 비추어 많은 부상이 너무 일찍 또는 너무 많이 근력 훈련에 집중하기 때문에 발생한다. 훈련에 전념하기 전에 먼저 기술적 능력을 상당한 수준까지 개발하는 것이 필수적이다. 좋은 기술은 손가락과 어깨에 가해지는 부하를 줄일 수 있을 뿐 아니라 동작 효율성을 극대화해서 바위에서 근력을 증대시킬 수 있다.

초보자들은 일주일에 2~4일 등반할 때 필요한 근력을 빠르게 얻을 수 있다는 사실을 기억하라. 건은 근육보다 느린 속도로 강화되기 때문에 초보 클라이머는 부상의 위험을 피할 수 없다. 새내기 클라이머들은 경험이 없기 때문에 좋은 통증과 나쁜 통증을 구별할만한 예민한 감각이 발달되어 있지 않다. 등반을 시작하고 1~2년 이내에 부상을 입는 클라이머의 숫자가 생각보다 많다. 따라서 열성적인 클라이머들은 훈련을 잘 알고 능숙하게 접근하는 태도가 필수적이다. 마지막으로 등반 시작 후 1년 내에는 핑거 보드나 캠퍼스 보드같이 특수한 훈련 기구를 이용해서 부하를 가중시키는 일은 피해야 한다.

정기적으로 등반 형태를 변경하라

신체에 주는 등반 자극의 형태와 강도를 바꾸어주는 방법은 부상 위험을 낮추는데 매우 효과적이다. 예를 들어 스포츠클라이밍과 전통 등반을 주말마다 번갈아 해주면 신체에 가해지는 긴장의 형태가 달라진다. 마찬가지로 주중의 등반과 훈련 내용의 초점을 정기적으로 바꾸어주면, 한 가지 시스템에서 받는 과부하를 예방할 수 있다. 이렇게 여러 등반이나 훈련을 계속 혼합하는 것이 크로스 훈련의 핵심이다.

예방용 테이핑을 사용하라

손가락의 건 활차에 지지용 테이핑을 해주면 건에 가해지는 힘을 줄일 수 있고 부상을 예방하는 데 도움이 된다. 그러나 예방용 테이핑을 매일 모든 등반에 사용할 필요는 없다. 손가락 건과 고리 활차를 점차 큰 스트레스에 적응시켜야 근력을 강화시키고 장래에 더 큰 부하에서도 작용할 수 있게 된다. 모든 경우에 테이핑을 하면 장기적인 근력 강화에는 좋지 않은 영향을 줄 수 있다.

전보다 더 강한 부하가 가해질 상황이라면 예방용 테이핑 기술을 이용한다. 예를 들어 이미 해본 루트 중에 가장 어려운 루트라든가 부상을 입기 쉬운 홀드들이 있는 루트를 하게 될 경우에는 테이핑을 하는 것이 현명하다. 물론 최근에 손가락 부상을 당해서 회복 중에 있다면 등반을 다시 시작할 때 반드시 손가락에 테이핑을 해야 한다.

위험한 동작을 할 때는 신중하라

애초부터 위험한 동작을 할 때는 그것을 인지하고 제어하는 감각을 발달시켜야 한다. 위험한 연속동작을 하는 것을 인지하고 부상을 입을 가능성이 있는 동작을 하게 되면 그런 동작을 하지 않거나 가능한 한 빨리 동작해서 주의 깊게 컨트롤할 수 있어야 한다. 이러한 감각을 발달시키려면 그런 상황을 경험해 볼 필요가 있지만, 자신의 몸을 잘 알고 다양한 동작을 할 때의 느낌을 알게 되면 그런 감각을 키울 수 있다.

극단적인 동작을 처음 시도하거나 성공할 때는 대부분 다칠 확률이 낮지만, 고통스런 동작을 반복해서 시도하거나 연습하는 경우 다치는 경우가 많다. 어떤 동작을 할 때 지나치게 아프거나 부상이 걱정된다면 그냥 내려와서 즐거운 마음으로 할 수 있는 다른 루트를 찾도록 한다.

완전히 지칠 때까지 등반하지 마라

가끔씩 등반이 너무 재미있어서 저녁 늦게까지 즐기는 경우가 있다. 그러나 자주 그렇게 한다면 부상의 지름길이 된다. 신체가 감당할 수 없도록 부하가 누적되면 부상이 오기 쉽다. 손가락에 힘이 빠진 후에 그만하기보다는 좀 더 일찍 등반을 마치는 것이 제일 좋은 전략이다. 근력 훈련에서는 훈련의 질이 훈련의 양보다 훨씬 중요하다.

하루에 몇 시간까지 등반해야 할지 분명하지 않다. 특히 부상을 당하지 않고 최대한 등반을 즐기고 싶을 때는 더욱 그렇다. 이미 지친 상황이라면 어려운 루트에서 더 힘을 빼지 말아야 한다. 많은 부상은 클라이머가 지쳐 있고 힘들게 등반하는 저녁 무렵에 발생한다는 점을 기억하자.

제일 중요한 원칙은 다음날 등반 계획이 있거나 이미 둘째 날 등반을 하고 있다면 일찍 등반을 마쳐야 한다. 이렇게 하면 스트레스가 축적되는 것을 방지할 수 있다. 반대로 하루 등반하는 전후로 휴식일이 있다면 어둡기 전에 가능한 한 많이 등반해도 될 것이다.

일주일에 4일 이상 훈련하지 마라

대부분은 일주일에 4일 이상 등반하거나 훈련하면 효율성이 떨어진다. 자연 암벽이나 인공 암장에서 일주일에 4일 이상 등반하게 되면 남은 3일 동안 어떤 훈련도 해서는 안 된다. 심지어 일주일에 3일을 쉬더라도 4일 동안 등반하면서 건과 근육에 미세 파열이 일어났을 경우 회복이 쉽지 않다. 따라서 일주일간 완전히 휴식하는 기간을 훈련 주기에 포함시키는 것이 좋다. 순수한 근력 파워 훈련을 할 때는 일주일에 2~3일만 훈련하고, 4~5일은 쉬는 것이 좋다. 너무 많이 훈련하는 것도 부상의 가장 흔한 원인이다.

항상 워밍업과 쿨다운을 하라

다른 스포츠에 경험이 있는 사람이라면 누구나 적당한 워밍업과 쿨다운의 중요성을 잘 알고 있을 것이다. 불행히도 많은 클라이머들은 워밍업 동작이나 스트레칭 같은 쉬운 동작을 전혀 하지 않고 곧바로 신발 끈을 묶고 등반을 시작한다.

좋은 워밍업이란 조깅이나 하이킹, 자전거 등을 5~13분 정도 해서 가볍게 땀이 난 다음에 가벼운 스트레칭 동작을 하고 등반을 시작해야 한다. 이것이 약간 불편하고 귀찮겠지만 결국은 부상을 피하고 등반 성과를 극대화하는 데 충분한 가치가 있는 투자이다.

간단한 쿨다운은 긴장된 근육을 풀어주고 회복 과정을 촉진시키는 데 유용하다. 특히 스트레칭과 가벼운 유산소 운동을 해주면 혈류가 증가하여 근육에 쌓여 있는 젖산을 빠르게 제거한다.

길항근 훈련으로 균형을 유지하라

길항근 훈련은 가장 간과하기 쉬운 훈련 중의 하나이다. 어깨 상체의 근육 불균형은 부상의 중요한 요인이 된다. 정말 잘 등반하고 싶고 부상을 예방하고 싶다면 일주일에 두 번은 길항근 훈련에 투자해야 한다.

필요한 시간과 기구는 극히 적다. 훈련 시간으로 치자면 일주일에 두 번, 20분도 걸리지 않는다. 주중의 등반이나 훈련 마지막 날에 길항근 훈련을 하면 좋다. 기구의 무게는 가볍게 하고 상체와 전완근의 길항근을 위한 모든 운동을 한 가지씩 하고 나서 복근 운동을 약간 해준다.

주기적으로 훈련 스케줄을 변화시켜라

많은 스포츠 과학자들은 효과적이고 적절한 근력 훈련 프로그램을 설계할 때 주기화가 중요하다고 얘기한다. 주기화를 통하여 운동의 강도와 운동량을 계획적으로 변경해주면 훈련 효과가 극대화된다. 또한 주기화에 의해서 훈련의 초점과 강도가 주기적으로 바뀌기 때문에 부상의 위험도 줄여준다.

등반처럼 상당히 부하가 심한 스포츠에서는 주기화의 가장 효과적인 측면은 등반 후에 휴식 기간을 갖는 것이다. 중급 클라이머에게 4-3-2-1주기 사용을 권한 바 있다. 이런 훈련 주기를 이용하면 10주간의 중기 훈련에서 1주일간 휴식을 할 수 있고 부하가 축적되는 것을 방지할 수 있다. 1년간 지속하는 장기 훈련에서는 부상을 피하기 위하여 1개월간 완전히 쉬는 것이 좋다. 이렇게 등반을 쉬고 있으면 건과 인대가 천천히 적응하여 근력 획득을 따라잡을 수 있다. 또한 자신의 정신적 근육을 단련하는 데 도움이 될 수 있다.

적절한 휴식과 영양을 취하라

충분히 쉬고 잘 섭취하는 것은 선수들에게는 명백한 원칙인데도 열성적인 일부 클라이머들은 나쁜 식사와 수면 습관을 갖고 있다. 쉬는 날이나 밤늦게 무엇을 먹고 마시든지 크게 해가 되지는 않는다. 그러나 훈련이나 등반하는 날에 계속 잠을 적게 자고 영향 섭취가 좋지 않으면 어쩔 수 없이 부상에 쉽게 노출될 것이다. 힘든 훈련이나 등반을 한 후에 하루 이틀간 좋은 영양 섭취와 8~9시간 숙면을 취하는 것이 가장 중요하다. 훈련과 회복은 동전의 양면이다. 최상으로 훈련하고 싶다면 최상으로 회복하는 데 최대한 많은 노력을 기울여야 한다.

등반을 위한 팁

Q **고빗사위를 지날 때 발동작이 흐트러진다.**

A 중요한 발 홀드에 집중하지 않고 좋은 홀드가 없다는 것에만 신경을 쓰고 있기 때문이다. 상황이 어려워질 때 발에 집중한다.

Q **전완근이 부풀어 오르고 손아귀에서 힘이 빠지기 시작한다.**

A 홀드를 너무 꽉 잡고 있거나 너무 천천히 등반하고 있기 때문이다. 90도에 가까운 벽에서 홀드를 느슨하게 잡고 발에 최대한 체중을 실어라. 하늘벽에서 가장 중요한 원칙은 휴식 지점 사이에서 빠르게 등반하는 것이다.

Q **어려운 동작을 하는 도중 중요한 발 홀드에 딛기 힘들다.**

A 유연성이 부족하거나 엉덩이 굴근이 약하기 때문이다. 매일 최소한 10분 이상 스트레칭하고 발을 최대한 높이 올리는 연습을 한다.

Q **고빗사위 구간에 들어설 때 불안해지고 굳어진다.**

A 호흡을 제대로 하는 것이 긴장과 불안을 줄이는 핵심 열쇠다. 등반을 시작하기 전에 눈을 감고 느리고 깊은숨을 다섯 번 쉬어라. 한 번 호

흡에 적어도 10초 정도 걸려야 한다. 등반할 때 지속적으로 호흡을 하려고 노력한다. 휴식 지점에 도달했을 때와 고빗사위 구간을 시작하기 전에는 느리고 깊은 호흡을 세 번 더한다.

Q 전완근보다 이두근에서 먼저 펌핑이 일어난다.

A 팔을 굽힌 상태로 매달려 있을 가능성이 크다. 팔을 편 자세가 좋은 등반 기술의 기본임을 잊지 말자. 가능하면 항상 뼈로 매달리고 굽힌 팔 근육을 사용하지 마라. 팔을 편 자세는 장비를 설치하거나 팔을 털 때 그리고 다음 동작을 생각하기 위해 멈추고 있을 때 특히 중요하다.

Q 작지만 꼭 필요한 홀드에 매달리기 어려운가?

A 몸자세가 나빠서 작은 홀드를 사용하기 어려울 수도 있고 접촉 근력이 약해서 그럴 수도 있다. 각도가 센 벽에서 더 많은 시간 훈련하고 볼더링을 더 자주 한다. 핑거 보드와 과중력 훈련을 제한적으로 하는 방법도 중상급 클라이머에게 추천할 만하다.

Q 동작을 알고 있는 구간에서 실패한다.

A 두 눈에 오르기를 하면서 자꾸 새로운 동작을 해보는 실수를 하고 있을 가능성이 크다. 효과가 있는 동작을 발견했다면 그것을 고수하는 것이 제일 좋은 방법이다. 자신이 최상의 동작을 이미 알고 있다는 확고한 믿음을 갖고 등반 중에 새로운 동작을 시도해보려는 생각을 이겨내라.

Q 고빗사위 시작 부분에서 자꾸 멈추게 된다.

A 분석하느라 정체하고 있기 때문이다. 고빗사위 구간을 맞닥뜨리면

두 가지 가능한 연속 동작을 머리에 그려보고 더 가능성이 있는 한 가지를 즉시 시도한다. 일단 동작을 시작하면 멈추어서는 안 된다. 마음속에 오직 한 가지, 즉 가능한 한 빨리 다음 홀드까지 가는 것만 생각해야 한다.

Q 한 번에 3~4일을 연이어 등반하는가?
A 자신이 유전적으로 타고난 예외자가 아니라면 3~4일 연속 등반은 부상으로 이어지기 쉽고 등반 성과를 떨어뜨린다. 더 적은 것이 더 많은 법이다. 이틀 등반-하루 휴식 또는 이틀 휴식으로 전환하는 편이 현명하고 열심히 등반하는 것이다.

Q 오토바이를 타는 현상은 경직되고 불안한 클라이머에게 흔히 나타난다.
A 워밍업을 오래 하고 몇 가지 기분전환 운동을 꾸준히 한다.

Q 하늘벽 등반에서 펌핑이 온다.
A 등반을 시작하는 순간부터 펌핑 시계는 작동한다는 사실을 기억하라. 힘이 약해서 그 루트를 등반하지 못하는 것이 아니라 너무 천천히 등반한 것이다. 잘 알고 있는 루트와 두 눈에 오르기에서 더 빨리 등반하는 연습을 한다. 잠깐이라도 펌핑 시계를 멈출 수 있도록 쉬는 동작을 창조적으로 찾아보라.

Q 등반할 때 호흡을 제대로 하지 않는가?
A 등반할 때 호흡이 빨라진다면 과도한 긴장이나 불규칙한 호흡을 하고 있거나 유산소 훈련이 부족하기 때문이다. 등반하면서 근육을 이완시키고 정상적인 호흡을 유지하는 데 집중한다. 일주일에 3~4일 정도

최대 40~60분까지 유산소 훈련(달리기가 가장 좋음)을 하는 것도 좋다.

Q 출발하기도 전에 루트에서 떨어질 걱정을 하고 있다면 그러한 믿음이 현실을 만들어낸다는 사실을 기억해야 한다.

A 마음속에 실패에 대한 생각이 스쳐 지나간다면 정말 실패하게 된다. 등반을 시작하기 전에 항상 자신이 루트를 처음부터 끝까지 성공적으로 등반하고 있는 모습을 시각화한다.

Q 숨은 홀드를 잘 찾지 못하는가?

A 시야가 좁은 것이 실패의 주요 원인이며 특히 첫눈에 오르기에서 흔한 현상이다. 출발하기 전에 여러 각도에서 루트를 잘 살펴보라. 등반할 때는 숨은 홀드를 찾을 수 있도록 열린 마음을 가져라. 중요한 홀드는 항상 약간 찾기 어려운 곳에 있을지도 모른다. 루트가 등급에 비해 어렵게 느껴진다면 아직 보지 못한 위치에 좋은 홀드가 있을 가능성이 높다.

Q 작은 홀드나 구멍에 매달리기 어렵다.

A 감싸 잡기 근력이 중요하다는 점을 기억하라. 능숙한 클라이머는 감싸 잡기 홀드를 좋아하지만, 초보자들은 피하는 경향이 있다. 훈련할 때 적어도 50퍼센트 정도는 감싸 잡기 홀드를 사용하도록 노력한다.

Q 어려운 동작을 시도해보지 않고 퀵드로나 장비를 붙잡는 일이 흔하다.

A 추락해도 안전한 상황이라면 장비를 잡거나 줄에 매달리지 말고 항상 전진하는 마음을 가진다. 장비를 잡는 나쁜 습관은 쉽게 익혀지지만 그것을 깨는 것은 매우 어렵다. 또한 이런 방식으로 포기하게 되면

자신의 진정한 한계가 어디인지 절대 알지 못할 것이다. 몇 동작만 더하면 틀림없이 좋은 홀드가 있다는 믿음을 갖고 장비를 붙잡고 싶은 유혹과 싸워라.

Q 벽에 매달려 있을 때 체중의 상당 부분이 팔에 실려 있다면 발에 체중을 싣지 못하고 있는 것이다.

A 기술과 몸자세를 더 많이 연습한다. 하체와 엉덩이를 항상 벽에 가깝게 붙이는데 유의하고 한 쪽 엉덩이를 벽으로 돌리는 동작을 해보라. 유연성 훈련도 도움이 될 수 있다.

Q 겨우 하루 등반하고 나서 심하게 아프다.

A 훈련의 운동량과 강도가 자신의 등반 목표에 적합하지 않은 것이다. 실내 훈련을 한 단계 끌어올리고 주중에 이틀은 꼭 훈련하도록 한다.

Q 루트를 성공적으로 등반하는 자신의 모습을 그리기가 어려운가?

A 모든 상급 클라이머는 시각화의 중요성을 잘 알고 있다. 실제로 루트를 등반하기 전에 적어도 두 번 마음의 눈으로 등반하는 습관을 길러라.

Q 어려운 루트에서 중요한 홀드까지 손이 닿지 않는다.

A 바로 이것이 등반에서 가장 오래된 변명이다. 키가 작은데도 실력이 뛰어난 클라이머는 결코 이런 변명을 하지 않는다. 그 이유는 항상 기술적인 해결책이 있거나 중간에 잡을 수 있는 홀드가 있기 때문이다. 한 동작을 20가지 다른 방법으로 시도해보면 효과가 있는 한 가지 방법을 항상 찾아낼 수 있다.

Q 하늘벽 루트나 천장에서 발이 자꾸 빠지거나 스윙을 하게 된다.

A 발동작과 몸자세가 나쁜 것이 원인일 수 있다. 그러나 복근이 약한 것이 흔한 원인이다. 복근 운동을 적어도 매주 2회씩 한다. 또한 각도가 센 벽에서 발 동작과 몸 자세를 훈련할 수 있는 볼더링을 많이 한다.

Q 등반하는 도중 바닥에서 벌어지는 일에 자꾸 신경이 간다.

A 등반할 때의 초점은 항상 위쪽으로만 향해 있어야 한다는 사실을 기억하라. 자기 초점의 95퍼센트 이상이 정상을 향해 있지 않다면 거기에 도달할 기회도 적어진다. 아래에서 일어나는 일에 대해서는 마음을 비워라. 확보자가 주의를 기울이고 있는지 확인하고 싶다면 단순히 "잘 봐!"라고만 하면 된다.

Q 초보자는 루트의 동작을 읽어내기 어려운 경우가 흔하다. 동작을 읽는 것은 경험이 필요하다.

A 일주일에 4일 정도 등반한다. 출발 지점부터 동작을 그려보려고 애쓰고 완등을 위한 등반이 아니라면 다른 사람의 동작을 보고 하는 것을 거부한다. 다른 사람의 동작을 따라 하는 것은 아주 좋지 않은 방법이다.

Q 그날의 첫 등반에 펌핑이 심하게 일어난 적이 있는가?

A 이런 경우에는 근육을 너무 힘들게 그리고 빨리 사용했기 때문이다. 워밍업 시간을 늘리고 스트레칭과 스포츠 마사지를 더 하도록 한다. 또한 프로젝트 루트에 도전하기 전에 쉬운 루트부터 점차 어려운 루트로 옮겨가며 등반한다.

Q 사람들이 보고 있을 때 등반하는 것이 어렵다.

A 등반 성과를 내야 한다는 압박감은 전적으로 자신이 만들어 낸 것임을 기억하자. 따라서 그런 생각은 자신이 쉽게 제거할 수도 있다. 오로지 도전과 모험을 위해 등반한다. 내가 등반하는 제일 첫 번째 이유는 바로 재미있기 때문이다. 나머지 세상에 대해서는 잊어버리고 등반 과정에 몰입한다. 결과에 대해서는 신경 쓰지 마라.

Q 발이 예상치 않게 홀드에서 터진다.

A 이런 일은 상급 클라이머에게도 아주 흔한 일임을 기억하자. 몇 주일간 발에 더 집중한다. 홀드의 제일 좋은 위치에 발을 올렸는지 아니면 제일 크게 보이는 부분에 대충 올려놓았는지 평가한다. 발을 디딘 후에 일어서거나 홀드 위에서 암벽화를 움직일 때 발 자세를 유지하고 있는가? 이런 것들은 훈련 중에 연습할 필요가 있다.

Q 팔꿈치에 자주 통증을 느끼는가?

A 클라이머에게 흔한 팔꿈치 건염은 두 가지가 있다. 여러 해 동안 등반해 왔다면 그런 건염을 경험할 가능성이 크다. 전완근 스트레칭과 함께 리버스 리스트 컬과 전완근 로테이션 운동을 꾸준히 하면 건염을 예방하는 데 도움이 된다. 리버스 리스트 컬 3세트와 전완근 로테이션 2세트를 연중 내내 일주일에 3일 운동한다. 매일 전완근 양쪽을 스트레칭 해준다.

Q 안전한 루트를 등반하면서 자신을 한계까지 밀어붙이지 못한다.

A 문제는 신체가 아니라 정신에 있다. 정신의 용기는 신체 근력만큼 중요하다는 점을 명심한다. 자신을 정신적, 육체적으로 불편한 영역으로

조금씩 밀어붙이는 연습을 한다. 실내 암장이나 쉬운 자연바위 루트에서 이렇게 할 수 있다. 시간이 지나면 자기의 최고 난이도 루트에서 등반할 때도 본능적으로 자기 한계 이상까지 도전할 수 있게 될 것이다.

Q **루트 중간의 쉬는 지점을 찾지 못한다면 어려운 루트를 완등하기 위한 핵심 요소를 놓치고 있는 것이다.**

A 다양한 종류의 바위에서 쉬는 지점을 창의적으로 찾아내고 등반하는 연습을 자꾸 하다 보면 나중에는 본능적으로 정말 좋은 휴식 지점을 찾아낼 수 있게 될 것이다.

Q **어려운 루트를 처음 시도할 때가 두세 번째 시도할 때보다 더 잘된다.**

A 지구력이 약하다고 할 수 있다. 대부분의 클라이머는 체력이 떨어지기 전에 세 번 정도는 괜찮게 시도해볼 수 있다. 이것보다 더 빨리 지치게 된다면 지구력 부족이 주범이다. 훈련 루트에서 등반을 자주 하는 것이 지구력을 향상하는 좋은 방법이다. 또는 인터벌 등반 전략, 즉 5~10분간 힘들게 등반한 후에 5~10분간 쉬고 다시 반복한다.

우리말 보기 간추림

• **바위 이름**

비탈 : 슬랩(Slab)

민탈 : 페이스(Face)

틈새 : 크랙(Crack), 리쓰(Riβ;독)

가로 틈새 : 수평 크랙(Horizontal crack)

세로 틈새 : 수직 크랙(Vertical crack)

나팔 틈새 : 플레어링 크랙(Flaring crack)

구멍 틈새 : 포켓(Pocket)

비스듬한 틈새 : 사선 크랙

휘어진 틈새 : 궁형 크랙

손가락 틈새 : 핑거 크랙(Finger crack)

손 틈새 : 핸드 크랙(Hand crack)

주먹 틈새 : 피스트 크랙(Fist crack)

어깨 틈새 : 오프 위드 크랙(Off-width crack)

왼쪽 틈새 : 좌향 크랙(Right facing corner)

오른쪽 틈새 : 우향 크랙(Left facing corner)

곧은 틈새 : 직선 크랙(Straight-in corner)

실 틈새 : 가는 크랙(Thin crack)

벙어리 틈새 : 벙어리 크랙

굴뚝 : 침니(Chimney)

좁은 굴뚝 : 좁은 침니, 스퀴즈 침니(Squeeze chimney)

중간 굴뚝 : 표준 침니, 스탠다드 침니(Standard chimney)

넓은 굴뚝 : 넓은 침니(Bridge or foot-back chimney)

아귀벽 : 디에드르(Diedre;프), 오픈 북(Open book)

모서리 : 능각, 칸테(Kante),

하늘벽 : 오버행(Overhang)

천장 : 루프(Roof)

능선 : 리지(Ridge), 아레뜨(Arete ;프)

바위 능선 : 그라트(독)

칼날 능선 : 나이프 에지(Knife edge), 나이프 리지(Knife ridge)

가지릉 : 측릉, 스퍼(Spur), 립페(Rippe), 립(Rib)

고랑 : 걸리(Gully), 꿀르와르(Couloir;프), 린네(Rinne;독), 룬제(Runse;독)

고개 : 안부, 새들(Saddle), 자텔(Sattel;독), 콜(Col;불)

덤불숲 : 관목, 덤불지대, 수풀, 부쉬(Bush)

깊은 골 : V자 협곡(Notch)

바위 띠 : 밴드(Band)

덧바위 : 플레이크(Flake)

큰 바위 덩어리 : 볼더(Boulder)

돌무더기 : 풍화 퇴석, 스크리(Scree)

쐐기돌 : 촉스톤(Chockstone)

바위턱 : 홀드(Hold)

손잡이 : 핸드 홀드(Hand hold)

발디딤 : 풋 홀드(Foot hold)

발판 : 스탠스(Stance)

선반 : 렛지(Ledge)

너럭 바위 : 테라스(Terrace)

뾰족 바위 : 피너클(Pinnacle)

모난 바위 : 암각

홈통 바위 : Steep groove

기둥 바위 : 필라(Pillar)

침봉 : 니들(Needle), 나델(Nadel;독), 에귀(Aiguille;프)

전위봉 : 장다름(Gendarme)

버팀벽 : 버트레스(Buttress)

바위벽 : 월(Wall), 반트(Wand;독)

정상 : 써미트(Summit), 피크(Peak)

• 손잡이

잡는 홀드 : 그립 홀드(Grip hold)

감싸 잡기 : 오픈 그립(Open grip)

당겨 잡기 : 클링 그립(Cling grip)

세워 잡기 : 버티컬 그립(Vertical grip)

집어 잡기 : 핀치 그립(Pinch grip)

구멍 잡기 : 포켓 그립(Pocket grip)

당기는 홀드 : 클링 홀드(Cling hold)

옆으로 당기기 : 사이드 클링(Side cling)

올려 당기기 : 언더 클링(Under cling)

구멍 홀드 : 포켓 홀드(Pocket hold)

미는 홀드 : 푸시 홀드(Push hold)

누르는 홀드 : 프레스 홀드(Press hold)

누르기 : 다운 프레셔(Down pressure)

밀기 : 푸시(Push)

꺾인 홀드 : 인컷 홀드(Incut hold)

각진 홀드 : 플랫 홀드(Flat hold)

흐르는 홀드 : 슬로핑 홀드(Sloping hold)

만든 홀드 : 닥터링(Doctoring)

• **발디딤**

마찰 딛기 : 프릭션(Friction)

문질러 딛기 : 스미어링(Smearing)

가 딛기 : 에징(Edging)

안 가딛기 : 인사이드 에징(Inside edging)

바깥 가딛기 : 아웃사이드 에징(Outside edging)

발끝 딛기 : 토잉(Toeing)

발끝 걸기 : 후킹(Hooking)

앞꿈치 걸기 : 토 후킹(Toe hooking)

뒤꿈치 걸기 : 힐 후킹(Heel hooking)

장딴지 걸기 : 카프 후킹(Calf hooking)

• **손 끼우기**

끼우기 : 잼(Jam), 재밍(Jamming)

손가락 끼우기 : 핑거 잼(Finger jam)

반 마디 끼우기 : 핑키 잼(Pinkie jam)

반지 끼우기 : 링 잼(Ring jam)

엄지 끼우기 : 섬 록(Thumb lock)

손날 끼우기 : Jamming heel of hand as well as finger

손가락 짝힘주기 : Using counter pressure with thumb

손 끼우기 : 핸드 잼(Hand jam)

엄지 위로 끼우기 : Thumb-up jam

엄지 넣어 끼우기 : With thumb tucked across palm

엄지 아래로 끼우기 : Thumb down jam

엄지 마주보고 끼우기 : Combining thumb-down and up jams

종지 끼우기 : 컵드 잼(Cupped jam)

주먹 끼우기 : 피스트 잼(Fist jam)

손 겹쳐 끼우기 : 스태킹(Stacking)

팔 펴서 끼우기 : 암 바(Arm bar)

팔 굽혀 끼우기 : 암 록(Arm lock)

몸 끼우기 : 바디 잼(Body jam)

• **발 끼우기**

발 끼우기 : 풋 잼(Foot jam)

발끝 끼우기 : 토우 잼(Toe jam)

발 옆 끼우기 : 토우 앤 풋 잼(Toe and foot jam)

발 길게 끼우기 : 힐 앤 토우 잼(Heel and toe jam)

발 무릎 끼우기 : 풋 앤 니잼(Foot and knee jam)

발 겹치기 : 풋 스태킹(Foot stacking)

• **오름짓**

짝힘주기 : 카운터 포스(Counter force), 오퍼지션(Opposition)

밀고 당기기 : 레이백(Layback)

손가락 짝힘주기 : 핑거스 오퍼지션(Fingers opposition)

발 굽혀 오르기 : 티-바(T-bar)

등 무릎 오르기 : 백 앤드 니(Back and knee)

등 발 오르기 : 백 앤드 풋(Back and foot)

바위 벌리기 : 아웃워드 프레셔(Outward pressure)

바위 모으기 : 인워드 프레셔(Inward pressure)

꺾어 오르기 : 맨틀링(Manteling)

벌려 오르기 : 스테밍(Stemming), 브리징(Bridging)

뛰어 잡기 : 런지(Lunge)

가로지르기 : 트래버스(Traverse)

손잡고 가로지르기 : 핸드 트래버스(Hand traverse)

바위띠 가로지르기 : 밴드 트래버스(Band traverse)

시계추 건너가기 : 펜듈럼 트래버스(Pendulum traverse)

매달려 건너가기 : 티롤리안 트래버스(Tyrolean traverse)

몸 가누기 : 카운터밸런스(Counter balance)

뒤집어가기 : 레비테이션(Levitation)

원숭이 매달리기 : 몽키 행(Monkey hang)

바위턱 올라서기 : Exiting onto ledge

내려가기 : 다운 클라이밍(Down climbing)

하강 : 라펠(Rappel)

S자 하강 : 현수 하강, 듈퍼식 하강(Dülfersitz), 압자일렌(Abseilen)

카라비너 하강법 : Carabiner brake method

• 오르는 방법

등반방식 : 등반 스타일

걷기 : 워킹(Walking)

자유등반 : 프리 클라이밍(Free climbing)

어려운 자유등반 : 하드 프리 클라이밍(Hard free climbing)

경기등반 : 인공암벽 등반, 스포츠 클라이밍(Sport climbing)

인공등반 : 아티피셜 클라이밍 (Artificial climbing)

큰 벽 오르기 : 거벽등반, 빅 월 클라이밍(Big wall climbing)

혼자 오르기 : 단독등반, 솔로 클라이밍(Solo climbing)

로프 없이 혼자 오르기 : 맨몸 오름, 프리 솔로(Free soloing)

로프 없이 첫눈 오르기 : 온사이트 솔로(On-sight solo)

깨끗이 오르기 : 클린 클라이밍(Clean climbing)

균형 오르기 : 밸런스 클라이밍(Balance climbing)

힘으로 오르기 : 파워 클라이밍(Power climbing)

곧장 오르기 : 직등, 다이렉트 클라이밍, 디렛티시마(Direttissima)

안으로 오르기 : 내면등반, 인사이드 클라이밍(Inside climbing)

바깥으로 오르기 : 외면등반, 아웃사이드 클라이밍(Outside climbing)

첫 눈에 오르기 : 첫눈 오름, 온사이트(On sight)

한 번에 오르기 : 단번 오름, 플래싱(Flashing)

두 눈에 오르기 : 레드 포인트(Red point), 마스터 스타일(Master style)

장비 걸어놓고 오르기 : 핑크 포인트(Pink point)

다시 오르기 : 다시 오름, 요요잉(Yoyoing)

그대로 오르기 : 그대로 오름, 행도깅(Hangdogging)

윗줄 오르기 : 톱로핑(Top roping)

맨손 오르기 : 볼더링(Bouldering)

이어 오르기 : 안자일렌(Anseilen)

앞장서기 : 선등, 리딩(Leading)

번갈아서 앞장서기 : 스윙리드 방식(Swing lead)

나눠서 앞장서기 : 블록시스템(Block system)

• **등반 장비**

로프 : 로프(Rope), 자일(Seil;독)

방수 로프 : 드라이 로프(Dry rope)

고정 로프 : 픽스 로프(Fixed rope)

로프 가방 : 로프 백(Rope bag)

안전벨트 : 하네스(Harness), 젤프스트 자일(Selbstseil;독)

엉덩이 벨트 : 하단벨트, 시트 하네스(Seat harness)

가슴 벨트 : 상단벨트, 체스트 하네스(Chest harness)

몸 벨트 : 상하단벨트, 바디 하네스(Body harnesses)

카라비너 : 스냅링크(Snaplink), 크랩(Krab)

잠금 카라비너 : 링 카라비너, 로킹 카라비너(Locking carabiner)

회수용 비너 : 클리너 비너(Cleaner-biner)

장비 : 기어(Gear)

장비걸이 : 기어 랙(Gear rack)

이중 장비걸이 : 더블 랙(Double rack)

피톤 : 하켄(Haken ;독), 펙(Peg ;영)

큰 볼트 : 하강용 대형 피톤

벌어지는 볼트 : 확장 볼트, 익스펜션 볼트(Expansion bolt)

오므라드는 볼트 : 수축 볼트, 콘트랙션 볼트(Contraction bolt)

찌그러뜨려 박는 확보물 : Malleable hardware

너트 : 너트(Nut), 초크(Chock)

나무쐐기 : 우든펙(Wooden peg)

너트 회수기 : 너트 렌치, 너트 키(Nut key), 너트 클리너(Nut cleaner)

너트 연결줄 : 너트 슬링(Chock sling)

철선 : 와이어(Wire), 케이블(Cable)

분 : 초크(Chalk)

분통 : 초크 백(Chalk bag)

등반용 테이프 : 클라이밍 테이프(Climbing tape)

한 줄 : 싱글 로프(Single rope)

두 줄 : 이중 로프, 더블 로프(Double rope)

쌍 줄 : 트윈 로프(Twin rope)

고리줄 : 데이지 체인(Daisy chain), 카우스 테일(Cows tail)

연결줄 : 러너(Runner)

짧은 연결줄 : 히어로 루프(Hero loop)

따로 묶은 연결줄 : 타이 오프(Tie-off)

웨빙 슬링 : 테이프 슬링(Tape sling)

코드 슬링 : 링 슬링(Ring sling)

줄사다리 : 래더(Ladder)

확보의자 : 빌레이 시트(Belay seat)

오름기 : 어센더(Ascender), 등강기, 등고기(登高器), 쥬마(Jumar), 유마

짐자루 : 홀링백(Hauling bag), 홀색(Haul sack)

짐자루 올리는 줄 : 홀링 로프(Hauling rope)

등반침대 : 휴대용 침대, 간이 침대, 포타렛지(Portaledge)

그물침대 : 해먹(hammock)

비가림막 : 레인 플라이(Rain fly)

망치 : 해머(Hammer)

바위 망치 : 록 해머(Rock hammer)

얼음 망치 : 아이스 해머(Ice hammer)

볼트박기 : 점핑(Jumping)

볼트박는 기구 : 점핑 세트(Jumping set)

날 : 피크(Peak)

걸개 : 후크(Hook)

달개 : 행거(Hanger)

머리전등 : 헤드랜턴, 헤드램프(Head lamp)

크램폰 : 슈타이그 아이젠(Steigeisen), 아이젠(Eisen)

• 등반 신호

출발 ? : 스타트(Start)?, 클라이밍(Climbing)?

출발 ! : 온 빌레이(On belay)

완료 : 오프 빌레이(Off belay)

기다려 : 대기, 잠시대기, 웨이트(Wait), 스탠드 바이(Stand by)

줄 당겨 : 자일 당겨, 타이트, 텐션(Tension), 업 로프(Up rope)

줄 늦춰 : 줄 내려, 줄 풀어, 자일 호, 슬랙(Slack)

고정 : 픽스(Fix)

추락 : 확보, 빌레이, 슬립, 타이트, 앙카(Anchor)

낙석 : 낙비, 록(Rock)

줄 내려갑니다. : 낙자, 자일 내려갑니다. 로프(Rope)

• 확보

확보 보기 : 빌레이(Belay)

확보 하기 : 앵커(Anchor)

확보물 : 프로텍션(Protection)

손아귀 확보 : 그립 빌레이(Grip belay)

뮌터 히치 확보 : 반 까베스똥 확보, 하프 클로브 히치 확보

몸 확보 : 바디 빌레이(Body belay)

허리 확보 : 힙 빌레이(Hip wrap)

중간 확보 : 런닝 빌레이(Running belay)

중간 확보지점 : 런닝 빌레이 포인트(Running belay point)

자기 확보 : 셀프 빌레이(Self belay)

느낌손 : 감지손, 필링 핸드(Feeling hand)

멈춤손 : 제동손, 브레이킹 핸드(Braking hand)

멈추는 확보 : 정적 확보(Static belay)

흘리는 확보 : 동적 확보(Dynamic belay)

매달리는 확보 : 행잉 빌레이(Hanging belay)

추락계수 : Fall factor

쐐기인자 : Wedging factor

지퍼 효과 : Zipper effect

균등 연결법 : 분산 연결법, 이퀄라이징(Equalizing)

삼각 이음법 : Triangle method

• 매듭

옭매듭 : 오버핸드 매듭(Overhand knot)

테이프 매듭 : 물 매듭, 테이프 노트(Tape knot), 링 벤드(Ring bend)

사각 매듭 : 스퀘어 매듭(Square knot)

클로브 히치 : 기둥매기, 까베스땅(cabestan)

뮌터 히치 : 반 까베스땅, 하프 클로브 히치(Half clove hitch)

• 그 밖의 것들

둥글게 사리기 : Mountaineer's coil

나비모양 사리기 : Butterfly coil

8자 모양 사리기 : 8 Figure coil

매달리기 : 텐션(Tension)

매달려 오르기 : 텐션 클라이밍(Tension climbing)

등급, 어려운 정도 : 그레이드(Grade)

고빗사위 : 크럭스(Crux)

고빗사위 마디 : 크럭스 피치(Crux pitch)

몸짓 : 동작, 무브(Move)

미끄러짐 : 슬립(Slip)

미리 갖다 놓는 것 : 데포(Depot)

길, 바윗길 : 루트(Route)

길찾기 : 루트 파인딩(Route finding)

다가감 : 접근, 어프로치(Approach)

환상방황 : 링반데룽(Ringwanderung)

안개 : 개스(Gas)

불시노영 : 비박(Bivouac)

짐 끌어 올리기 : 홀링(Hauling)

오름기로 오르기 : 쥬마링(Jumaring), 주깅(Jugging), 유마링

등반 : 클라이밍(Climbing)

등산 : 마운티니어링(Mountaineering)

등반자 : 클라이머(Climber)

등반 대장 : 리더(Leader)

마디 : 피치(Pitch)

선등자 : 톱(Top)

중간자 : 세컨드(Second), 미들맨(Middle man)

후등자 : 라스트(Last)

찾아보기